Vom Lebenslauf des Menschen

W0011096

Rudolf Steiner
Themen aus dem Gesamtwerk 4

Rudolf Steiner (1861 – 1925), studierte Natur- und Ingenieurwissenschaften an der Technischen Universität Wien, er promovierte in Philosophie an der Universität Rostock, war Herausgeber der naturwissenschaftlichen Schriften Goethes und ist Begründer der Anthroposophie und der Waldorfpädagogik, der biologisch-dynamischen Landwirtschaft und der anthroposophisch erweiterten Medizin und Heilpädagogik, des organischen Funktionalismus in der Architektur und der Bewegungskunst Eurythmie. Seine Hauptwerke sind: *Die Philosophie der Freiheit; Theosophie. Einführung in übersinnliche Welterkenntnis und Menschenbestimmung; Wie erlangt man Erkenntnisse der höheren Welten?* und *Die Geheimwissenschaft im Umriß.* Diese bilden zusammen mit den übrigen Schriften und den Aufsatzbänden das geschriebene Werk von überschaubarem Umfang, rund 40 Bände.

Daneben ist die Fülle der nachgeschriebenen Vorträge außerordentlich, in der Gesamtausgabe mehr als 250 Bände. Diese Vorträge waren alle frei gehalten und nicht zum Druck bestimmt. Ihre Herausgabe erfolgt nach von Rudolf Steiner nicht durchgesehenen Nachschriften. Sie enthalten jedoch den Ausbau und die Entfaltung der in den Schriften entwickelten Grundkonzeptionen nach den verschiedensten Richtungen und Lebensbereichen. Sie stellen in ihrer thematischen Mannigfaltigkeit auch heute noch eine nicht bewältigte Aufgabe dar.

So ist das Motiv dieser Taschenbuchreihe: unter den in unserer Zeit aktuellen Gesichtspunkten den Zugang zu verschiedenen im Vortragswerk verstreuten und nicht zusammenhängend ausgearbeiteten Themenkomplexen zu eröffnen und damit zugleich den Ansatz der anthroposophischen Erkenntnismethode an bestimmten Problemkreisen zu verdeutlichen; die jeweilige Zusammenstellung von Vorträgen beansprucht dabei inhaltlich keine Vollständigkeit.

Rudolf Steiner

Vom Lebenslauf des Menschen

Vorträge, ausgewählt und herausgegeben
von Erhard Fucke

Verlag Freies Geistesleben

Das vorliegende Werk basiert auf der deutschen Originalausgabe, die im Rudolf Steiner Verlag, Dornach/Schweiz, innerhalb der Rudolf Steiner Gesamtausgabe (GA) erschienen ist. Als Herausgeber zeichnet die Rudolf Steiner Nachlaßverwaltung, zu der das Rudolf Steiner Archiv und der Rudolf Steiner Verlag gehören. Damit die Tätigkeit des Rudolf Steiner Archivs und somit die Herausgabe von Rudolf Steiners Werk gewährleistet bleiben kann, ist das Archiv, das keine staatlichen oder anderen Beiträge erhält, ganz auf Spendengelder angewiesen. Zu diesem Zweck besteht ein Förderverein.

Weitere Informationen:
Rudolf Steiner Archiv, Postfach 135, CH-4143 Dornach
oder:
www.steinerarchiv.info

ISBN-13: 978-3-7725-2104-1
ISBN-10: 3-7725-2104-5

Neuausgabe (6. Gesamtauflage) 2006

Verlag Freies Geistesleben
Landhausstr. 82, 70190 Stuttgart
Internet: www.geistesleben.com

Alle Rechte an den Texten von Rudolf Steiner,
insbesondere das Recht der Übersetzung,
bei der Rudolf Steiner Nachlaßverwaltung, Dornach/ Schweiz
Einbandentwurf: Maria A. Kafitz, unter Verwendung
eines Fotos von Wolfgang Schmidt, Ammerbuch
© 1980 Verlag Freies Geistesleben
& Urachhaus GmbH, Stuttgart
Gesamtherstellung: Clausen & Bosse, Leck

Inhalt

Vorbemerkung

Das bewußte Erleben des eigenen Lebenslaufes wirft heute viele Fragen auf. Eine dieser Fragen wird selbst von populären Zeitschriften diskutiert: die vielseitig beobachtbare Krise der Lebensmitte. Die Bezeichnung ist wenig exakt. Die Krise stellt sich erst dann ein, wenn dem Menschen sein zunehmendes Altern nach der Lebensmitte bewußt wird. Die banale Erkenntnis, daß der Tod jedem Leben gewiß ist, wird dann nicht nur gedacht, sondern im Schattenwurf eigenen Alterns existentiell erlebt. Diese Erfahrung erzwingt Entscheidungen, wie der einzelne Mensch sein Altern persönlich bewältigen will.

Es gibt andere Fragen, die weniger diskutiert werden, aber genauso aufregend sind, etwa die Spätfolgen falscher Erziehung in der Kindheit oder jene Folgen durch frühe und einseitige Belastung, wie sie das arbeitsteilige Berufsleben dem Menschen zumutet. Die dadurch ausgelösten Deformationen, die erst über lange Zeiträume des Lebenslaufes hinweg sichtbar werden, sind noch wenig erforscht. Noch weniger weiß man deshalb um die Mittel, wie ihnen vorzubeugen wäre. Das aber heißt: es mangelt uns an konkreter Lebenslauf-Erkenntnis.

Der Lebenslauf historisch bedeutender Menschen hat eine breite Leserschaft immer interessiert. Staatsmänner und Künstler fanden stets ihre Biographen, die ihr Leben minutiös nachzeichneten. So gibt es eine Fülle von Biographien – und doch kaum eine Biographik. Unter der letzteren wird die Erhellung jener Gesetzlichkeiten verstanden, die jedem Lebenslauf zugrunde liegen, gleich ob es sich um bedeutende oder unbedeutende Menschen handelt.

Jedem Menschen ist nicht nur ein typisches Zeitmaß – der menschliche Chronotypus – zugeordnet, der sich von dem anderer Lebewesen unterscheidet. Jeder durchschreitet die Tore von Geburt und Tod, nicht selten in einer Zeitspanne, die der des Chronotypus radikal widerspricht. Jeder erlebt den Lebenslauf in Zeitabschnitte gegliedert, die typische Möglichkeiten bieten, andere aber ausschließen, obwohl diese – schaut man auf den gesamten Lebenslauf – für andere Abschnitte dieser Lebensepochen charakteristisch sind. Der Lebenslauf erscheint der Betrachtung als ein gegliedertes Zeitwesen, ohne daß die Ursachen dieser Gliederung hinlänglich geklärt wären. Das mutet um so erstaunlicher an, als jeder Mensch seine Lebensepochen durchlebt, ihre Möglichkeiten ergreift oder ihre Widerstände erleidet.

Eine Aufgabe der Biographik wäre es also, die Bedingungen der Lebensalter zu erhellen, um sie bewußter ergreifen zu können.

Eine weitere Aufgabe wäre: die Beziehungen zwischen den unterschiedlichen Lebensabschnitten zu klären. Wie kommt es, daß Deformationen nicht im Augenblick ihrer Verursachung manifest werden, sondern erst nach langen Zeitepochen, die bis zu dreißig Jahren dauern können? Gibt es Regeln, nach denen Beeinflussung durch die Umwelt den Charakter des Lebenslaufs mitbestimmt? Hat die Persönlichkeit eine gleiche – jetzt bewußte – Einflußmöglichkeit auf die Gestaltung der Lebenslauf-Etappen? Was unterliegt ihrer Willkür, und wo muß sie sich vorgegebenen Gesetzlichkeiten anschmiegen?

So wie die Pflanze sich nicht in einem Erscheinungsbild offenbart, sondern man sich ihrem Wesen erst nähert, wenn man alle ihre Bilder im Zeitablauf sich vergegenwärtigt, so tritt auch der individuelle Mensch erst vor das innere Auge, wenn man seine sehr unterschiedlichen Äußerungen im Gefüge des Lebenslaufes zusammenschaut.

Rudolf Steiner hat aus der Sicht der übersinnlichen Erkenntnis die menschliche Individualität als Dauerwesen dargestellt. Geburt und Tod erscheinen hierin als Metamorphosen ihrer Existenz. Dieses Dauerwesen geht mit der belebten und durchseelten menschlichen Organisation im Laufe des Lebens sehr unterschiedliche Verhältnisse ein. Die Wirkungen dieser Verhältnisse werden in den Lebenslauf-Stufen anschaubar.

Das Wesen der menschlichen Organisation aber urständet – wie die Individualität – im Geistigen. Auch deren Bilde- und Entstehungsprozesse weisen über die Lebenslaufmarken von Geburt und Tod hinaus.

Mit diesen Hinweisen soll lediglich darauf aufmerksam gemacht werden, daß man sehr vielfältige Gesichtspunkte einnehmen muß, will man das Phänomen Lebenslauf erkenntnismäßig durchdringen. Es ist wie kein anderes mit der Erkenntnis des Menschen durch übersinnliche Erfahrung, der gesamten Anthroposophie also, verwoben. Rudolf Steiner hat das spezielle Thema Lebenslauf nirgends ganz geschlossen behandelt, das gesamte Werk enthält aber Hinweise zu diesem Thema. Das macht die Auswahl von Vorträgen zu diesem Phänomen besonders schwer. Ein Nachwort bemüht sich deshalb, die Vortragsthemen über den Rahmen der Vorträge hinaus zu verfolgen und im freien Referat sie an Leitlinien des Gesamtwerkes anzuschließen. Mit ihm soll der Zusammenhang der Auswahl weiter begründet und dem Leser Hinweise gegeben werden, wie er sein Studium fortsetzen könnte. Hier sei nur noch ein kurzer Überblick über die vorliegende Auswahl gegeben.

Die Erkenntniskräfte des einzelnen Menschen, die er aus der Grundlage der natürlichen Entwicklung seiner leiblichen Organisation zieht, sind heute im Rückgang begriffen. Ihnen muß eine Entwicklung zur Seite treten, die ihren Ursprung aus der Aktivierung der seelisch-geistigen Kräfte selbst nimmt.

Sie wird als geisteswissenschaftliche Schulung bezeichnet. Die wesentlichen Punkte einer solchen Schulung charakterisiert der erste Vortrag (11.11.1909) über «Die Askese und die Krankheit».

Auch der menschliche Charakter, wie er sich im Lebenslaufe herausbildet, ist in der gegenwärtigen Zeit nur durch eine Selbsterziehung nach den Grundzügen solcher Schulung herstellbar. Dieses Urteil begründet der zweite hier aufgenommene Vortrag (29.10.1909).

Der dritte Vortrag (28.2.1907) stellt dar, wie der Lebenslauf als Ganzes als ein gegliedertes Zeitwesen aufgefaßt werden kann, das durch unterschiedliche Verhältnisse des Geistig-Seelischen einerseits und der leiblichen Organisation andererseits seine charakteristischen Prägungen in Lebensalter-Epochen erfährt.

Die ersten drei hier wiedergegebenen Vorträge wurden öffentlich in Berlin gehalten. Ihr Duktus setzt keine speziellen geisteswissenschaftlichen Kenntnisse voraus, sondern schafft die zum Verständnis notwendigen Grundlagen in den Vorträgen selbst. Die im Quellenverzeichnis angegebenen Bände der Gesamtausgabe, aus denen diese Vorträge entnommen sind, enthalten nur öffentliche Vorträge. Rudolf Steiner hielt diese, um die Ergebnisse der Geisteswissenschaft in das allgemeine Kulturleben der damaligen Zeit einzubringen. Sie behandeln die unterschiedlichsten Themen, deren Verständnis jedem Zeitgenossen ein Bedürfnis sein kann.

Der vierte und fünfte Vortrag (29.5. und 5.6.1917) zeigen durch eine geschichtliche Betrachtung, daß die heute geltenden Verhältnisse dieser Lebensalter in den früheren Kulturepochen nicht galten, sondern andere waren. Sie erklären die unterschiedlichen Erkenntnis- und Sozialverhältnisse dieser Kulturepochen, aber auch die speziellen Aufgaben, die für eine bewußte Gestaltung des Lebenslaufes in heutiger Zeit vorliegen. In diesen Darstellungen wird vor allem das Problem des menschengemäßen Alterns in unserer Zeit erlebbar.

Mit diesem speziellen individuellen und sozialen Problem beschäftigen sich die folgenden drei Vorträge (8. – 12. 1. 1918). Vor allem im letzteren Vortrag (12. 1. 1918) werden einige Bedingungen aufgezeigt, die in der Erziehung bis zum 21. Lebensjahr berücksichtigt werden müßten, um das menschengemäße Altern vorzubereiten und zu ermöglichen.

Die erwähnten fünf Vorträge (und der am Ende der Ausgabe abgedruckte Vortragsabschnitt) sind Ausführungen vor den Mitgliedern der Anthroposophischen Gesellschaft. Sie setzen voraus, daß den Zuhörern die Grundelemente der Geisteswissenschaft vertraut sind. Dementsprechend ist ihr Duktus von jenem der öffentlichen Vorträge sehr verschieden. Die ersten beiden Vorträge sind der Beginn eines sogenannten Vortragszyklus. Rudolf Steiner faßte vor der Mitgliedschaft sehr unterschiedliche Aspekte eines Generalthemas in solchen «Zyklen» zusammen. Er wollte dadurch in dem denkerischen Nachvollzug der Zuhörer von vornherein eine gewisse Beweglichkeit der Betrachtung anregen, die er für jedes geisteswissenschaftliche Studium für notwendig hielt. Der zweite Vortrag zeigt auch exemplarisch, wie sich Rudolf Steiner mit zeitgenössischen Veröffentlichungen auseinandersetzte und durch solche Auseinandersetzungen den «herrschenden Zeitgeist» charakterisierte. Rudolf Steiner möchte helfen, ein wirkliches Verständnis der Gegenwart zu erreichen. Nach seinem Urteil ist die damalige Gegenwart – also der erste Weltkrieg – aber nur zu verstehen, wenn man auch gleichzeitig große geschichtliche Zusammenhänge zu überblicken lernt. So sagt er im nachfolgenden Vortrag (19. 6. 1917) desselben Zyklus, der hier nicht abgedruckt ist: «Nun habe ich von verschiedenen Gesichtspunkten aus versucht, Ihre Aufmerksamkeit hinzulenken auf jenen großen Zeitraum, dessen Verständnis doch ganz allein die Gegenwart wirklich auch begreiflich machen kann, auf den großen nachatlantischen Zeitraum.» Daß er bei einem Begreifen nicht stehenbleiben will, zeigt eine weitere Stelle aus dem gleichen Vortrag: «Es ist ja gewiß rechtes, vollberechtigtes Bedürfnis der Gegenwartsmenschen, diese Zeit nicht zu verschlafen, die zahlreichen Umwandlungsimpulse, die in dieser Zeit in verhältnismäßig kurzen Epochen auf uns wirken, wirklich zu beachten und dann sich bekannt zu machen mit demjenigen, was notwendig ist für ein gedeihliches Weiterentwickeln der in unserer Zeit vorhandenen geistigen und damit auch der anderen Kulturimpulse.» Exemplarisch kann man das zuletzt genannte Bestreben schon an dem Titel des dritten Vortrags dieser Gruppe von fünf Vorträgen ablesen: «Welche Impulse schaffen ein Gesamtgewicht gegen das Vererbungsprinzip?» – Es geht nicht nur um Betrachtung, sondern letztlich um Impulsierung. Will man diese aber im Einklang mit den Impulsen der geistigen Welt durch Menschen vollziehen, müssen diese Menschen jene Impulse erkennen. – Die letzten drei Vorträge dieser Gruppe stehen in der Mitte eines Vortragszyklus. Doch auch er – ebenfalls 1917 begonnen – kreist um die oben genannten Themen. Nur wird in ihm die geschichtliche Wirkung des Mysteriums von Golgatha in den Mittelpunkt der Betrachtung gerückt, die Interpretation des Menschen in seinen Abhängigkeiten vom Weltall durch die Mysteriengeschichte verfolgt und die Konsequenzen für das Bewußtseinsseelenzeitalter gezogen. – Der erste dieser drei Vorträge nimmt eine Frage auf (S. 137), die Rudolf Steiner am Ende des vorangegangenen (hier nicht wiedergegebenen) Vortrags (6. 1. 1918) desselben Zyklus angeregt hat. Der Hinweis auf frühere Darstellungen zum Thema am Beginn des zweiten Vortrags (S. 160, 2. Absatz) bezieht sich auf die beiden hier abgedruckten Vorträge vom 29. 5. und 5. 6. 1917.

Die letzten drei Vorträge (8.4.1924, 17. und 18. 6. 1921) ergänzen diesen Gesichtspunkt auf verschiedene Weise. Sie geben Ratschläge für den Erzieher, wie er diese Aufgabe erkennen und gestalten kann. Sie zeigen aber auch, welche Krankheitssymptome in späteren Lebensepochen auftreten, wenn er diese Aufgabe bei der Erziehung nicht erfüllt. Dadurch werden zusätzlich Zusammenhänge erkennbar, die zwischen unterschiedlichen Lebensalter-Epochen trotz ihrer unterschiedlichen Prägung für die Geisteswissenschaft anschaubar sind. Deren Bewußtwerden gibt Anhaltspunkte für eine soziale Gestaltung im Verkehr zwischen Menschen unterschiedlicher Altersgruppen. Umgekehrt führen sie, werden sie nicht beachtet, zum Konflikt der Generationen, der exemplarisch an der Jugendbewegung dargestellt wird.

Diese Gruppe von drei Vorträgen wurde vor Pädagogen gehalten. Der erste Vortrag dieser Gruppe eröffnete eine Erziehungstagung der Waldorfschule in Stuttgart im April 1924, an der 1700 Menschen teilnahmen. Diese öffentliche Vortragsreihe enthält die intimsten Äußerungen Rudolf Steiners zur Pädagogik, u. a. kühne Anregungen zu einer künftigen Lehrerbildung. Die beiden nächsten Vorträge wurden 1921 vor den Lehrern der Stuttgarter Waldorfschule gesprochen. Diese Vortragsreihe beginnt mit Reflexionen der bisher geleisteten Arbeit und Hinweisen, wie diese Arbeit zu verbessern und zu vertiefen sei. Der zweite Teil ist der künftigen Einrichtung der 10. Klasse und damit den Erziehungsaufgaben der Oberstufe gewidmet. Es ist für Rudolf Steiners Vorgehensweise charakteristisch, daß er auch diese konkrete und damit begrenzte Aufgabe sofort mit Zeitphänomenen konfrontiert und die in ihnen wirksamen Gestaltungskräfte aus übergreifenden Betrachtungen erhellt.

Als letztes wird ein in sich geschlossener Abschnitt aus einem Vortrag vom 16. 8. 1924, dem letzten Jahr öffentlichen Wirkens Rudolf Steiners, abgedruckt. Er zeigt, daß auch für den

Geistesforscher selbst die Gesetzlichkeiten der Lebensalter-Epochen gelten. Er benutzt sie für das gesteigerte Bewußtsein als Erkenntnisorgane, die ihm unterschiedliche Zugänge zu Erfahrungsfeldern übersinnlicher Erkenntnis eröffnen. Wie schwer es ist, über das zentrale Thema dieses Vortragszyklus etwas auszusagen, beweist vielleicht der erste Satz aus dem Vorwort, das Marie Steiner für diese Vortragsreihe schrieb: «In diesem letzten von Rudolf Steiner gehaltenen Vortragszyklus liegt schon ein Abschiednehmen von der Erdenwirksamkeit vor, denn wer solches der Gegenwart verkündet, der hat zeitlich von ihr bereits sich losgelöst.» Für die Gegenwart besonders aktuell ist ein Thema, das diese Vortragsreihe ausführlich und mit außergewöhnlicher Präzision behandelt: die Abgrenzung geisteswissenschaftlicher Forschungsmethoden von den unterschiedlichen Formen medialen Wesens.

Erhard Fucke

Die Askese und die Krankheit

Berlin, 11. November 1909

Des Menschen Leben pendelt hin und her zwischen Arbeit und Müßiggang. Diejenige Lebensbetätigung, welche uns in dem heutigen Vortrage beschäftigen soll und die mit dem Namen der Askese zu bezeichnen ist, wird je nach den Lebensvoraussetzungen des einen oder des anderen, dieser oder jener Partei, entweder zur Arbeit gerechnet oder aber auch zum Müßiggang. Eine sachliche, unparteiische Betrachtung, wie sie im Sinne der Geisteswissenschaft gehalten werden muß, ist nur möglich, wenn man in Betracht zieht, wie dasjenige, was mit «Askese» bezeichnet wird – wenn es im höchsten Sinne des Wortes aufgefaßt und aller Mißbrauch daraus verbannt wird –, eingreift in das menschliche Leben, indem es dieses menschliche Leben entweder fördert oder auch schädigt.

Zunächst ist es ja richtig, daß die meisten Menschen, und zwar begründeterweise, sich gegenwärtig eine ziemlich falsche Vorstellung von dem machen, was eigentlich mit dem Worte «Askese» bezeichnet werden sollte. Nach dem griechischen Ursprung dieses Wortes könnte man nämlich ebensogut einen Athleten als einen Asketen bezeichnen. In unserer Zeit hat das Wort Askese eine ganz bestimmte Färbung erhalten durch die Gestalt, welche die entsprechende Lebensbetätigung im Laufe des Mittelalters angenommen hat; und für eine Reihe von Menschen hat das Wort die Färbung bekommen, die ihm zum Beispiel im Verlaufe des 19. Jahrhunderts Schopenhauer gegeben hat. Heute wiederum erlangt das Wort eine gewisse Färbung durch allerlei Einflüsse orientalischer Philosophie und orientalischer Religion, nämlich durch das, was im Abendlande so häufig als »Buddhismus« bezeichnet wird. Nun wird es sich heute für uns darum handeln, den wahren Ursprung dessen, was Askese ist, in der menschlichen Natur aufzusuchen; und gerade die Geisteswissenschaft, wie sie in den hier bereits gehaltenen Vorträgen charakterisiert worden ist, wird dazu berufen sein, Klarheit auf diesem Gebiet zu schaffen, und zwar aus dem Grunde, weil ihre ganze Grundauffassung zusammenhängt mit etwas, was auch noch in der griechischen Wortbedeutung «askesis» zum Ausdruck kommt.

Geisteswissenschaft, Geistesforschung, wie sie von dieser Stelle hier schon seit Jahren vertreten wird, stellt sich auf eine ganz bestimmte Grundlage in bezug auf die Menschennatur. Die Geisteswissenschaft geht davon aus, daß man auf keiner Stufe der menschlichen Entwickelung sagen darf: Da oder dort liegen die Grenzen des menschlichen Erkennens. Die Frage: Was kann der Mensch wissen und was kann er nicht wissen?, diese Frage, die man heute in weitesten Kreisen für so berechtigt hält, ist für die Geisteswissenschaft ganz falsch gestellt. Die Geisteswissenschaft fragt nicht: Was kann man auf einer gewissen Stufe der menschlichen Entwickelung wissen? Was ergeben sich für eine solche Stufe menschlicher Entwickelung für Grenzen des Erkennens? Was kann man da nicht wissen? Was bleibt ein Unbekanntes, weil die menschliche Erkenntniskraft nun einmal nicht ausreicht? Alle diese Fragen beschäftigen zunächst die Geisteswissenschaft als solche nicht. Sie steht ganz fest und sicher auf dem Boden der Entwickelung, namentlich auch der Entwickelung der menschlichen Seelenkraft. Sie sagt: Die menschliche Seele ist entwickelungsfähig. Wie in dem Pflanzensamen die künftige Pflanze schlummert und herausgeholt wird durch die Kräfte, die im Innern des Samens sind und durch solche, die von außen auf den Samen wirken, so schlummern verborgene Kräfte und Fähigkeiten immerfort in der menschlichen Seele. Und was der Mensch auf einer gewissen Stufe der Entwickelung noch nicht erkennen kann, das kann er erkennen, wenn er wiederum eine Strecke in der Entwickelung seiner vorher verborgenen geistigen Fähigkeiten weitergeschritten ist.

Welche *Kräfte* zu immer tieferer Erkenntnis der Welt, zu einem immer weiteren Horizonte können wir uns aneignen? – das ist die Frage der Geisteswissenschaft. Sie fragt nicht: Wo liegen die Grenzen der Erkenntnis? sondern: Wie kann der Mensch über die jeweiligen Grenzen durch die Entwickelung seiner Fähigkeiten hinauskommen? – So umstellt die Geisteswissenschaft den menschlichen Erkenntnis-Horizont nicht mit einer Mauer, sondern sie ist vielmehr in allen ihren Methoden, in allen ihren Idealen darauf bedacht, diesen Horizont des Erkennens immer weiter zu machen. Wie wir in den folgenden Vorträgen immer mehr und mehr sehen werden. – Und nicht in unbestimmten Redensarten, sondern in ganz bestimmter Weise zeigt die Geisteswissenschaft, wie der Mensch über das hinauskommen kann, was ihm an Erkenntniskräften sozusagen ohne sein Zutun durch eine Entwickelung gegeben worden ist, an der er selbst mit seinem Bewußtsein nicht beteiligt war. Denn diese Erkenntniskräfte beschäftigen sich zunächst nur mit der den menschlichen Sinnen gegebenen Welt, die durch den Verstand begreifbar ist und an welche diese Sinne sich binden. Durch die in der Seele schlummernden Kräfte ist der Mensch imstande, weiter zu dringen zu jenen Welten, die zunächst den Sinnen nicht gegeben sind, die der an die Sinne sich bindende Verstand nicht erreichen kann. Und nur damit nicht von Anfang an der Vorwurf erhoben werde, daß unbestimmt gesprochen wird, soll ganz kurz einiges von dem angedeutet werden, was Sie ganz ausführlich über die Wege zur Erlangung höherer Erkenntnis verfolgen können in meiner Schrift *Wie erlangt man Erkenntnisse der höheren Welten?*

Wenn man davon spricht, daß der Mensch über das ihm gegebene Maß von Erkenntnisfähigkeiten hinausgelangen soll, so ist es notwendig, daß er nicht ins Blaue, nicht ins Unbestimmte hinein seine Schritte mache, sondern daß er von dem festen Boden, auf dem er steht, den Weg hinüber findet in eine neue Welt. Wie kann das sein?

In dem gewöhnlichen, normalen Menschenleben von heute wechseln ja für den Menschen zwei Zustände ab, die wir bezeichnen mit «Wachen» und «Schlafen». Ohne uns heute weiter auf die Charakteristik der beiden Zustände einzulassen, können wir sagen, daß sie sich für die Erkenntnisfähigkeit des Menschen dadurch unterscheiden, daß der Mensch während des Wachens die Anregung erhält für seine Sinne und für seinen an die Sinne gebundenen Verstand. An dieser Anregung entwickelt er seine äußere Erkenntnis. Da ist er während des *Wachens* ganz hingegeben an die äußere Sinnenwelt. Im *Schlafe* ist der Mensch entrückt dieser äußeren Sinnenwelt. Eine einfache, ganz logische Erwägung könnte es jedem Menschen klarmachen, daß es nicht so ganz unsinnig ist, wenn die Geistesforschung sagt, daß es wirklich ein Wesenhaftes in der Menschennatur gibt, das sich im Schlafe von dem, was wir sonst den physischen Menschen nennen, trennt. Es ist ja schon im Verlaufe dieser Vorträge darauf aufmerksam gemacht worden, daß im Sinne der Geisteswissenschaft dasjenige, was sozusagen am Menschen mit Augen zu sehen, mit Händen zu greifen ist, der physische Leib, nur eines der Glieder der menschlichen Wesenheit ist. Als ein zweites Glied dieser Menschennatur haben wir dann zu betrachten den sogenannten Äther- oder Lebensleib. Physischer Leib und Ätherleib bleiben während des Schlafes im Bette liegen. Von diesen Gliedern unterscheiden wir sodann dasjenige, was wir Bewußtseinsleib oder – stoßen wir uns nicht an dem Ausdruck – Astralleib nennen, den Träger von Lust und Leid, Freude und Schmerz, von Trieb, Begierde und Leidenschaft, und außerdem dasjenige Glied, wodurch der Mensch die eigentliche Krone der Erdenschöpfung ist: das Ich. Diese beiden letzten Glieder der menschlichen Wesenheit trennen sich im Schlafe vom physischen Leib und Ätherleib. Eine einfache logische Erwägung, sagte ich, kann den Menschen lehren, daß es doch nicht so ganz unsinnig ist, was die Geistesforschung sagt, wenn es der Mensch sich nur überlegt: daß dasjenige, was im Menschen vorhanden ist als Lust und Leid, Freude und Schmerz, was an Urteilskraft im Ich ist, doch nicht verschwinden kann in der Nacht und nicht jeden Morgen neu entstehen muß, sondern daß es da bleibt. Betrachten Sie dieses Herausgehen des astralischen Leibes und des Ich, wenn Sie wollen, als ein bloßes Bild: aber das ist nicht hinwegzuleugnen, daß sich Ich und astralischer Leib zurückziehen von dem, was wir physischen Leib und Ätherleib nennen.

Nun ist es aber das Eigentümliche, daß gerade die innersten Glieder der menschlichen Wesenheit, Astralleib und Ich, innerhalb welcher der Mensch das erlebt, was man seine seelischen Erlebnisse nennt, im Schlafe hinuntersinken wie in ein unbestimmtes Dunkel. Das heißt aber nichts anderes, als daß dieses Innerste der menschlichen Wesenheit (des eigentlichen menschlichen Lebens, so wie das normale Leben heute ist) der Anregung der äußeren Welt bedarf, wenn es seiner selbst und der Außenwelt bewußt werden soll. So können wir sagen, daß in dem Augenblick, wo mit dem Einschlafen die Anregung von außen aufhört und auch die Kraft aufhört, die das Bewusstsein von außen rege hält, der Mensch ohnmächtig ist, in sich ein Bewußtsein zu entwickeln. Könnte der Mensch nun im normalen Verlaufe seines Lebens diese inneren Glieder seiner Wesenheit so anregen, so durchkraften, so innerlich beleben, daß er in ihnen ein Bewußtsein haben könnte ohne die Anregungen der Außenwelt, ohne sinnliche Eindrücke, ohne die Arbeit des an die Sinnenwelt gebundenen Verstandes, dann würde der Mensch durch ein solches

Bewußtsein, durch solche Fähigkeiten in der Lage sein, auch anderes wahrzunehmen als das, was nur durch die Anregungen der Sinne kommt. So sonderbar es klingt, paradox eigentlich: Wenn der Mensch einen Zustand herstellen könnte, der dem Schlaf auf der einen Seite ähnlich und doch wiederum vom Schlaf wesentlich verschieden wäre, dann würde er zu einer übersinnlichen Erkenntnis kommen können. Ähnlich müßte dieser Zustand dem Schlaf dadurch sein, daß der Mensch ebenso wie im Schlafe keine Anregung von außen bekommt oder wenigstens nichts darauf gibt; – unähnlich müßte er dem Schlaf darinnen sein, daß der Mensch nicht in die Bewußtlosigkeit versinkt, sondern trotz aller mangelnden Anregung der äußeren Sinnenwelt ein in sich belebtes Inneres entfaltet.

Nun kann der Mensch – das eben gibt die geisteswissenschaftliche Erfahrung – zu einem solchen Zustand kommen; zu einem Zustand, den man, wenn das Wort nicht mißbraucht wird, wie es heute häufig geschieht, einen hellseherischen Zustand nennen kann. Und es soll in Kürze nur ein Beispiel angegeben werden von den zahlreichen inneren Übungen, durch die der Mensch zu einem solchen Zustande kommen kann.

Ausgehen muß der Mensch, wenn er mit Sicherheit in diesem Zustande leben soll, von der äußeren Welt. Nun liefert die Außenwelt dem Menschen Vorstellungen durch seine Sinne, die er dann die Wahrheit nennt, wenn er es dahin bringt, daß seine Vorstellungen den äußeren Gegenständen, der äußeren Wirklichkeit entsprechen. Durch eine solche Wahrheit kann aber der Mensch nicht über die äußere Sinnenwelt hinauskommen. – Es handelt sich nun darum, die Brücke zu schlagen zwischen der äußeren Sinneswahrnehmung und dem, was davon frei sein und dennoch Wahrheit bieten soll. Zu den ersten Stufen der Übungen, um eine solche Erkenntnisart sich anzueignen, gehört das sogenannte sinnbildliche oder *symbolische Vorstellen*. Wollen wir uns an einem Beispiel einmal ein brauchbares Sinnbild vor Augen führen, ein für die geistige Entwickelung brauchbares Symbol! Entwickeln wir es in der Form eines Gespräches, das etwa der Lehrer eines Schülers der Geisteswissenschaft mit diesem führt.

Um den Schüler zum Verständnis einer gewissen symbolischen Vorstellung zu bringen, könnte der Lehrer etwa folgendes sagen: Sieh dir einmal die Pflanze an, wie sie im Boden wurzelt, wie sie heranwächst, grünes Blatt um grünes Blatt hervortreibt und sich heraufentwickelt zur Blüte und zur Frucht. – Ich mache darauf aufmerksam, daß es dabei nicht ankommt auf irgendwelche naturwissenschaftliche Vorstellungen; denn wir werden schon sehen, daß es sich nicht um den Unterschied zwischen Pflanze und Mensch handelt, sondern um das Gewinnen brauchbarer sinnbildlicher Vorstellungen. – Nun könnte der Lehrer sagen: Jetzt betrachte einmal den Menschen, wie er vor dir steht im Leben. Dieser Mensch hat zweifellos manches vor der Pflanze voraus. Er kann in sich entwickeln Triebe, Begierden, Leidenschaften, ein Vorstellungsleben, das ihn hinaufführt die ganze Leiter von blinden Empfindungen und Trieben bis zu den höchsten sittlichen Idealen. Wenn wir den Menschen mit der Pflanze vergleichen, so könnte nur eine naturwissenschaftliche Phantastik der Pflanze einen ähnlichen Bewußtseinsinhalt zuschreiben, wie ihn der Mensch hat. Wir sehen aber dafür an der Pflanze, man könnte sagen, gewisse Vorzüge auf einer niederen Stufe gegenüber dem Menschen. Wir sehen an der Pflanze eine gewisse Sicherheit des Wachstums ohne die Möglichkeit einer Verirrung. Wir sehen dagegen beim Menschen jeden Augenblick die Möglichkeit, daß er abirren kann von dem, was seine richtige Stellung im Leben ist. Wir sehen, wie der Mensch seiner ganzen Substanz nach durchzogen ist von Trieben, Begierden und Leidenschaften, welche ihn in Irrtum, in Lüge und Täuschung hineinbringen können. Die Pflanze ist dagegen in ihrer

Substantialität nicht von alledem durchzogen; sie ist ein reines, keusches Wesen. Erst wenn der Mensch sich in seinem ganzen Trieb- und Begierdenleben läutert, kann er hoffen, daß er ebenso rein und keusch sein wird auf einer höheren Stufe, wie es die Pflanze in ihrer Sicherheit und Festigkeit auf niederer Stufe ist. – Und so können wir uns weiter folgendes Bild machen: Die Pflanze wird durchzogen von dem grünen Farbstoff, dem Chlorophyll, der die Blätter mit der grünen Farbe durchtränkt. Der Mensch wird durchzogen von seinem Trieb- und Leidenschaftsträger, von seinem roten Blut. Das ist eine Art Entwickelung nach oben. Dafür aber hat der Mensch zu gleicher Zeit Eigenschaften mit in Kauf nehmen müssen, die in der Pflanze noch nicht sind. Nun muß der Mensch, könnte man sagen, sich das hohe Ideal, dem er zusteuert, vor Augen stellen, einmal auf einer entsprechenden Stufe dahin zu kommen, jene innere Sicherheit, jene Selbstherrschaft und Reinheit zu erlangen, welche ihm in der Pflanze auf einer niederen Stufe als Vorbild vor Augen stehen. Und nun könnten wir uns fragen: Was muß der Mensch tun, wenn er zu einer solchen Stufe emporsteigen soll?

Dazu muß er Herr und Beherrscher werden dessen, was sonst ohne seinen Willen herumwühlt in seinem Innern an Trieben, Begierden und Leidenschaften. Er muß über sich selbst hinauswachsen; er muß dasjenige in sich ertöten, was ihn sonst beherrscht, und dasjenige auf eine höhere Stufe erheben, was von dem Niederen beherrscht wird. – So hat sich der Mensch von der Pflanze heraufentwickelt. Was ihm zugekommen ist seit seiner Pflanzenstufe, das muß er sozusagen als etwas zu Besiegendes – oder nehmen wir den Ausdruck – etwas zu Ertötendes ansehen, um ein höheres Leben aus demselben herauszuholen. Das ist des Menschen Zukunftsprozeß, den Goethe mit dem schönen Wort bezeichnet:

Und solang du das nicht hast,
Dieses: Stirb und werde!
Bist du nur ein trüber Gast
Auf der dunklen Erde.

Nicht das etwa ist zu erreichen, daß der Mensch seine Triebe, Begierden und Leidenschaften ertötet, sondern daß er sie läutert und reinigt, indem er den Herrscher über sich ertötet. So kann der Mensch, hinblickend auf die Pflanze, sagen: Es ist etwas in mir, was höher steht als die Pflanze, was aber gerade ertötet und besiegt werden muß in mir.

Zum Bilde dieses zu Besiegenden sei dasjenige gemacht, was an der Pflanze nicht mehr lebensfähig ist, was an ihr abgestorben ist, das dürre Holz. Und wir stellen als Bild zunächst das dürre Holz in Form des Kreuzes als einen Teil unseres Sinnbilds hin. Dann aber muß der Mensch daran gehen, den Träger seiner Triebe, Begierden und Leidenschaften, sein rotes Blut, so zu reinigen und zu läutern, daß es ein keuscher, gereinigter Ausdruck seiner höheren Wesenheit ist, dessen, was Schiller den höheren Menschen in dem Menschen nennt; so daß dieses Blut gleichsam ein Abbild wird des reinen, keuschen Pflanzensaftes, der sich durch die Pflanzensubstanz ergießt.

Und da blicken wir hin – so würde der Lehrer zum Schüler weiter sagen – zu jener Blüte, wo dieser Pflanzensaft, sich fortwährend von Stufe zu Stufe durch die Blätter erhebend, sich zuletzt zu der Farbe der Blüte in der roten Rose ausgestaltet. Nun stelle dir die rote Rose als das hin, was dir ein Vorbild deines gereinigten und geläuterten Blutes sein kann: Der Pflanzensaft pulst durch die rote Rose so, daß er trieb- und begierdenlos ist; deine Triebe und Begierden aber sollen der Ausdruck deiner reinen Ich-Wesenheit sein. – So ergänzt sich das Holz des Kreuzes, das dasjenige bezeichnet, was überwunden werden muß, durch einen Kranz von roten Rosen, der an diesem Kreuze angebracht wird. Da hat man ein Bild, ein Symbol, das uns nicht bloß durch unseren trockenen Verstand, sondern mit Aufrufung aller unserer Gefühle ein Bild des menschlichen Lebens gibt, wie es sich zu einem höheren Ideal heraufgestaltet.

Nun kann jemand kommen und sagen: Deine Vorstellung ist eine Einbildung, die keiner Wahrheit entspricht. Was du dir da als Bild vorzauberst, dieses schwarze Kreuz mit den roten Rosen, das ist eine leere Einbildung! Gewiß, darüber soll auch gar kein Zweifel sein, daß dieses Bild, wie es sich derjenige, der hinaufsteigen will in die geistigen Welten, im Geiste vor Augen stellt, eine Einbildung ist. Es muß eine Einbildung sein! Denn dazu ist dieses Bild nicht da, daß es etwa in der Art der Sinneserkenntnis etwas abbildete, was außen vorhanden ist. Würde es das tun, dann brauchten wir es nicht; dann brauchten wir uns bloß allen denjenigen Eindrücken zu überlassen, die uns von außen zukommen, zu denen wir nur die Abbilder zu schaffen haben. So aber schaffen wir ein Bild, zu dem wir zwar die Elemente von der Außenwelt genommen haben, das wir aber zusammengestellt haben nach gewissen Empfindungen und Vorstellungen unseres eigenen Innern. Nur müssen wir uns bei jedem Schritt *bewußt* sein, daß wir bei dem, was wir tun, nicht den Faden der inneren Vorgänge verlieren; denn sonst würden wir bald in die Phantastik hineinkommen. Wer in die höheren Welten hinaufkommen will durch innere Betrachtung, Meditation und so weiter, der lebt nicht nur in abstrakten Bildern, sondern er lebt in der Gefühls- und Vorstellungswelt, die sich ihm beim Aufbauen solcher Bilder ergeben hat. Diese Bilder erwecken in ihm eine Summe von inneren Seelenvorgängen, und unter Ausschluß dessen, was von außen kommt, ergibt sich derjenige, der in die höheren Welten kommen will, mit allen Kräften der Betrachtung dieser Bilder. Nicht dazu sind solche Bilder da, etwa äußere Zustände abzubilden, sondern um die in dem Menschen schlummernden Kräfte zu *erwecken*. Denn der Mensch wird bemerken, wenn er Geduld und Ausdauer hat – es dauert lange Zeit, aber es tritt ein –, daß die ruhige Hingabe an solche Bilder ihm etwas geben kann, was sich entwickeln soll. Er wird sehen, daß sich sein Inneres verwandelt, daß tatsächlich ein Zustand eintritt, der auf der einen Seite mit dem Schlafe zu vergleichen ist. Während aber mit dem Einschlafen überhaupt hinuntersinken alle Vorstellungen und alles Seelenleben, werden durch die beschriebene Hingabe, durch Meditation, durch solche Vorstellungen *innere Kräfte erweckt*. Der Mensch fühlt sehr bald, daß eine Verwandlung mit ihm vorgeht, daß er dadurch inneres Leben hat, wenn er auch zunächst auf Eindrücke der Außenwelt verzichtet. So erweckt der Mensch durch solche durchaus unwirklichen Symbole innere Kräfte, und er wird dann schon einsehen, daß er mit diesen erweckten Kräften etwas anfangen kann.

Gewiß, es kann von anderer Seite wiederum der Einwand gemacht werden: Ja, wenn nun der Mensch solche Kräfte entwickelt und wirklich in die geistige Welt eingedrungen ist, wie er meint, wie kann er denn da wissen, daß das eine Wirklichkeit ist, was er da wahrnimmt? – Das kann nur durch die Erfahrung bewiesen werden, wie die äußere Welt nur durch die Erfahrung bewiesen werden kann. Die bloßen Vorstellungen unterscheiden sich von den Wahrnehmungen auf das strengste. Nur wer in dieser Beziehung nicht auf den Grund der Dinge geht, kann die bloße Vorstellung mit der Wahrnehmung verwechseln. Es ist ja heute besonders bei den philosophisch angehauchten Kreisen ein gewisses Mißverständnis eingerissen. Die Schopenhauersche Philosophie geht zum Beispiel in ihrem ersten Teile davon aus, daß die Welt des Menschen Vorstellung sei. Den Unterschied zwischen Wahrnehmung und Vorstellung bekommen Sie, wenn Sie hierzu Ihre Uhr betrachten. Solange Sie in Kontakt sind mit Ihrer Uhr, ist es Ihre Wahrnehmung; drehen Sie sich um, so haben Sie ein Bild der Uhr in sich; das ist Ihre Vorstellung. Im praktischen Leben werden Sie sehr bald unterscheiden lernen zwischen Wahrnehmung und Vorstellung; und wer das nicht könnte, würde in die Irre gehen. Auch das andere Beispiel ist schon angeführt worden: Wenn Sie sich ein noch so heißes Stück Eisen vorstellen, es brennt nicht; wenn Sie aber ein Stück heißes Eisen ergreifen, werden Sie schon merken, daß die Wahrnehmung etwas anderes ist als die Vorstellung. Ebenso ist es mit jenem Beispiel, das in der Kantschen Philosophie gegeben wird, das zwar nach einer gewissen Seite hin eine Berechtigung hat, aber nur Irrtümer in dem letzten Jahrhundert hervorgerufen hat. Kant versucht, einen gewissen Gottesbegriff aus den Angeln zu heben, indem er zeigt, daß zwischen hundert vorgestellten und hundert wirklichen Talern gar kein Unterschied sei dem Inhalte nach. Aber man darf sich eben darauf überhaupt nicht berufen, daß in dem Inhalte kein Unterschied sei; denn man verwechselt dann leicht die Wahrnehmung und den unmittelbaren Kontakt mit der Wirklichkeit mit demjenigen, was bloßer Vorstellungsinhalt ist. Wer hundert Taler Schulden bezahlen soll, der wird schon den Unterschied merken zwischen hundert wirklichen und hundert eingebildeten Talern.

So ist es auch mit der geistigen Welt. Wenn die im Menschen schlummernden Kräfte und Fähigkeiten aus seinem Innern hervortreten und eine Welt um ihn herum ist, die er vorher nicht gekannt hat, die wie aus einer dunklen geistigen Tiefe herausleuchtet, da kann derjenige, der nur laienhaft auf diesem Gebiete ist, sagen: Das kann Selbstsuggestion sein, kann irgendeine Einbildung sein. Wer aber Erlebnisse auf diesem Gebiete hat, wird wohl unterscheiden können zwischen dem, was Wirklichkeit ist, und dem, was bloße Einbildung ist; und zwar genau so, wie man im Physischen unterscheiden kann zwischen einem vorgestellten und einem wirklichen Stück heißen Stahls.

So sehen wir, daß es eine Möglichkeit gibt, einen andern Bewußtseinszustand hervorzurufen. Ich habe Ihnen das nur kurz durch ein Beispiel angeführt, wie durch innere Übungen aus der Seele die in ihr schlummernden Fähigkeiten herausgeholt werden. Während der Mensch so übt und die schlummernden Fähigkeiten heraushodt, sieht er natürlich nichts von einer geistigen Welt; da ist er damit beschäftigt, seine Fähigkeiten herauszuholen. Das dauert unter Umständen nicht nur Jahre, sondern ganze Leben lang. Aber alle diese Anstrengungen führen zuletzt dazu, daß der Mensch diese in ihm schlummernden Erkenntniskräfte anwenden lernt auf die geistige Welt, ebenso wie er seine Augen anwenden gelernt hat unter der Einwirkung unbekannter geistiger Mächte zur Beobachtung der äußeren sichtbaren Welt. Solches Arbeiten an der eigenen Seele, solches Entwickeln der Seele zu einer Welt, in der man noch nicht drinnen steht, die man gerade durch die entwickelten Fähigkeiten empfangen soll, die einem aufgehen soll durch das, was man ihr entgegenbringt, solches Arbeiten an der eigenen Seele kann man im wahren Sinne des Wortes *Askese* nennen. Denn «Askese» heißt im griechischen Worte «sich üben», sich fähig machen zu irgend etwas, Kräfte, die da schlummern, in Tätigkeit umsetzen. Das ist die ursprüngliche Bedeutung des Wortes «Askese», und das kann auch die heutige Bedeutung sein, wenn man sich nicht einen Nebel vor Augen stellen und Irrtümer vorhalten will durch eine falsche Anwendung des Wortes «Askese», die üblich geworden ist durch die Jahrhunderte. Man begreift aber den Sinn der Askese, wie wir ihn eben charakterisiert haben, nur, wenn man berücksichtigt, daß der Mensch durch Entwickelung solcher Fähigkeiten sich eine neue Welt erschließen will. Und man begreift ihn am besten, wenn wir jetzt, nachdem wir das Wort »Askese» allein auf die geistige Welt angewandt haben, es einmal anwenden auf gewisse äußere Verrichtungen des Lebens.

Wird das Wort «Askese» so auf Entwickelung geistiger Fähigkeiten angewendet, so können wir es auch im Leben dann anwenden, wenn gewisse Fähigkeiten und Kräfte entwickelt werden, die noch nicht unmittelbar auf das, wozu sie gehören, angewendet werden, sondern die vorerst herausgeholt werden aus irgendeiner Wesenheit oder aus irgend etwas, um später erst an dem angewendet zu werden, wozu sie eigentlich gehören. So sonderbar es auch erscheinen mag, so gibt es doch ein naheliegendes Beispiel für das, wozu man das Wort «Askese» in seinem wirklichen Sinne gebrauchen kann; und wir werden dann auch schon sehen, warum das Wort «Askese», falsch angewandt, zu einer verderblichen Wirkung führen kann. Wenn wir das Wort «Askese» im äußeren Leben im richtigen Sinne anwenden, so können wir etwa die Kriegsführung während eines Manövers eine «Askese» nennen. Das ist durchaus richtig im griechischen Sprachgebrauch. Die Art und Weise, wie da die Kräfte angewendet werden, um sie zu erproben, damit sie im wirklichen Krieg einmal da sind, wenn sie gebraucht werden, und um zu sehen, ob man sie auch im richtigen Maße anwenden kann, das ist Askese, das ist Übung. Solange man Kräfte nicht auf ein unmittelbares Objekt, zu dem sie gehören, anwendet, sondern um die Tüchtigkeit und Beschaffenheit vorher zu erproben, solange übt man Askese; so daß also das Kriegführen auf dem Manöverfelde sich zum wirklichen Kriegsfalle verhält wie Askese zum Leben überhaupt.

Das menschliche Leben, sagte ich im Anfange, pendelt hin und her zwischen Arbeit und Müßiggang. Aber es liegt mancherlei dazwischen. So liegt zum Beispiel dazwischen das *Spiel*. Das Spiel ist überall, wo es uns als Spiel entgegentritt, eigentlich das Gegenteil von dem, was man Askese nennen kann. An seinem Gegenteil kann man sehr gut sehen, was das Wesen der Askese ist. Das Spiel ist eine Betätigung von Kräften an der Außenwelt in unmittelbarer Befriedigung. Diese Befriedigung selbst, dasjenige, womit gespielt wird, ist auch nicht sozusagen der harte Boden, der harte Untergrund der Außenwelt, wo wir unsere Arbeit verwenden. Dasjenige, womit gespielt wird, ist also unsern Kräften gegenüber ein weiches, bildsames Material, das unsern Kräften folgt. Das Spiel ist nur so lange ein Spiel, als wir uns nicht stoßen an dem Widerstande der äußeren Kräfte, wie bei der Arbeit. Im Spiel haben wir es also zu tun mit dem, was sich unmittelbar auf die Kräfte bezieht, die dabei umgesetzt werden, und in der Betätigung dieser Kräfte liegt selbst die Befriedigung des Spieles. Das Spiel bereitet zu nichts weiter vor; es findet in sich selbst eine Befriedigung. Genau das Umgekehrte liegt vor bei dem, was im richtigen Sinne als Askese verstanden werden muß. Da liegt nicht eine Befriedigung an irgendeiner Außenwelt vor. Was wir in der Askese kombinieren, selbst wenn wir das Kreuz mit den roten Rosen zusammensetzen, das ist etwas, was an sich nicht bedeutsam ist, sondern was als lebendiges Spiel unserer Kräfte hervorgerufen wird, was in uns selber geschieht und dann erst seine Anwendung finden soll, wenn es in uns selber fertig geworden ist. Die Entsagung bezieht sich also darauf, daß wir eine innere Arbeit entfalten mit dem Bewußtsein, uns zunächst nicht anregen zu lassen durch Außenwelt – daß wir an uns selber arbeiten, um unsere Kräfte ins Spiel zu bringen, damit sie sich betätigen können in der Außenwelt. So stehen Spiel und Askese einander gegenüber wie zwei Gegensätze.

Wie lebt sich nun dasjenige, was wir in unserm Sinne Askese nennen können, in das Menschenleben ein?

Bleiben wir dabei innerhalb des Gebietes stehen, wo die Askese sowohl in der Licht- wie in der Schattenseite zur Anwendung kommt: beim Ergreifen der übersinnlichen Welten, wenn der Mensch sich das Ziel setzt, hinaufzusteigen in die geistigen Welten. Da können wir sagen: Wenn dem Menschen durch irgend etwas eine übersinnliche Welt entgegentritt, zum Beispiel durch die Mitteilungen eines andern Menschen oder durch die Mitteilungen irgendwelcher Urkunden der geschichtlichen Entwikkelung, so ist es zunächst möglich, daß der Mensch sagt: Es gibt Behauptungen, Mitteilungen über die übersinnlichen Welten; mir selbst sind solche Mitteilungen zunächst nicht verständlich. Ich habe keine Kraft, sie einzusehen. – Dann gibt es wiederum Menschen, die nicht etwa sagen: Ich will das aufnehmen, was mir da an Mitteilungen geboten wird!, sondern die sagen: Ich lehne diese Mitteilungen ab; ich will kein Verhältnis zu ihnen haben! Woher kommt das? Das kommt zunächst davon her, daß ein solcher Mensch im besten Sinne des Wortes die Askese ablehnt; und zwar aus dem Grunde, weil er in seiner Seele nicht die Kraft empfindet, um durch die Mittel, die charakterisiert worden sind, höhere Kräfte aus sich herauszuentwickeln. Er fühlt sich zu schwach dazu.

Es ist ja immer wieder betont worden, daß es nicht einmal notwendig ist, daß man selbst Hellsichtigkeit besitzen muß, um, wenn einem durch einen hellsichtigen Menschen die Ergebnisse der Geistesforschung mitgeteilt werden, sie einzusehen. Es ist zwar zur Erforschung der geistigen Tatsachen Hellsichtigkeit notwendig; wenn aber die Tatsachen einmal erforscht sind, kann jeder Mensch durch seine durch nichts voreingenommene Vernunft einsehen, was ihm der Geistesforscher mitteilt. Der unbefangene Verstand und die gesunde Vernunft sind zunächst das beste Instrument, um dasjenige zu beurteilen, was aus den geistigen Welten mitgeteilt wird. Wer auf dem Boden der Geistesforschung steht, wird immer sagen können: Wenn er überhaupt noch vor etwas Furcht haben könnte, so hätte er sie vor denen, die derartige Mitteilungen hinnehmen, ohne sie mit ihrem Verstande genau zu prüfen; nicht aber vor denen, die ihre durch nichts beirrte Vernunft anwenden. Der Vernunftgebrauch ist es, der alles verständlich macht, was aus der Geistesforschung heraus kommt.

Es kann aber sein, daß sich ein Mensch zu schwach fühlt, daß er nicht aus sich die Kräfte hervorholen kann zum Verständnis der Mitteilungen aus der geistigen Welt. Wenn das der Fall ist, lehnt er sie ab aus einem ihm selbst angemessenen Selbsterhaltungstrieb. Er würde sich verwirren, wenn er diese Mitteilungen aufnehmen würde. Das verspürt er. Und im Grunde genommen ist es bei all denen, welche die auf dem Wege der Geistesforschung erkundeten Dinge ablehnen, der Selbsterhaltungstrieb, der diese Dinge ablehnt: ein Bewußtsein, das nicht imstande ist, Übungen – also im besten Sinne des Wortes Askese – auf sich anzuwenden. Ein solcher Selbsterhaltungstrieb sagt sich: Wenn die Dinge an mich herankämen, so würden sie mich verwirren; sie würden, wenn sie in meinen Geist hereinkämen, meinen Geist anfüllen; ich könnte nichts damit anfangen; also lehne ich sie ab! So ist das materialistische Bewußtsein, das keinen Schritt hinausgehen will über das, was die auf dem Boden der Tatsachen vermeintlich feststehende Wissenschaft bietet.

Es kann aber auch etwas anderes der Fall sein. Und da kommen wir zu einer gefährlichen Seite der Askese. Es kann eine gewisse Gier vorhanden sein, Mitteilungen aus den geistigen Welten zu empfangen, und nicht der innere Drang und die Verpflichtung, mit Vernunft und Logik die Mitteilungen zu prüfen. Es kann eine Art innerer Sensationslust vorhanden sein nach Mitteilungen aus der geistigen Welt. Dann läßt man sie hinein in sich. Dann wirkt nicht dasjenige, was eben im Menschen als Selbsterhaltungstrieb bezeichnet worden ist, sondern etwas Entgegengesetztes: dann wirkt tatsächlich eine Art Selbstvernichtungstrieb. Denn das überflutet den Menschen, was er unverstanden in seine Seele hineinläßt und dem gegenüber er nicht seine Vernunft anwenden will. Dahin gehört aller blinde Glaube, jedes auf bloße Autorität Hingenommene an Mitteilungen aus den geistigen Welten, aus den unsichtbaren Welten. Und dieses Annehmen auf Autorität hin entspricht einer Askese, die nicht aus einem gesunden Selbsterhaltungstrieb entspringt, sondern aus einem krankhaften Selbstvernichtungstrieb, zu ertrinken in der Flut der erhaltenen Offenbarungen. Das hat nun für die menschliche Seele eine bedeutsame Schattenseite. Es ist im schlimmen Sinne eine Askese, wenn der Mensch sagt: Ich will nichts weiter, ich will auf alles verzichten, ich will glauben, im Vertrauen leben! Es ist ja diese Stimmung vielfach durch die verschiedensten Zeiten ausgebildet gewesen. Man darf aber nicht alles anführen, was so aussieht wie ein blinder Glaube. Wenn zum Beispiel erzählt wird, daß es in den alten griechischen Mysterienschulen des Pythagoras eine ständige Redensart war: «Der Meister hat es gesagt!», so bedeutet das niemals: Der Meister hat es gesagt, also glauben wir es!, sondern es bedeutet bei seinen Schülern etwa folgendes: Der Meister hat es gesagt; also ist es für uns eine Aufforderung, darüber nachzudenken; wir werden sehen, wie weit wir damit kommen, wenn wir unsere Kräfte in Bewegung setzen! «Glauben» braucht nicht immer ein blinder Glaube zu sein und einem Selbstvernichtungstrieb zu entspringen. Wer im Vertrauen zu jemandem Mitteilungen aus der Geistesforschung entgegennimmt, braucht das nicht aus einem blinden Glauben zu tun; er kann zum Beispiel dahintergekommen sein, daß der Mensch, der so etwas sagt, die Dinge ernst nimmt, daß er die Mitteilungen in präzis logische Formen bringt, daß er auf andern Gebieten, wo der Gläubige nachzuprüfen in der Lage ist, logisch ist und nicht dummes Zeug schwatzt. Deshalb kann der Schüler gerade durch die Beobachtung jener Dinge, die er verfolgen kann, den begründeten Glauben haben, daß der Betreffende auch, wenn er über irgendwelche dem Gläubigen noch unbekannten Dinge spricht, auf einem ebenso sicheren Boden stehe. Daher kann der Gläubige sagen: Ich werde arbeiten! Dasjenige, was mir gesagt wird und wozu ich Vertrauen habe, kann mir ein Leitstern sein, um mich hinaufzuranken zu jenen Fähigkeiten, die sich in mir selbst begreiflich machen werden, wenn ich mich zu ihnen hinaufarbeite.

Wenn aber diese gute Grundlage des Vertrauens nicht da ist, wenn der Mensch Verzicht auf das Verstehen übt, wenn er sich anregen läßt von den Mitteilungen aus den unsichtbaren Welten, ohne sie verstehen zu wollen, dann geht das allmählich in eine recht schlimme Eigenschaft des Menschen über. Es ist dieses ein Übel, das kaum als Askese zu bezeichnen ist. Wer im blinden Vertrauen einfach etwas aufnimmt, ohne den Willen zu haben, es nach und nach zu verstehen, ohne es also zu durchdringen; wer also in seinen Willen den Willen eines andern aufnimmt, ganz blind, der verliert allmählich jene gesunden Seelenkräfte, die ein sicheres Zentrum unseres inneren Lebens bilden und die das Gerüst schaffen für alle unseren Empfindungen für die Richtigkeit des Lebens. Lüge und Hang zum Irrtum stellen sich bei demjenigen Menschen ein, der nicht prüfen will in seinem Innern, nicht die Vernunft walten lassen will, sondern der geradezu den Hang hat, zu ertrinken in dem, was er mitgeteilt bekommt – zu versinken, mit seinem Selbst zu verschwinden. Wer nicht den *gesunden Wahrheitssinn* walten lassen will, der wird bald sehen, wie Lüge und Hang zur Täuschung ihm auch in der wirklichen Welt anhaften werden. Das ist ganz ernst zu bedenken, wenn man sich der geistigen Welt nähert, daß man sich durch diese Unterlassungssünde leicht einem Leben hingeben kann, das kein rechtes Gefühl mehr hat für das, was Wahrheit, was Richtigkeit im Leben ist. Wer das Üben ernst nimmt, wer seine Kräfte anstrengen will, der darf nicht unterlassen, solche Erkenntnis sich vor die Seele zu führen, wie sie jetzt eben ausgesprochen worden ist.

Nun können wir aber noch tiefer hineingehen in das, was wir im tieferen Sinne *asketisches Üben* der Seelenkräfte nennen können. Wir haben jetzt den Menschen nur insofern betrachtet, als er nicht mächtig ist, in gesunder Weise innere Kräfte wirklich zu entwickeln. Das eine Mal lehnt er es ab, solche Kräfte zu entwickeln, aus gesundem Selbsterhaltungstrieb, weil er solche Kräfte nicht entwickeln will; das andere Mal lehnt er nicht ab, solche Kräfte in sich zu entwickeln, aber er lehnt ab, Vernunft und Urteil zu entwickeln. Da haben wir es immer zu tun mit der Sucht des Menschen, auf dem Standpunkt stehen zu bleiben, wo er einmal steht. – Nehmen wir aber das andere: Der Mensch schickt sich an, nun wirklich seine inneren Fähigkeiten zu entwickeln; er wendet auf seine eigene Seele solche Übungen an, wie sie charakterisiert worden sind. Da kann nun wieder ein Zweifaches eintreten. Zunächst kann dasjenige eintreten, was gerade da energisch angestrebt wird in unserer geisteswissenschaftlichen Weltenströmung, wo sie mit Ernst und Würde aufgefaßt wird. Der Mensch kann sozusagen nur in dem Maße hingelenkt werden auf die Entwickelung von inneren Geisteskräften, als er fähig wird, mit diesen Geisteskräften etwas anzufangen, und zwar etwas Richtiges und Ordentliches anzufangen. Das heißt, es kann auf der einen Seite die Rede sein – was in meiner Schrift *Wie erlangt man Erkenntnisse der höheren Welten?* weiter ausgeführt ist –, wie der Mensch sich selber zu üben, wie er an sich zu arbeiten hat, um sich die Fähigkeiten zum Hineinschauen in die geistige Welt zu verschaffen. Und zu gleicher Zeit muß die Möglichkeit geboten sein, an dem Vorhandenen, was die Geistesforscher zu allen Zeiten als die geistigen Tatsachen gefunden haben, selber die Kräfte zu schulen und ein richtiges Gleichgewicht herzustellen zwischen dem, was man als Kraft entwickelt im Innern, und dem, was man von der Außenwelt begreifen soll. Wenn der Mensch es unterläßt, die Kräfte, die er in sich entwickelt, wirklich im Begreifen der Außenwelt anzuwenden; wenn er den kaum zu bezähmenden Wunsch hat, recht viel innere Seelenkräfte zu

der übende Mensch

34

entwickeln, alles mögliche in Bewegung zu bringen in der Seele, damit sie Geistes-Augen und Geistes-Ohren entwickele, und
dabei zu bequem ist, sich in langsamer und richtiger Art mit den
bereits vorliegenden Tatsachen der Geistesforschung still und in
vernünftiger Arbeit zu befassen, dann kann es sein, daß durch
seine Askese etwas recht Schlimmes auftritt. Es kann sein, daß der
Mensch in sich allerlei Kräfte und Fähigkeiten entwickelt, mit denen er aber nichts anzufangen weiß, keine Möglichkeit hat, diese
Kräfte auch in der Außenwelt anzuwenden. Darauf läuft manche
Schulung hinaus, insbesondere solche, die Erkenntniskräfte entwickelt ohne die Möglichkeit, dieselben anzuwenden, und auch
Schulungen, die nicht energisch darauf ausgehen, Askese zu üben
zunächst durch geistige Mittel, wie sie charakterisiert worden
sind, damit der Mensch durch seine Übungen stärker und immer
stärker werde. Es gibt auch Methoden, die darauf ausgehen, einen
anderen Weg einzuschlagen; einen Weg, den man ja als einen
bequemeren bezeichnen kann, der aber leicht zu Unfug führen
kann. Dieser Weg geht darauf hinaus, jene Hindernisse zu beseitigen, welche die Seele zunächst von den Eindrücken der Körperlichkeit hat, um dadurch zu einem inneren Leben zu kommen.
Diese Hindernisse zu beseitigen, war auch das einzige Bestreben
dessen, was man im Mittelalter die Askese genannt hat und was
es zum Teil in der neueren Zeit noch gibt. Statt jene *wahre Askese*
zu üben, die darauf hinausgeht, der Seele einen immer reicheren
Inhalt zu geben, geht eine *falsche Askese* davon aus, die Seele zu
lassen, wie sie ist, und dafür den Leib zu schwächen, die Kräfte
des Körperlichen in ihrer Wirksamkeit zu vermindern. So gibt
es ja Mittel, um diesen Leib herabzustimmen, so daß er in seinen
Funktionen nicht mehr stark und kräftig ist wie im gewöhnlichen
Leben, sondern daß er schwächer und schwächer wird. Dadurch
kann dann erreicht werden, daß die schwach gebliebene Seele
eine Art Oberhand über die schwach gewordenen körperlichen

Funktionen hat. Während bei einer richtigen Askese der Leib bleiben soll, wie er ist, und die Seele Sieger werden soll über den Leib, wird bei einer andern Askese die Seele gelassen, wie sie ist, und dagegen durch allerlei Prozeduren, Fasten, Kasteien und so weiter, der Leib sozusagen in sich selber schwach gemacht, so daß dann die Seele stärker ist und zu einer Art von Bewußtsein kommen kann, trotzdem sie ihre Kräfte gar nicht erhöht hat. Das ist die Stimmung mancher Asketen des Mittelalters: Sie ertöten die Stärke des Leibes, vermindern seine Funktion, lassen die Seele, wie sie ist, und versetzen sich in den Zustand der Erwartung, der ihnen von außen, ohne ihr Zutun, dasjenige bringen soll, was Inhalt der geistigen Welt ist.

Es ist das die bequemere Methode; es ist aber diejenige Methode, die den Menschen nicht in Wahrheit stärker macht. Die wahre Methode fordert, daß der Mensch sein Denken, Fühlen und Wollen läutert und reinigt, daß er Denken, Fühlen und Wollen gerade stärker macht, damit sie kräftiger und Sieger werden über das Leibliche. Die andere Methode stimmt den Leib herunter, und dann soll die Seele ohne eine Hinzufügung von neuen Fähigkeiten warten, bis die gotterfüllte Welt in sie einströmt.

Diese Stimmung – Sie können sie in manchen Anweisungen des Mittelalters als «Askese» finden – führt zur Weltfremdheit und zur Weltenferne, und sie muß dazu führen. Denn im gegenwärtigen Zustand unserer Menschheitsentwickelung besteht ein gewisses Verhältnis zwischen den Wahrnehmungskräften in uns und dem, was draußen ist. Wollen wir hinauskommen über den gegenwärtigen Menschheitszustand, dann können wir es nur dadurch tun, daß wir unsere Kräfte in uns erhöhen und dann mit den erhöhten Kräften die Außenwelt um so tiefer und bedeutsamer erfassen. Stimmen wir aber unsere normalen Menschenkräfte herab, machen wir uns unfähig, das normale Verhältnis zur Außenwelt zu haben, bemühen wir uns, besonders das Denken,

Fühlen und Wollen herabzustimmen, und versetzen wir dann unsere Seele in den Zustand der Erwartung, dann fließt in diese Seele etwas ein, was kein Verhältnis zu unserer heutigen Welt hat, was uns zu einem Sonderling macht, zu einem Menschen, der unbrauchbar ist für die wirkliche Arbeit in unserer Welt. Während echte, wahre Askese zu einem Menschen führt, der brauchbarer und immer brauchbarer für die Welt wird, weil er immer tiefer hineinschaut in die Welt, führt die andere Askese, die mit der Unterdrückung der körperlichen Funktionen verknüpft ist, dazu, den Menschen herauszuziehen aus der Welt, ihn zu einem Einsiedler, zu einem Eremiten zu machen in jeglicher Beziehung. Dann mag er auf seinem einsamen Standpunkt, auf seiner einsamen Seeleninsel mancherlei seelisch-geistige Dinge sehen – das soll ihm nicht abgeleugnet werden –, aber brauchbar für die Welt ist eine solche Askese nicht. Askese ist Arbeit, Übung für die Welt und nicht ein Sich-zurück-Ziehen in Weltenfernen.

Damit soll nun wiederum nicht gesagt werden, daß gleich bis zum Extrem gegangen werden muß. Man kann von der einen Seite der anderen entgegenkommen. Wenn es auch im allgemeinen richtig ist, daß im heutigen Menschheitszyklus ein gewisses normales Verhältnis besteht zwischen der Außenwelt und den Kräften unserer Seele, so darf doch auf der andern Seite gesagt werden, daß eine jede Zeit sozusagen das Normale ins Extrem treibt und daß derjenige, welcher höhere Fähigkeiten entwickeln will, als es die normalen sind, die Widerstände, die von unnormalen Zeitströmungen herkommen, nicht zu berücksichtigen braucht. Und weil die Widerstände in ihm vorhanden sind, kann er unter Umständen auch etwas weiter gehen, als er sonst gehen müßte, wenn die Zeit nicht auch ihrerseits sündigen würde. Das muß deshalb gesagt werden, weil Sie vielleicht vernommen haben, daß manche Angehörige der gegenwärtigen geisteswissenschaftlichen Strömung auf eine gewisse Diät einen großen Wert legen. Damit ist durchaus nicht gemeint, daß irgend etwas für die Erlangung oder auch nur für das Verständnis höherer Welt- und Lebensverhältnisse erreicht werden soll durch gerade eine solche Lebensweise. Sie kann nur ein äußeres Hilfsmittel sein und darf nur so aufgefaßt werden, daß derjenige, der sich ein Verständnis für die geistigen Welten erwerben will, einen gewissen Widerstand finden kann an dem, worinnen er sich hineingelebt hat: an den Sitten und Gebräuchen der äußeren Welt. Und weil er durch diese Sitten und Gebräuche zu tief heruntergeführt worden ist in die rein materielle Welt, darum muß er, um sich die Übungen zu erleichtern, über das hinausgehen, was für die meisten Menschen das Normale ist. Würde er aber das zu seiner Askese rechnen, zu den Mitteln, die in die geistige Welt hinaufführen, dann würde er ganz fehlgehen. Denn niemand kann der Vegetarismus in die höheren Welten hinaufführen; er kann nur eine Unterstützung sein, die man so auffaßt: Ich will gewisse Arten des Verständnisses mir eröffnen für die geistigen Welten; da habe ich ein Hindernis an meiner dichten Körperlichkeit, und das ist so stark, daß die Übungen nicht gleich in der richtigen Weise eingreifen; also unterstütze ich mich dadurch, daß ich meiner Leiblichkeit eine gewisse Erleichterung verschaffe. Eine solche Erleichterung ist zum Beispiel der Vegetarismus, der durchaus nicht als ein Dogma aufgestellt wird, sondern nur als etwas, was einem Menschen das Verständnis für die geistigen Welten erleichtern kann. Niemand aber soll glauben, daß er etwa durch eine vegetarische Lebensweise geistige Kräfte entwickeln könnte. Denn die Seele bleibt wie sie ist; nur der Körper wird schwächer. Wenn aber die Seele auf der einen Seite stärker geworden ist, wird sie auf der andern Seite dadurch, daß der Vegetarismus auf den Menschen wirkt, auch den schwächeren Körper von dem Zentrum der Seelenkräfte aus in entsprechender Weise stärker gestalten können, so daß ein Mensch, der sich in geistiger Art mit dem Vegetarismus

38

entwickelt, kräftiger, tüchtiger und widerstandsfähiger für das Leben werden und es nicht nur mit jedem Fleischesser aufnehmen, sondern ihn an Leistungsfähigkeit sogar übertreffen kann. Das kommt aber gerade daher, daß nicht das eintritt, was viele glauben, wenn sie von denen, die in einer geistigen Strömung darinnen stehen und Vegetarier sind, sagen: Was sind das für arme Kerle, die nicht einmal das bißchen Fleischgenuß haben!

Solange der Mensch diese Stimmung entfalten würde, würde der Vegetarismus ihm nicht im mindesten etwas nützen können. Solange der Mensch Gier und Sucht hat nach Fleisch, nützt ihm der Vegetarismus gar nichts; sondern erst, wenn er auf dem folgenden Standpunkt steht, den ich durch eine kleine Erzählung klarmachen will.

Vor längerer Zeit wurde jemand gefragt: Warum essen Sie denn eigentlich kein Fleisch? Da sagte er: Ich will Sie mit einer Gegenfrage belästigen: Warum essen Sie kein Hundefleisch oder Katzenfleisch? – Das kann man doch nicht essen! war die Antwort. – Warum denn nicht? – Nun, weil ich davor Ekel habe! – Gut, ganz so habe ich Ekel vor allem Fleisch!

Um diese Stimmung handelt es sich. Wenn der Genuß an der Fleischkost aufgehört hat, dann ist erst die Stimmung da, wo die Enthaltung von der Fleischkost in bezug auf die geistigen Welten irgend etwas nützt. Vorher kann die Entwöhnung vom Fleisch nur ein Hilfsmittel sein, sich die Begierde nach Fleisch abzugewöhnen. Aber wenn man die Begierde sich nicht abgewöhnen kann, dann ist es vielleicht besser, man fängt mit dem Fleisch wieder an; denn das fortwährende Sich-Quälen damit ist durchaus nicht der richtige Weg, um in das Verständnis der Geisteswissenschaft hineinzukommen.

Aus alledem sehen Sie charakterisiert, was man *wahre* und *falsche Askese* nennen kann. Zur falschen Askese werden aber leicht diejenigen geführt, die nur die Sucht haben, ihre inneren

Erstarkung des Innern statt Ertötung des Äußeren!

seelischen Kräfte und Fähigkeiten zu entwickeln, denn ihnen wird es ziemlich gleichgültig sein, die Außenwelt wirklich zu erkennen. Sie wollen ja zunächst nur diese seelischen Fähigkeiten entwickeln und dann abwarten, was da kommt. Das könnte man am besten, wenn man seinen Leib so viel quält wie möglich; dann wird er schwach, dann darf die Seele schwach bleiben und kann dann so in irgendeine geistige Welt hineinsehen, wenn sie auch noch so unbrauchbar ist zum Begreifen einer wirklichen geistigen Welt. Dies ist aber der Weg zur Täuschung; denn in dem Augenblick, wo der Mensch sich den Rückweg verriegelt in die physische Welt zurück, tritt ihm keine wahre geistige Welt entgegen, sondern nur die Trugbilder seines eigenen Selbstes. Und sie müssen ihm aus dem Grunde entgegentreten, weil er die Seele läßt, wie sie ist. Weil er sein Ich auf dem Standpunkt stehen läßt, auf dem es steht, entwickelt es sich nicht zu höheren Kräften, und den Zusammenhang mit der Welt vermauert sich der Mensch dadurch, daß er die Funktionen, durch welche er mit der Welt in Beziehung tritt, herabdrückt. Er kommt durch seine Askese nicht nur dazu, weltfremd zu sein, sondern auch sich das anzuzüchten, was man nennen kann: Er sieht Bilder, die ihm seine eigene Seele auf der Stufe, bis zu der er gekommen ist, vorgaukeln kann, er sieht sein durch sein eigenes Selbst getrübtes Bild an Stelle einer wahren geistigen Welt. Und die zweite Folge ist die, welche uns auf moralischem Gebiete entgegentritt: Wer so glaubt, gerade durch Demut und Hingabe an die geistige Welt ein richtiges Leben zu entfalten, der sieht gar nicht, daß er mit aller Gewalt in sein Selbst sich hineinspinnt, ein Egoist im ärgsten Sinne des Wortes wird, sich zu gar nichts hin entwickeln will als zu dem, wo er schon steht. Dieser Egoismus, der ausarten kann in einen wilden Ehrgeiz und eine wilde Eitelkeit, ist deshalb so gefährlich, weil ihn der Betreffende, der ihn hat, selbst niemals sehen kann. Er selbst hält sich gewöhnlich für einen Menschen, der zu den Füßen seines Gottes in tiefster Demut hinsinkt, während der Teufel des Größenwahns in ihm spielt. Was er in Demut entwickeln soll, das weist er ab; denn er würde gerade dadurch demütig sein, daß er sich sagt: Nicht wo ich stehe, sind die Kräfte der geistigen Welt; sondern die müssen erst entwickelt werden; ich müß hinaufsteigen; ich darf nicht mit den Kräften, die ich schon habe, warten.

So sehen wir, wie zu Täuschung, Irrtum, Eitelkeit und Selbstsucht, ja zu allen möglichen Wahnsinnsuntergründen gerade diese Art von Askese führen kann, die zunächst auf Ertötung des Äußeren ausgeht und nicht auf Erstarkung des Innern. Insbesondere würde es in unserer heutigen Zeit von dem größten Übel sein, wenn jemand nicht durch Erhöhung seiner Seelenkräfte, sondern durch Abtötung des Äußeren in die geistige Welt sich erheben wollte. Er spinnt sich dadurch nur in sein eigenes Selbst ein. Daher kann auch für den gegenwärtigen Menschen das Vorbild zur Askese nicht von denen geholt werden, die zu ihrer Zeit vielleicht auf einer einsamen Seeleninsel den Zugang gesucht haben zu einer geistigen Welt; sondern das heutige Ideal einer wahren Askese kann nur bei der heutigen, der modernen Geisteswissenschaft gesucht werden, die fest auf dem Boden der Wirklichkeit steht; durch die der Mensch seine Kräfte und Fähigkeiten entwickelt, durch die er hinaufsteigt zum Begreifen einer geistigen Welt, die aber dennoch eine Welt der Wirklichkeit ist; nicht eine Welt, in welche der Mensch sich einspinnt.

Nun gibt es aber noch andere Schattenseiten einer solchen einseitigen Askese. Wenn Sie die ganze umliegende Natur betrachten, werden Sie finden, daß, je weiter wir hinaufgehen vom Pflanzenreich zum Tierreich und Menschenreich, die Lebensverhältnisse nach und nach einen ganz anderen Charakter annehmen. Beschäftigen Sie sich mit dem, was man nennen könnte «Pflanzenkrankheiten», so werden Sie sehen, daß diese Pflan-

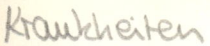

zenkrankheiten einen durchaus anderen Charakter tragen als das, was man Krankheiten beim Tier oder gar erst beim Menschen nennt. Denn Krankheiten der Pflanzen werden nur von außen bewirkt, durch irgendwelche unnormalen Verhältnisse von Wind und Wetter, Licht und Sonnenschein. Diese Verhältnisse der Außenwelt können die Pflanzen krank machen. Gehen Sie nun zum Tier hinauf, so können Sie sehen, daß auch das Tier in seinen inneren Verhältnissen, wenn es sich selbst überlassen ist, einen weit größeren Fonds von Gesundheit hat als der Mensch. Der Mensch ist eben nicht nur imstande, durch das Leben, in das er hineingestellt ist, durch die Verhältnisse, die ihm von außen entgegentreten, sich krank zu machen, sondern auch durch alles, was sich in sein Inneres oder von dort nach außen ergießt. Damit hängt es nun auf der einen Seite zusammen, daß, wenn die Seele nicht richtig dem Körperlichen angepaßt ist, wenn dasjenige, was als geistige Anlage aus früheren Verkörperungen herstammt, sich in seiner Innerlichkeit nicht vollständig anpassen kann an die äußere Körperlichkeit, schon dadurch innere Ursachen der Erkrankung auftreten, die oft so falsch beurteilt werden können. Da sehen wir, wie innere Krankheiten auftreten können als Symptome dafür, daß kein rechtes Zusammenpassen zwischen Leib und Seele da ist. Wir können oft sehen, daß Menschen, bei denen solche Symptome auftreten, daß die Leiber nicht recht zusammenpassen, gern darauf zielen, in die höheren Welten hinaufzukommen, indem sie das Leibliche abzutöten versuchen, weil sie durch ihre Krankheitsverhältnisse schon dazu geführt sind, ihre Seele abzutrennen von dem Körperlichen, das nicht vollständig durchdrungen ist von dem Seelischen. Bei solchen Menschen tritt uns dann entgegen, daß der Leib sich in der verschiedensten Weise in sich selber verhärtet, daß er sich in sich selbst gestaltet; und da sie sich in ihrer Seele nicht stärker gemacht haben, sondern gerade ihre Schwäche benutzt haben, um frei zu werden von den Eindrücken der Leiblichkeit, und dadurch ihre gesundenden, erstarkenden und kräftigenden Fähigkeiten dem Leibe entziehen, kann dann der Leib die Disposition zu allen möglichen Erkrankungen erhalten. Während eine gesunde Askese die Kräftigung und Stärkung der Seele entwickeln wird, so daß die Seele auch wieder zurückwirkt auf den Leib und ihn stark machen wird gegen jede Krankheitseinwirkung von außen, wird eine falsche Askese den Menschen angreifbar machen für jeden von außen kommenden Krankheitseinfluß.

Das ist der gefährliche Zusammenhang zwischen jeder falschen Askese und den Krankheiten gerade in unserer Zeit. Und das ist es auch, was in weiteren Kreisen, in denen man sich leicht Mißverständnissen gegenüber solchen Dingen hingibt, allerlei Irrtümer hervorrufen kann über das, was geisteswissenschaftliche Weltanschauung dem Menschen bringen kann. Denn gewiß werden diejenigen, die auf dem Wege einer falschen Askese zu einer Anschauung der geistigen Welt kommen wollen, ein abschreckendes Bild bieten können für die Außenstehenden; denn sie werden durch ihre falsche Askese ein breites Angriffsfeld den schädlichen Einflüssen der Außenwelt geben können; sie werden nicht gestärkt und gekräftigt sein gegen die Irrtümer unserer Zeit, sondern sie werden ihnen erst recht ausgesetzt sein.

Das kann uns auch gerade an mancher theosophischen Geistesströmung unserer Zeit entgegentreten. Dadurch, daß mancherlei sich «Theosophie» nennt, ist es noch nicht mit einem Freibrief versehen, um als geistige Strömung manchen entgegengesetzten Strömungen der Gegenwart gewachsen zu sein. Wenn Materialismus in der Welt draußen herrscht, so ist er ein wenig dem angemessen, was von draußen kommt, den Begriffen, die man sich in der Sinneswelt von dem machen muß, worauf der sinnliche Blick gerichtet ist. Daher kann man sagen, daß der Materialismus der äußeren Welt, der nichts von einer geistigen Welt weiß, in gewisser Weise berechtigt ist. Wenn aber eine Weltanschauung auftritt, die über die geistige Welt etwas mitteilen will und die, weil sie nicht auf einer wirklichen Erstarkung der geistigen Kräfte beruht, in sich die materialistischen Vorurteile der Zeit in ihren karikierten Formen hineinnimmt, dann ist das um so schlimmer. Daher ist eine solche theosophische Weltanschauung, in welche die Irrtümer der Zeit eingedrungen sind, unter Umständen viel schädlicher als eine materialistische, und es darf wohl darauf hingewiesen werden, daß wirklich materialistische Vorstellungen im weitesten Umfange gerade in die theosophische Weltanschauung eingedrungen sind. Da spricht man dann vom Geistigen nicht als von «Geist», sondern als ob der Geist nur eine unendlich verfeinerte nebulose Materie sei. Wenn man vom Ätherleib spricht, stellt man sich nur das Physische über einen gewissen Grad hinaus verfeinert vor und spricht dann von Äther-«Schwingungen». Beim Astralischen sind dann diese Schwingungen noch feiner, im Mentalen wiederum feiner und so weiter. Überall sind «Vibrationen», überall «Schwingungen». Man kommt eigentlich niemals in eine wirkliche geistige Welt mit seinen Vorstellungen hinein, sondern bleibt bei solchen Vorstellungen stehen, die sich auf eine materielle Welt beziehen sollten. Da erlebt man es dann, daß sich die Menschen in Wahrheit einen materialistischen Dunst vormachen bei den allergewöhnlichsten Lebenserscheinungen. Wenn man zum Beispiel irgendwo ist, wo man spüren kann, daß eine gute Stimmung herrscht, wo die Seelen der Menschen zusammenklingen und einer, der das fühlt, etwa sagt, es herrsche eine harmonische Stimmung in diesem Kreis von Menschen, so mag das alltäglich ausgedrückt sein, aber es ist richtig und führt eher zu einem richtigen Verständnis, als wenn in einer Gesellschaft von Theosophen einer sagt: O, hier sind feine Vibrationen! Dazu muß man ja erst theosophischer Materialist sein und sich eine grobklotzig gedachte Materie vorstellen, um davon sprechen zu können. Und dem, der ein Gefühl dafür hat, vergeht dann seine Stimmung; das Ganze vernebelt sich, wenn die Betreffenden ihre «vibrations» oder Vibrationen herumtanzen lassen. Da sehen wir, wie auf diesem Gebiete durch das Eindringen materialistischer Vorstellungen in eine geistige Weltanschauung ein abschreckendes Bild geschaffen werden kann für die Außenstehenden, die dann sagen können: Diese Leute haben eine geistige Welt; aber anders ist es auch nicht als bei uns: bei uns tanzt der Lichtäther, bei denen tanzt sogar der geistige Äther! Das ist ein und derselbe Materialismus. Materialismus hier, Materialismus da!

Das sollte man durchaus im rechten Lichte sehen! Dann würde man nicht mehr eine falsche Anschauung gewinnen können über das, was die geisteswissenschaftliche Weltanschauungs-Strömung in unserer Zeit den Menschen bringen kann. Dann würde man einsehen, daß Askese auch etwas sein kann, was durch Erstarkung des Seelenlebens hinaufführt in die geistige Welt und dadurch auch wieder neue Kräfte hineinbringen kann in unser physisch-materielles Dasein. Diese Kräfte sind dann keine krank machenden Kräfte, sondern gesund wirkende Kräfte; sie führen unserm Leiblichen gesunde Lebenskräfte zu. – Es ist freilich schwerer zu konstatieren, ob eine Weltanschauung uns gesunde Lebenskräfte zuführt oder kranke; die kranken sieht man in der Regel, während man die gesunden gewöhnlich nicht beachtet. Wer es beobachten kann, der wird sehen, wie diejenigen, die in einer wahren Geistesströmung stehen und sich von ihr befruchten lassen, gesunde Kräfte aus ihr ziehen, die bis in das Physische gesundend herunterwirken können. Und der wird auch sehen, wie die Krankheitserscheinungen nur wirken können, wenn etwas von der Außenwelt, was nicht aus einer geistigen Strömung fließt, hineingetragen wird in eine geistige Strömung. Das wirkt dann aber schlimmer innerhalb der geistigen Strömung, als wenn es draußen bleibt, wo der Mensch durch die Konventionen davor geschützt ist, daß gewisse Irrtümer zu starke Wirkungen hervorbringen.

Wenn wir diese Dinge so aufnehmen, werden wir wahre Askese auffassen als eine Vorübung zu einem höheren Leben, als eine Entwickelung von Kräften, und werden das gute alte griechische Wort wiederum so verstehen, wie es gemeint ist. Denn «askein» heißt «sich bemühen», «sich stark machen», ja sogar «sich schmücken», daß sich die Menschlichkeit an einem offenbaren kann gegenüber der Welt. Askese ist ein Sich-stark-Machen, wenn sie in ihrem richtigen Sinne aufgefaßt wird. Wenn sie aber so aufgefaßt wird, daß der Mensch die Seele lassen will, wie sie ist, und dann durch Herabstimmen der äußeren Leiblichkeit etwas erreichen will, dann trennt er die Seele von dem Leib und macht den Leib zum Angriffspunkt aller möglichen schädlichen Einflüsse, und dann ist Askese ein Quell aller möglichen Erkrankungsverhältnisse des Leibes.

Was die Licht- und Schattenseiten des Egoismus sind, wird sich uns in der Betrachtung des Wesens des Egoismus zeigen. Heute wird sich Ihnen aber gezeigt haben, daß es bei der wahren, richtigen Askese darauf ankommt, wie sie wirkt, was sie fruchtet, wie sie sich in die Welt gerade so hineinstellt, daß sie niemals Selbstzweck sein kann, sondern nur Mittel zur Erreichung eines höheren Menschheitszieles, zum Hineinleben in die höheren Welten. Daher muß der Mensch, wenn er zu dieser Askese schreiten will, einen sicheren Boden der Wirklichkeit unter seinen Füßen haben. Er darf nicht fern und fremd werden in der Welt, in die er hineingestellt ist; sondern er muß jederzeit die Welt wiedererkennen. Was er aus der höchsten der Welten herunterbringen kann in diese Welt, das muß er hier – in dieser Welt – wiederum an seiner Arbeit bemessen und beurteilen können; denn sonst könnten leicht diejenigen Recht haben, welche behaupten, Askese wäre nicht Arbeit, sondern Müßiggang! Müßiggang kann allerdings sehr leicht der Anlaß zu einer falschen Askese werden – und besonders in unserer heutigen Zeit. Wer aber seine Verhältnisse sicher und fest macht und nicht den Boden unter den Füßen verliert, der beachtet gerade einer so ernsten Sache wie unsern menschlichen Fähigkeiten gegenüber ein höchstes Ideal in der Askese. O, es können unsere Ideen hoch hinaufsteigen, wenn wir uns ein Ideal für alles Üben menschlicher Fähigkeiten, wie sie wirken sollen in der Welt, vor Augen führen.

Sehen wir uns einmal das Alte Testament in seinem Anfange an. Da heißt es: «Und Gott sprach: Es werde Licht!» ... Von Tag zu Tag läßt Gott aus der geistigen Welt die physisch-sinnliche Welt entstehen; und am Schlusse eines jeden Tages fühlt sich der Gott befriedigt, wenn er die physische Welt, die aus der geistigen herausgeschaffen ist, ansieht, so daß er sagen kann: Es ist gut! «Und Gott sah, daß es gut war!» – So müssen wir von dem festen Boden der Wirklichkeit, auf dem wir zunächst stehen, uns unser gesundes Denken, unsern sicheren Charakter, unsere unbeirrten Gefühle erhalten, hineinsteigen in die geistige Welt, die Tatsachen, aus denen alle physische Welt herausgeboren ist, erforschen, aber wir müssen uns die Möglichkeit bewahren, wenn wir die gewonnenen Kräfte in der physischen Welt zur Anwendung bringen und sehen, wie sie in die Welt hineinpassen, uns dann sagen zu können: «Wenn wir uns als Geistesforscher, als Geisteswisser und -erkenner zur Umwelt stellen und sehen, wie die Kräfte, die wir entwickelt haben, in die Welt hineinpassen, dann zeigt sich uns, daß es gut war.» Wenn wir unsere Kräfte so in der wirklichen Welt erproben, die wir durch eine richtige Askese gewinnen können, dann erwerben wir uns das Recht, daß wir jetzt sagen können, wenn wir sie gebrauchen: «Siehe da, sie sind gut!»

Der menschliche Charakter

Berlin, 14. März 1910

Es kann einen tiefen Eindruck auf die menschliche Seele machen, wenn man die Worte liest, die Goethe niedergeschrieben hat in Anknüpfung an die Betrachtung von Schillers Schädel. Diese Betrachtung konnte er anstellen, als er zugegen war beim Ausgraben von Schillers Leichnam, da dieser aus dem provisorischen Grab, in dem er war, in die weimarische Fürstengruft hinübergetragen werden sollte.

Da nahm Goethe Schillers Schädel in die Hand und glaubte an der Formung und Prägung dieses wunderbaren Gebildes das ganze Wesen von Schillers Geist wie in einem Abdruck wiederzuerkennen. Wie da das geistige Wesen sich ausdrückt in den Linien und Formen der Materie, das inspirierte Goethe zu den schönsten Worten:

> «Was kann der Mensch im Leben mehr gewinnen,
> Als daß sich Gott-Natur ihm offenbare,
> Wie sie das Feste läßt zu Geist verrinnen,
> Wie sie das Geist-Erzeugte fest bewahre!»

Wer eine solche Stimmung wie diejenige, die damals durch Goethes Seele zog, zu würdigen versteht, der wird leicht, von ihr ausgehend, seine Gedanken hinlenken können zu all jenen Erscheinungen im Leben, wo ein Inneres sich herausarbeitet, um sich in materieller Form, in plastischer Gestaltung, in Linien und sonstigem äußerlich zu offenbaren. Im eminentesten Sinn aber haben wir ein solches Prägen und Abdrucken, ein solches Offenbaren eines inneren Wesens in demjenigen vor uns, was wir den menschlichen Charakter nennen. In dem menschlichen Charakter drückt sich ja auf die mannigfaltigste Weise aus, was der Mensch immer wieder und wiederum darlebt; ein Einheitliches verstehen wir darunter, wenn wir von dem menschlichen Charakter sprechen. Ja, wir haben dabei das Gefühl, daß Charakter etwas ist, was sozusagen zum ganzen Wesen des Menschen notwendig gehört, und daß es sich uns als Fehler darstellt, wenn das, was der Mensch denkt, empfindet und tut, sich nicht in einer gewissen Weise zu einem Einklang vereinigen läßt. Von einem Bruch im menschlichen Wesen, von einem Bruch in seinem Charakter sprechen wir als von etwas wirklich Fehlerhaftem in seiner Natur. Wenn sich der Mensch im Privatleben mit diesem oder jenem Grundsatz und Ideal äußert und ein andermal im öffentlichen Leben in ganz entgegengesetzter oder wenigstens abweichender Weise, so sprechen wir davon, daß sein Wesen auseinanderfällt, daß sein Charakter einen Bruch hat. Und man ist sich bewußt, daß ein solcher Bruch den Menschen überhaupt im Leben in schwierige Lagen oder gar wohl in den Schiffbruch hineintreiben kann. Was eine solche Zerspaltung des menschlichen Wesens bedeutet, darauf wollte Goethe hinweisen in einem bemerkenswerten Spruch, den er seinem *Faust* einverleibt hat. Einen Spruch berühren wir da, der sehr häufig, sogar von Menschen, die da glauben zu wissen, was Goethe im Innersten wollte, falsch angeführt wird. Es ist gemeint der Spruch im Goetheschen *Faust*:

«Zwei Seelen wohnen, ach! in meiner Brust,
Die eine will sich von der andern trennen;
Die eine hält in derber Liebeslust
Sich an die Welt mit klammernden Organen;
Die andre hebt gewaltsam sich vom Dust
Zu den Gefilden hoher Ahnen.»

Diese Zweispaltung in der Seele wird sehr häufig so angeführt, als ob sie etwas Erstrebenswertes für den Menschen sei. Goethe charakterisiert sie durchaus nicht unbedingt als etwas Erstrebenswertes, sondern es zeigt sich an der Stelle ganz genau, daß er den Faust in jener Epoche sagen lassen will, wie unglückselig er sich fühlt unter dem Eindruck der zwei Triebe, von denen der eine nach idealen Höhen geht, der andere nach dem Irdischen herunterstrebt. Etwas Unbefriedigendes soll damit angedeutet werden. Gerade dasjenige, worüber Faust hinaus soll, das will Goethe damit charakterisieren. Wir dürfen diesen Zwiespalt nicht anführen als etwas Berechtigtes im menschlichen Charakter, sondern nur als etwas, was gerade durch den einheitlichen Charakter, der gewonnen werden soll, zu überwinden ist.

Wenn wir aber das Wesen des menschlichen Charakters vor unsere Seele treten lassen wollen, so müssen wir auch heute wieder berücksichtigen, was wir zur Charakteristik des Wesens der Andacht skizzierten. Wir haben wiederum zu berücksichtigen, daß dasjenige, was wir das eigentliche menschliche Seelenleben, das menschliche Innere nennen, nicht einfach ein Chaos von durcheinanderwogenden Empfindungen, Trieben, Vorstellungen, Leidenschaften, Idealen ist; sondern wir haben uns mit aller Klarheit zu sagen, daß diese menschliche Seele in drei voneinander gesonderte Glieder zerfällt; daß wir ganz genau unterscheiden können: das unterste Seelenglied, die Empfindungsseele; das mittlere Seelenglied, die Verstandes- oder Gemütsseele; und das höchste Seelenglied, die Bewußtseinsseele. Diese drei Glieder sind im menschlichen Seelenleben zu unterscheiden. Sie dürfen aber in dieser menschlichen Seele nicht auseinanderfallen. Die menschliche Seele muß eine Einheit sein. Was verbindet nun im Menschen diese drei Seelenglieder zu einer Einheit? Das ist eben dasjenige, was wir im eigentlichen Sinne das menschliche «Ich», den Träger des menschlichen Selbstbewußtseins nennen.

So erscheint uns denn dieses menschliche Seelenwesen so, daß wir es zerspalten müssen in seine drei Glieder – das unterste Seelenglied: die Empfindungsseele, das mittlere Seelenglied: die Verstandesseele oder Gemütsseele, und das höchste Seelenglied: die Bewußtseinsseele –, und es erscheint uns das Ich gleichsam als das Tätige, als der Akteur, der innerhalb unseres Seelenwesens auf den drei Seelengliedern spielt, wie ein Mensch spielt auf den Saiten seines Instruments. Und jene Harmonie oder Disharmonie, welche das Ich hervorbringt aus dem Zusammenspiel der drei Seelenglieder, ist das, was dem menschlichen Charakter zugrunde liegt.

Das Ich ist wirklich etwas wie ein innerer Musiker, der bald die Empfindungsseele, bald die Verstandesseele oder Gemütsseele, bald die Bewußtseinsseele mit einem kräftigen Schlag in Tätigkeit versetzt; aber zusammenklingend erweisen sich die Wirkungen dieser drei Seelenglieder wie eine Harmonie oder Disharmonie, die sich vom Menschen aus offenbaren und als die eigentliche Grundlage seines Charakters erscheinen. Freilich, so haben wir den Charakter nur ganz abstrakt bezeichnet, denn wenn wir ihn verstehen wollen, wie er im Menschen eigentlich auftritt, dann müssen wir etwas tiefer noch eingehen auf das ganze menschliche Leben und Wesen; wir müssen zeigen, wie sich dieses harmonische und disharmonische Spiel des Ich auf den Seelengliedern in der ganzen menschlichen Persönlichkeit, wie sie vor uns steht, ausprägt, wie sie nach außen sich offenbart.

Dieses Menschenleben – das haben wir schon öfter betont – tritt uns ja so vor Augen, daß es alltäglich wechselt zwischen den Zuständen des Wachens und den Zuständen des Schlafes. Wenn der Mensch des Abends einschläft, so sinken in ein unbestimmtes Dunkel hinunter seine Empfindungen, seine Lust, sein Leid, seine Freude, sein Schmerz, alle Triebe, Begierden und Leidenschaften, alle Vorstellungen und Wahrnehmungen, Ideen und Ideale; und das eigentliche Innere geht über in einen Zustand des Unbewußtseins oder des Unterbewußtseins.

Was ist da geschehen?

Nun, was da geschehen ist beim Einschlafen, das wird uns klar, wenn wir uns an etwas erinnern, was schon auseinandergesetzt worden ist: daß der Mensch ein kompliziertes Wesen ist für die Geisteswissenschaft, daß er sich überhaupt aus verschiedenen Gliedern bestehend darstellt. Was uns hierüber schon bekannt ist, muß heute wieder skizziert werden, damit wir das ganze Wesen des Charakters begreifen können, das da dem Menschen zugrunde liegt.

Alles das am Menschen, was uns gegenüber der äußeren Sinneswelt zutage tritt, was wir mit Augen sehen können, mit Händen greifen können, was die äußere Wissenschaft allein betrachten kann, das nennt Geisteswissenschaft den *physischen Leib* des Menschen. Das aber, was diesen physischen Leib des Menschen durchzieht und durchwebt, das, was diesen physischen Leib zwischen Geburt und Leben verhindert, ein Leichnam zu sein, seinen eigenen physischen und chemischen Kräften zu folgen, das nennen wir in der Geisteswissenschaft den *Äther-* oder *Lebensleib.* Im Grunde setzt sich der äußere Mensch aus dem physischen und Ätherleibe zusammen. Dann haben wir ein drittes Glied der menschlichen Wesenheit; das ist der Träger von alledem, was wir hinuntersinken sehen mit dem Einschlafen in ein unbestimmtes Dunkel. Dieses dritte Glied der menschlichen Wesenheit bezeichnen wir mit dem Ausdruck *astralischer Leib.* Dieser astralische Leib ist der Träger von Lust und Leid, Freude und Schmerz, von Trieben, Begierden und Leidenschaften, von alledem, was eben im Wachleben auf- und abwogt in der Seele. Und in diesem Astralleibe ist der eigentliche Mittelpunkt unseres Wesens: das *Ich.* Für unseren gewöhnlichen Menschen gliedert sich aber dieser Astralleib weiter, denn in ihm finden wir als Unterglieder gleichsam dasjenige, was Ihnen aufgezählt worden ist als die Seelenglieder: die Empfindungsseele, die Verstandesseele, die Bewußtseinsseele.

Wenn nun der Mensch des Abends einschläft, so bleiben im Bette liegen physischer Leib und Ätherleib; heraus tritt der Astralleib mit all dem, was wir Empfindungsseele, Verstandesseele oder Gemütsseele, Bewußtseinsseele nennen; heraus tritt auch das Ich. Astralleib und Ich nun, in ihrer ganzen Wesenheit, sind während des Schlafzustandes in einer geistigen Welt. Warum kehrt der Mensch jede Nacht in diese geistige Welt ein? Warum muß er seinen physischen Leib und seinen Ätherleib jede Nacht zurücklassen? Das hat seinen guten Sinn für das menschliche Leben. Wir können diesen Sinn so recht vor unsere Seele stellen, wenn wir jetzt einmal die folgende Betrachtung anstellen: Die Geisteswissenschaft sagt uns, der Astralleib ist der Träger von Lust und Leid, von Freude und Schmerz, von Trieben, Begierden und Leidenschaften! Schön! Aber das sind ja gerade diejenigen Erlebnisse, die in ein unbestimmtes Dunkel hinuntersinken beim Einschlafen. Dennoch behauptet man, daß der Astralleib mit dem Ich in geistigen Welten ist – der eigentliche innere Mensch ist in einer geistigen Welt, ist mit dem Astralleib in einer geistigen Welt. – Aber Triebe und Leidenschaften, alles dasjenige, was eigentlich im Astralleib sitzt, das gerade schwindet doch sozusagen in ein unbestimmtes Dunkel während der Nacht hinab. Ist das nicht ein Widerspruch?

Nun, der Widerspruch ist bloß scheinbar. In der Tat ist der Astralleib der Träger von Lust und Leid, von Freude und Schmerz, von allen auf- und abwogenden inneren Seelenerlebnissen des Tages; aber er kann sie nicht durch sich selber, sowie der Mensch heute ist, wahrnehmen.

Damit dieser Astralleib und das Ich wahrnehmen können ihre eigenen Erlebnisse, sind sie darauf angewiesen, daß sich diese inneren Erlebnisse äußerlich spiegeln; und spiegeln können sie sich nur, wenn des Morgens beim Aufwachen das Ich mit dem Astralleib untertaucht in den Äther- und physischen Leib. Da wirkt für alles das, was der Mensch innerlich erlebt, für alle Lust und alles Leid, für Freude und Schmerz und so weiter der physische, aber namentlich der Ätherleib wie ein Spiegel, der zurückwirft, was wir im Innern erleben. Wie wir uns selber in einem Spiegel sehen, so sehen wir dasjenige, was wir im Astralleib erleben, aus dem Spiegel unseres physischen und unseres Ätherleibes; aber wir dürfen nicht glauben, daß dieses Seelenleben, das vom Morgen bis zum Abend sich vor unserer Seele abspielt, zu seinem Zustandekommen keine Arbeit erfordert. Des Menschen Inneres, das Ich und der Astralleib, alles dasjenige, was Bewußtseinsseele, Verstandesseele, Empfindungsseele ist, das muß arbeiten mit seinen Kräften an dem physischen Leib und an dem Ätherleib, muß sozusagen durch seine Wechselwirkung auf diese beiden Leiber des Menschen das auf- und abwogende Leben des Tages erst erzeugen.

Während dieses Erlebens des Tages werden nun gewisse Kräfte verbraucht. In dieser Wechselwirkung des menschlichen Innern mit dem Äußern des Menschen werden fortwährend Seelenkräfte verbraucht. Das drückt sich dadurch aus, daß der Mensch am Abend sich ermüdet fühlt, das heißt nicht imstande ist, aus dem Innern heraus jene Kräfte zu finden, die ihm möglich machen, in das Getriebe von Äther- und physischem Leibe einzugreifen. Wenn des Abends der Mensch in der Ermüdung fühlt, wie dasjenige zuerst erlahmt, was am meisten von seinem Geist in die Materie hineinspielt, wenn er sich ohnmächtig des Sprechens fühlt, wenn Gesicht, Geruch, Geschmack und zuletzt das Gehör, der geistigste der Sinne, nach und nach dahinschwinden, weil der Mensch nicht aus dem Innern heraus die Kräfte entfalten kann, dann zeigt uns das, wie die Kräfte während des Tageslebens verbraucht sind.

Woher stammen nun die Kräfte, welche da vom Morgen bis zum Abend verbraucht werden? Diese Kräfte stammen aus dem Nachtleben, aus dem Schlafzustand. Während des Lebens, das die Seele vom Einschlafen bis zum Aufwachen führt, saugt sie sich gleichsam voll mit jenen Kräften, die sie braucht, um das ganze Tagesleben vor uns hinzaubern zu können. Im Tagesleben kann sie ihre Kräfte entwickeln, aber sie kann aus ihm nicht die Kräfte ziehen, die sie zum Aufbau braucht. – Es ist selbstverständlich, daß die verschiedenen Hypothesen, die über den Ersatz der am Tage verbrauchten Kräfte von der äußeren Wissenschaft gegeben werden, auch der Geisteswissenschaft bekannt sind, aber darauf brauchen wir jetzt nicht einzugehen. So also können wir sagen: Wenn die Seele aus dem Schlafzustand heraus- und in den Wachzustand übergeht, bringt sie sich aus dem Lande, das gleichsam ihre geistige Heimat ist, die Kräfte mit, die sie den ganzen Tag über verwenden muß zum Aufbau jenes Seelenlebens, das sie vor uns hinzaubert. So wissen wir also, was die Seele sich mitbringt aus der geistigen Welt heraus, wenn sie des Morgens aufwacht.

Fragen wir uns jetzt das andere: Trägt die Seele nichts am Abend, wenn sie einschläft, in die geistige Welt hinein? Was bringt sich die Seele des Abends in den Zustand, den wir Schlaf nennen, aus dem Wachzustand mit hinein?

Wenn wir das einmal durchdringen wollen, was sich die Seele aus der äußeren Welt der physischen Wirklichkeit, in der sie von Erlebnis zu Erlebnis geht während des Wachens, hineinbringt in das geistige Wesen des Schlafes, dann müssen wir uns vor allen Dingen an dasjenige halten, was wir die persönliche Entwickelung des Menschen zwischen Geburt und Tod nennen. Diese Entwickelung des Menschen tritt uns ja darin entgegen, daß uns der Mensch in einem späteren Lebenszustand reifer, mehr durchdrungen von Lebenserfahrung und Lebensweisheit erscheint, daß er in einem späteren Lebensalter gewisse Fähigkeiten und Kräfte sich erworben hat, die er in früherem Lebensalter nicht hatte.

Daß der Mensch aus der Außenwelt etwas in sich hineinnimmt und es umgestaltet in seinem Innern, davon können wir uns schon überzeugen, wenn wir folgendes überlegen: Zwischen 1770 und 1815 haben sich gewisse Ereignisse abgespielt, die für die Weltentwickelung von großer Bedeutung waren. Die verschiedensten Menschen haben diese Ereignisse mitgemacht. Es gab nun solche Menschen, die sie mitgemacht haben, an denen aber diese Ereignisse stumm vorbeigegangen waren; andere hat es gegeben, auf welche diese Ereignisse so gewirkt haben, daß sie sich mit Lebenserfahrung, mit Lebensweisheit erfüllt haben, so daß sie auf eine höhere Stufe ihres Seelenlebens hinaufgestiegen sind.

Was ist da eigentlich geschehen?

Das zeigt sich uns am besten an einem einfachen Ereignis des menschlichen Lebens. Nehmen wir die Entwickelung des Menschen in bezug auf das Schreibenkönnen. Was ist eigentlich geschehen, damit wir imstande sind, in einem bestimmten Augenblick unseres Lebens die Feder ansetzen und unsere Gedanken durch die Schrift ausdrücken zu können? Da mußte früher mancherlei geschehen. Eine ganze Reihe von Erlebnissen mußte gemacht werden, vom ersten Versuche an, die Feder in die Hand zu nehmen, den ersten Strich zu machen, bis zu all den Bemühungen, die zuletzt dahin führten, daß wir diese Kunst auch wirklich verstanden. Wenn wir uns erinnern, was sich da alles abspielen mußte, durch Monate und Jahre hindurch, wenn wir uns erinnern an alles, was wir durchgemacht haben dabei, vielleicht an Strafen, Verweisen und dergleichen, um endlich umzuwandeln eine Reihe von Erlebnissen in die Fähigkeit des Schreibenkönnens, dann müssen wir sagen: Es sind Erlebnisse umgegossen, umgeschmolzen worden, so daß sie gleichsam wie in einer Essenz erscheinen im späteren Leben in dem, was wir die Fähigkeit des Schreibenkönnens nennen.

Geisteswissenschaft zeigt, wie das geschieht, wie eine Reihe von Erlebnissen zusammenrinnt, gleichsam gerinnt in eine Fähigkeit. Das aber könnte niemals geschehen, wenn der Mensch nicht immer und immer wieder durch den Schlaf durchgehen könnte. Derjenige, der das Leben beobachtet, der wird wissen, was sich schon im Alltag zeigt: Wenn wir uns bemühen, dies oder jenes uns einzuprägen, dann erfährt das Einprägen und Behalten eine wesentliche Förderung, wenn wir wieder darüber schlafen können; dann wird es unser Eigentum. Und so ist es im ganzen menschlichen Leben.

Dasjenige, was wir an Erlebnissen durchmachen, muß sich vereinigen mit unserer Seele; es muß von dieser verarbeitet werden; es muß zur Gerinnung gebracht werden, um in Fähigkeit umgebildet werden zu können.

Diesen ganzen Prozeß vollzieht die Seele während des Schlafzustandes. Die Tageserlebnisse, die sich ausbreiten in der Zeit, die rinnen zusammen während des nächtlichen Schlafes und gießen sich um in dasjenige, was wir geronnene Erlebnisse, menschliche Fähigkeiten nennen. So zeigt sich uns, was wir des Abends mitnehmen aus den äußeren Erlebnissen, nämlich dasjenige, was dann umgewandelt wird und umgewoben zu unseren Fähigkeiten. So steigert sich unser Leben dadurch, daß die Erlebnisse des Tages umgegossen werden während der Nacht in Fähigkeiten, in Kräfte.

Das heutige Zeitbewußtsein hat von diesen Dingen nicht viel Ahnung; aber es war nicht immer so, es gab Zeiten, in denen man aus einem alten Hellsehertum heraus über diese Dinge wohl Bescheid wußte. Da soll nur ein Beispiel angeführt werden, wo ein Dichter in einer höchst merkwürdigen Weise bildlich zeigt, wie er sich dieser Umwandlung bewußt war. Der alte Dichter Homer, der mit Recht auch ein Seher genannt wird, schildert uns in seiner *Odyssee*, wie Penelope in der Abwesenheit ihres Gatten von einer Anzahl von Freiern bestürmt wird und wie sie ihnen verspricht, sich erst dann zu entscheiden, wenn sie ein Gewebe fertig gebracht hätte. Sie löste aber in der Nacht immer wieder auf, was sie bei Tag gewoben hatte. Wenn ein Dichter darstellen will, wie eine Reihe von Erlebnissen, die wir am Tage haben, eine Reihe von Erlebnissen, wie es diejenigen der Penelope mit den Freiern waren, sich nicht zu irgendeiner Fähigkeit umbilden sollen und nicht zusammenrinnen sollen zu der Fähigkeit des Entschlusses, dann muß er darstellen, wie das, was die Tageserlebnisse weben, des Nachts wieder aufgedröselt werden muß, denn sonst würde es sich unweigerlich umgestalten zur Fähigkeit des Entscheidens. Solche Dinge können demjenigen, der nur vom heutigen Bewußtsein erfüllt ist, wie eine Haarspalterei erscheinen, und er kann glauben, daß man in die Dichter etwas hineinträgt; aber die Großen unter den Menschen waren wirklich nur diejenigen, die aus den großen Weltgeheimnissen heraus gearbeitet haben, und man hat, wenn man heute schön von Ursprünglichkeit und Ähnlichem redet, keine Ahnung davon, aus welchen Tiefen die wirklich großen Kunstleistungen der Welt gekommen sind.

Also wir sehen, wie sich die äußeren Erlebnisse, die wir hineinnehmen in den Schlafzustand der Seele, umgießen in Fähigkeiten und Kräfte und wie die menschliche Seele dadurch vorrückt in dem Leben zwischen Geburt und Tod, wie sie etwas hineinbringt in die geistige Welt, um es wiederum herauszubringen zu einer Steigerung der menschlichen Seele. Wenn wir aber dann diese Entwickelung zwischen der Geburt und dem Tode betrachten, dann müssen wir sagen: Oh, es ist dem Menschen eine gewisse enge Grenze gesetzt in bezug auf diese Entwickelung. Diese Grenze tritt uns dann besonders vor die Seele, wenn wir uns überlegen, daß wir zwar an unseren Seelenfähigkeiten arbeiten und sie steigern können, daß wir sie umgestalten können und in einer späteren Epoche des Lebens mit einer vollkommeneren Seele existieren als in einer früheren Epoche, aber daß hier eine Grenze der Entwickelung ist. Man kann gewisse Fähigkeiten im Menschen entwickeln, aber alles das nicht, was nur dadurch vorwärts schreiten könnte, daß wir das Organ des physischen und des Ätherleibes umgestalteten. Diese sind mit ihren bestimmten Anlagen von der Geburt an vorhanden; wir finden sie vor. Wir können uns zum Beispiel nur dann ein gewisses Musikverständnis aneignen, wenn wir von vornherein die Anlage zu einem musikalischen Gehör haben. Das ist ein krasser Fall, an dem sich zeigt, daß die Umwandlung scheitern kann und daß sich die Erlebnisse zwar mit unserer Seele vereinigen können, wir aber darauf verzichten müssen, sie uns einzuverleiben. Wenn wir solche Grenzen finden an unserem Leibesleben, dann müssen wir verzichten, zwischen Geburt und Tod diese Erlebnisse in unser Leibesleben hineinzuverweben. Weil das so ist, so müssen wir, wenn wir das menschliche Leben von einem höheren Standpunkt aus betrachten, die Möglichkeit, diesen Leib zersprengen, ablegen zu können, geradezu als etwas ungeheuer Heilsames, als etwas ungeheuer Bedeutsames für unser gesamtes menschliches Leben betrachten. Daran scheitert unsere Umwandlungsfähigkeit für den menschlichen Leib, daß wir diesen Ätherleib und physischen Leib jeden Morgen wieder vorfinden. Im Tode erst legen wir ihn ab. Wir schreiten durch die Pforte des Todes in eine geistige Welt hinein. Da, in dieser geistigen Welt, wo wir jetzt nicht mehr einen physischen und Ätherleib als Hindernis vorfinden, da können wir innerhalb der geistigen Substantialitäten alles dasjenige ausbilden, was wir erleben konnten zwischen Geburt und Tod, dem gegenüber wir aber resignieren mußten, weil wir an Grenzen stießen. – Wenn wir aus der geistigen Welt wiederum in ein neues Leben treten, dann erst können wir diese Kräfte, die wir dem geistigen Urbilde einverwoben haben, eintreten lassen in ein Dasein, das wir uns jetzt plastisch gestalten können in dem zunächst weichen Menschenleib. Nun erst können wir mit unserem Wesen verweben dasjenige, was wir uns im vorhergehenden Leben zwar aneignen, nicht aber auch hineintragen konnten in unser Wesen. So ist die Steigerung des Lebens möglich durch den Tod, weil wir dasjenige, was wir uns in einem Leben als Frucht der Erlebnisse nicht einverleiben konnten, nun im nächsten Leben uns einverweben können. Dasjenige, was das eigentliche menschliche Innere ist, was am Menschen durch die Leiber sich zum Dasein arbeitet, das tritt durch die Pforte des Todes von einem Leben zum anderen. Der Mensch hat nun nicht bloß die Möglichkeit, gewissermaßen zu arbeiten im Gröberen an seiner plastischen Leiblichkeit, damit er in diese plastische Leiblichkeit hineinprägt dasjenige, was er vorher nicht hineinprägen konnte, sondern er hat auch die Möglichkeit, gewisse feinere Früchte der vorhergehenden Leben in sein ganzes Wesen einzuprägen.

Wenn wir einen Menschen durch die Geburt ins Dasein treten sehen, so können wir sagen: So wie das Ich und der Astralleib mit Empfindungsseele, Verstandes- oder Gemütsseele und Bewußtseinsseele durch die Geburt ins Dasein treten, so sind sie nicht bestimmungslos, sondern ihnen sind bestimmte Eigenschaften, bestimmte Merkmale eigen, die sie sich aus vorhergehenden Leben mitgebracht haben. Im Gröberen arbeitet der Mensch in das Plastische seines Leibes schon vor der Geburt alles das hinein, was er vorher als Früchte erhalten hat; aber im Feineren arbeitet der Mensch – und das zeichnet ihn dem Tiere gegenüber aus – auch nach der Geburt während seiner ganzen Kindheit und Jugendzeit, er arbeitet in die feinere Gliederung seiner äußeren und inneren Natur alles das hinein, was das Ich sich an Bestimmungsmerkmalen, an Bestimmungsgründen aus seinen vorhergehenden Leben mitgebracht hat. Und daß da das Ich hineinarbeitet und wie das Ich da arbeitet aus dem Wesen des Menschen heraus, sich in dem ausprägend, was es darlebt in der Welt, das ist es, was als der Charakter des Menschen hereintritt in diese Welt. Dieses Ich des Menschen arbeitet ja zwischen der Geburt und dem Tode, indem es auf dem Instrumente der Seele, der Empfindungs-, der Verstandes- und der Bewußtseinsseele erklingen läßt, was es sich erarbeitet hat. Aber es arbeitet nicht so in dieser Seele, daß das Ich etwa als ein Äußerliches dem gegenüberstünde, was als Triebe, Begierden und Leidenschaften in der Empfindungsseele lebt, nein, das Ich eignet sich selber, wie zu seinem inneren Wesen gehörig, die Triebe, Begierden und Leidenschaften an: das Ich ist eins mit ihnen, ist auch eins mit seinen Erkenntnissen und mit seinem Wissen in der Bewußtseinsseele.

Daher nimmt sich der Mensch dasjenige, was er sich in diesen Seelengliedern an Harmonie und Disharmonie erarbeitet, durch die Pforte des Todes mit und arbeitet es in dem neuen Leben in die menschliche Äußerlichkeit hinein. Es prägt sich so das menschliche Ich mit dem, was es aus einem vorhergehenden Leben her geworden ist, in einem neuen Leben aus. Deshalb erscheint uns der Charakter zwar als etwas Bestimmtes, als etwas Angeborenes, aber doch wiederum als etwas, was sich nach und nach im Leben erst herausentwickelt.

Das Tier ist seinem Charakter nach von allem Anfange an durch die Geburt bestimmt, ist voll ausgeprägt; es kann nicht plastisch arbeiten an seinem Äußeren; der Mensch aber hat gerade diesen Vorzug, daß er bei seiner Geburt auftritt, ohne einen bestimmten Charakter nach außen zu zeigen, daß er aber in demjenigen, was in den tiefen Untergründen seines Wesens schlummert, was von früheren Leben her in dieses Dasein hereingeraten ist, Kräfte hat, die sich in dieses unbestimmte Äußere hineinarbeiten und so den Charakter allmählich formen, insoweit er durch das vorige Leben bestimmt ist.

So sehen wir, wie der Mensch in gewisser Beziehung einen angeborenen Charakter hat, der aber im Laufe des Lebens erst nach und nach sich auslebt. Wenn wir dies ins Auge fassen, so werden wir verstehen können, daß selbst große Persönlichkeiten sich irren konnten in bezug auf Beurteilung des menschlichen Charakters. Es gibt Philosophen, die behaupten, der menschliche Charakter könne sich nicht ändern, er sei als ein ganz Bestimmtes im Innern vorhanden. Das ist aber nicht richtig, nur insofern ist es zutreffend, als uns dasjenige, was von vorhergehenden Leben stammt, wie ein angeborener Charakter entgegentritt. Das ist es also, was als menschliches Zentrum aus dem Innern des menschlichen Wesens sich herausarbeitet und allen einzelnen Gliedern des Menschen das gemeinsame Siegel aufprägt, den gemeinsamen Charakter verleiht. Dieser Charakter geht sozusagen in das Seelische selbst hinein, er geht hinein auch in die äußeren Leibesglieder. Wir sehen das Innere sich gleichsam so nach außen ergießen, daß es alles nach sich in gewisser Weise formt, und wir empfinden, wie dieses innere Zentrum die einzelnen Glieder des Menschen zusammenhält. Bis in das äußere Leibliche hinein empfinden wir etwas, was uns als Abdruck der inneren Wesenheit in dem Äußeren des Menschen erscheinen kann.

Das, was man gewöhnlich theoretisch nicht gehörig beachtet, das hat einmal ein Künstler ganz wunderbar zur Darstellung gebracht. Er zeigt die menschliche Natur in dem Augenblick, wo das menschliche Ich, das zusammenhaltend allen Gliedern einen Mittelpunkt bildet, eine Einheit gibt, für sie verloren geht. Er zeigt, wie dann die einzelnen Wesensglieder, ein jedes sich selbst folgend, das eine die Richtung dahin und das andere dorthin nimmt. Es gibt ein großes, berühmtes Kunstwerk, das uns gerade diesen Augenblick der menschlichen Wesenheit festhält, wo der Mensch desjenigen verlustig wird, was seinem Charakter zugrunde liegt, was dem *ganzen* Menschenwesen angehört. Es ist hier gemeint ein Kunstwerk, das vielfach mißverstanden worden ist. Glauben Sie nicht, daß hier eine billige Kritik angelegt werden soll an Geistern, deren Wirken von mir im höchsten Sinne Verehrung entgegengebracht wird; aber gerade darin zeigt sich die Schwierigkeit des menschlichen Weges zur Wahrheit, daß gewissen Erscheinungen gegenüber, gerade aus einem ungeheuren Wahrheitstrieb heraus, selbst große Geister irren.

Einer der größten deutschen Kunstkenner, Winckelmann, mußte aus den ganzen Voraussetzungen seines Wesens heraus irren gegenüber jenem Kunstwerk, welches unter dem Namen «Laokoon» bekannt ist. Diese Winckelmannsche Erklärung des Laokoon bewundert man vielfach. Man ist sich klar darüber in vielen Kreisen, daß man Besseres gar nicht sagen kann, als was Winckelmann gesagt hat über die Gestalt des Laokoon, jenes Priesters von Troja, der inmitten seiner beiden Söhne von Schlangen umwunden, zu Tode gepreßt wird. Winckelmann, der in schöner Begeisterung dem Kunstwerk gegenüberstand, sagte: man sähe hier den Priester Laokoon, der in jeder Form, die sich in seinem Leibe darstellt, edel und groß einen unendlichen Schmerz zum Ausdruck bringt, vor allen Dingen den Vaterschmerz. Er steht zwischen den Söhnen; die Schlangen umwinden die Leiber. Der Vater – so meint Winckelmann – merkt den Schmerz seiner Söhne und in seinem Vaterempfinden erfühlt er jenes Ungeheuere, das den Unterleib einzieht und das Ganze des Schmerzes herauspreßt. Wir könnten die Gestalt des Laokoon aus dem verstehen, daß er sich selbst vergißt, indem er von unendlichem Mitleid für die Söhne seines Blutes entbrennt.

Es ist eine schöne Erklärung, die Winckelmann von diesem Schmerz des Laokoon gegeben hat, aber derjenige, der Gewissen hat und immer wieder und wieder, weil er gerade Winckelmann als große Persönlichkeit verehrt, den Laokoon ansieht, der muß sich zuletzt sagen: Winckelmann muß hier geirrt haben, denn es ist ganz unmöglich, daß in der Gruppe der Moment gegeben ist, der aus dem Mitleid hervorgeht. Der Kopf ist so gerichtet, daß der Vater seine Söhne gar nicht sieht. Es ist ganz falsch dargestellt, wie Winckelmann die Gruppe ansah. Wenn wir die Gruppe ansehen und ein unmittelbares Empfinden haben, dann werden wir uns klar darüber, daß wir in der Laokoon-Gruppe den ganz bestimmten Moment gegeben haben, wo durch die Umringelung der Schlangen dasjenige, was wir das menschliche Ich nennen, aus dem Leibe des Laokoon heraus ist, wo die einzelnen des Ichs entblößten Triebe, ein jeder bis in das Körperliche hinein, ihren Weg gehen. So sehen wir, wie der Unterleib, der Kopf, jedes einzelne Glied seinen Weg geht und nicht in einen charaktervollen Einklang gebracht wird mit der äußeren Gestalt, weil das Ich eben entschwunden ist.

Ein solcher Moment, der uns im Äußerlich-Körperlichen zeigt, wie der Mensch den einheitlichen Charakter verliert, wenn das Ich schwindet, das als starker Mittelpunkt selbst die Leibesglieder zusammenfügt, ein solcher Moment ist uns im Laokoon dargestellt. Und gerade, wenn wir so etwas wirken lassen auf unsere Seele, dann dringen wir bis in jenes Einheitliche vor, das sich uns als das Zusammenstimmende der Leibesglieder ausdrückt, das hineinprägt dasjenige, was wir den menschlichen Charakter nennen.

Nun aber müssen wir uns fragen: Wenn das richtig ist, daß der Mensch in gewisser Beziehung seinen Charakter angeboren hat – und das läßt sich nicht leugnen, denn jeder Blick ins Leben kann uns lehren, daß über eine bestimmte Grenze hinaus alles dasjenige, was der Mensch mitbringt, sich durch alle Mühe nicht verändern lässt –, wenn der Mensch auf der einen Seite den Charakter angeboren hat, ist es da doch möglich, daß der Mensch etwas tut, um den Charakter in gewisser Weise umzuformen?

Ja, insofern nämlich der Charakter dem Seelenleben angehört, insofern er demjenigen angehört, was, ohne daß wir eine Grenze finden an den äußeren Leibesgliedern, wenn wir des Morgens aufwachen, umgebildet werden kann am Zusammenstimmen der einzelnen Seelenglieder, an Verstärkung der Kräfte der Empfindungsseele, der Verstandes- oder Gemütsseele und der Bewußtseinsseele, insofern kann auch noch am Charakter fortgebildet werden durch das persönliche Leben zwischen Geburt und Tod.

Darüber etwas zu wissen, ist besonders wichtig für die Erziehung. Wie es außerordentlich wichtig ist, die Unterschiede und die Wesenheit der menschlichen Temperamente zu kennen, wenn man ein richtiger Erzieher sein soll, so notwendig ist es, auch etwas über den menschlichen Charakter zu wissen und auch darüber etwas zu wissen, was der Mensch tun kann zwischen Geburt und Tod, um diesen Charakter umzuformen, der in gewisser Beziehung durch das vorhergehende Leben und seine Früchte bestimmt ist. Wenn wir das wissen wollen, dann müssen wir uns klar sein, daß der Mensch in seinem persönlichen Leben gewisse allgemein typische Entwickelungsepochen durchmacht. Sie finden die nötigen Anhaltspunkte für das, was jetzt skizzenhaft angedeutet wird, in meinem Schriftchen *Die Erziehung des Kindes vom Gesichtspunkte der Geisteswissenschaft*. Der Mensch macht zunächst eine Epoche durch vom Momente seiner Geburt bis zu der Zeit, wo der Zahnwechsel um das siebente Jahr herum eintritt. Das ist die Epoche, wo vorzugsweise der physische Leib durch äußeren Einfluß ausgebildet werden kann. Von diesem siebenten Jahre an, von dem Zahnwechsel bis zum dreizehnten, vierzehnten, fünfzehnten Jahre, bis zur Geschlechtsreife, ist eine Epoche, wo vorzugsweise sein Ätherleib ausgebildet werden kann, das zweite Glied der menschlichen Wesenheit. Dann tritt der Mensch in eine dritte Epoche ein, wo vorzugsweise sein Astralleib, der niedrigere Astralleib, gebildet werden kann; und dann kommt, etwa vom einundzwanzigsten Jahre angefangen, das Lebensalter, wo der Mensch nun gleichsam wie eine selbständige, freie Wesenheit der Welt gegenübersteht und selber an der Ausbildung seiner Seele arbeitet. Da sind die Jahre von zwanzig bis achtundzwanzig wichtig für die Entwickelung der Kräfte der Empfindungsseele.

Die nächsten sieben Jahre etwa – das sind immer nur Durchschnittszahlen – bis zum fünfunddreißigsten Jahre sind besonders wichtig für die Entwickelung der Verstandes- oder Gemütsseele, die wir insbesondere dadurch zur Ausbildung bringen können, daß wir mit dem Leben in Wechselwirkung treten. Wer das Leben nicht beobachten will, der mag darin Unsinn sehen; wer aber das Leben mit offenen Augen betrachtet, der wird wissen, daß gewisse Wesensglieder des Menschen insbesondere in gewissen Epochen des Lebens ausgebildet werden können. In den ersten Zwanzigerjahren sind wir besonders imstande, durch Wechselwirkung mit dem Leben unsere Begierden, Triebe, Leidenschaften und so weiter an den Eindrücken und Einflüssen der Außenwelt zu entfalten. Ein Werden an Kräften werden wir fühlen können durch entsprechende Wechselwirkung der Verstandesseele mit der Umwelt; und derjenige, der da weiß, was wirkliche Erkenntnis ist, der weiß auch, daß alles frühere Aneignen von Erkenntnissen nur Vorbereitung sein kann; daß jene Reife des Lebens, wo man wirklich überschauend sich Erkenntnisse aneignen kann, im Grunde genommen durchschnittlich erst mit dem fünfunddreißigsten Jahre eintritt. Solche Gesetze gibt es. Nur derjenige wird sie nicht beobachten, der überhaupt das menschliche Leben nicht beobachten will.

Wenn wir das ins Auge fassen, dann sehen wir, wie dieses menschliche Leben zwischen Geburt und Tod gegliedert ist. Daraus aber, daß das Ich so arbeitet, daß es die Seelenglieder abstimmt gegeneinander, daß es aber auch dasjenige, was es erarbeitet, gliedern muß nach Maßgabe der äußerlichen Leiblichkeit, daraus werden wir einsehen, wie wichtig es ist, als Erzieher zu wissen, daß bis zum siebenten Jahr der äußere physische Leib seine Entwickelung erfährt. Alles dasjenige, was auf den physischen Leib einwirken kann von der physischen Welt, was ihn mit Kraft und Stärke ausstattet, das kann nur in dieser ersten Epoche an den Menschen herangebracht werden. Nun besteht ein geheimnisvoller Zusammenhang zwischen dem physischen Leib und der Bewußtseinsseele, der bei genauer Beobachtung des Lebens gründlich hervorgehen kann.

Wenn nun das Ich stark werden soll, so daß es sich mit den Kräften der Bewußtseinsseele im späteren Leben, also erst nach dem fünfunddreißigsten Jahre, durchsetzen soll, wenn das Ich so arbeiten soll im Seelenleben, daß es durch die Durchdringung der Bewußtseinsseele herausgehen kann aus sich selber zu einem Wissen von der Welt, so darf es an dem physischen Leib keine Grenze finden, denn der physische Leib gerade kann dasjenige sein, was der Bewußtseinsseele und dem Ich die größten Hindernisse entgegensetzt, wenn dieses Ich nicht verschlossen bleiben will im Innern, sondern heraus will zu einem offenen Wechselverkehr mit der Welt. Da wir aber innerhalb gewisser Grenzen durch die Erziehung dem Kinde bis zum siebenten Jahr Kräfte zuführen können für den physischen Leib, so sehen wir hier einen merkwürdigen Lebenszusammenhang. Oh, es ist nicht gleichgültig für das spätere Leben des Menschen, was der Erzieher mit dem Kinde vornimmt! Nur diejenigen, die das Leben nicht zu beobachten verstehen, die wissen nichts von solchen Lebensgeheimnissen; wer aber vergleichen kann frühestes Kindesalter mit demjenigen, was vom fünfunddreißigsten Jahre an auftritt an freiem Wechselverkehr mit der Welt, der weiß, daß wir einem Menschen, der mit der Welt in offenen Verkehr treten soll, der auf die Welt eingehen und nicht verschlossen in sich selber ruhen soll, daß wir dem die größten Wohltaten erweisen können, wenn wir in entsprechender Weise in der ersten Epoche seines Lebens auf ihn wirken. Was wir da dem Kinde zuführen an Freuden des unmittelbaren physischen Lebens, an Liebe, die einströmt aus seiner Umgebung, das führt dem physischen Leibe Kräfte zu, das macht ihn bildungsfähig, das macht ihn gleichsam weich und plastisch.

Und so viel Freude und so viel Liebe und Glück wir dem Kinde in dieser ersten Lebensepoche zuführen, um so weniger Hindernisse und Hemmnisse hat der Mensch dann später, wenn er aus seiner Bewußtseinsseele heraus, durch die Arbeit des Ich, das auf der Bewußtseinsseele wie auf einer Saite spielt, einen offenen, einen freien, mit der Welt in Wechselwirkung tretenden Charakter bilden soll. – Alles das, was wir an Unliebe, was wir an finsteren Lebensschicksalen, an Schmerz das Kind bis zum siebenten Lebensjahre ertragen lassen, verhärtet seinen physischen Leib, und das alles schafft dann Hindernisse für das spätere Lebensalter. Und in dem gekennzeichneten späteren Lebensalter tritt dann das auf, was man einen verschlossenen Charakter nennt, ein Charakter, der in seiner Seele sein ganzes Wesen versperrt und nicht zu einem freien, offenen Verkehr mit all den Eindrücken der Außenwelt gelangen kann. So geheimnisvoll sind die Zusammenhänge im Leben.

Und wiederum gibt es Zusammenhänge zwischen dem Ätheroder Lebensleib und demjenigen, was in der zweiten Lebensepoche sich besonders ausbildet. Zwischen dem Ätherleib und der Verstandes- oder Gemütsseele besteht ein Zusammenhang. In der Verstandesseele ruhen die Kräfte, die durch das Spiel des Ich auf dieser Seele ihr entlockt werden können. Das sind alle die Kräfte, die den Menschen zu einem Menschen der Initiative, des Mutes oder zu einem Menschen der Feigheit, der Unentschlossenheit, der Lässigkeit heranbilden. Je nachdem das Ich stärker ist oder schwächer, je nachdem lebt sich der Mensch als feiger oder mutvoller Charakter dar. Dann aber, wenn der Mensch die beste Gelegenheit hat, durch das Wechselverhältnis mit dem Leben diese Eigenschaft der Verstandes- oder Gemütsseele sich besonders einzuprägen, sie besonders zu einem festen Charakter zu machen, dann kann er Hemmnisse und Hindernisse finden an seinem Äther- oder Lebensleib. Bringen wir nun dem Äther- und Lebensleib zwischen dem siebenten, dreizehnten, vierzehnten Jahre alles dasjenige bei, was ihn durchdringen kann mit solchen Kräften, an denen ihm im späteren Leben kein Widerstand erwächst – also gerade für die Jahre 28 bis 35 –, dann haben wir für die Erziehung dieses Menschen etwas getan, wofür er uns innig danken muß. Wenn wir einem Menschen die Möglichkeit geben, zwischen dem siebenten und dreizehnten Jahre neben uns so zu stehen, daß wir ihm eine Autorität sein können, daß wir ihm persönlich ein Wahrheitsträger sind, wenn in diesem Alter, für welches Autorität etwas besonders Heilsames ist, wir als Lehrer, als Eltern oder Erzieher neben dem jungen Menschen so stehen, daß dieser sich sagt: Was sie uns darleben, das ist wahr –, dann steigern wir die Kräfte des Ätherleibes, und der Mensch wird dann im späteren Lebensalter, vom achtundzwanzigsten bis fünfunddreißigsten Jahre, am wenigsten Widerstand finden am Äther- oder Lebensleib; er wird dann, entsprechend der Anlage seines Ich, zu einem mutvollen Menschen mit Initiative werden können. Wir können also durch diese geheimnisvollen Zusammenhänge des Lebens, wenn wir sie kennen, in ungeheuer heilsamer Weise auf den Menschen einwirken.

Es ist in unserer chaotischen Bildung verlorengegangen das Bewußtsein von solchen Zusammenhängen, die man früher instinktiv erkannt hat. Da kann man immer mit Wohlbehagen betrachten, was ältere Lehrer wie aus einem tiefen Instinkt oder aus Inspiration heraus über diese Dinge noch gewußt haben. Da muß man sagen: Die alte Rottecksche Weltgeschichte mag heute da und dort überholt sein; wenn man aber mit Menschenverständnis diese alte Rottecksche Weltgeschichte in die Hand nimmt, die wir, als wir jung waren, in den Bibliotheken unserer Väter gefunden haben, denn da wurde sie gelesen, so findet man eine eigentümliche Darstellungsweise, eine Darstellungsweise, die zeigt, daß jener Badenser Lehrer, der in Freiburg Geschichte gelehrt hat, nicht nur trocken und nüchtern gelehrt hat. Wenn man nur das Vorwort liest zu dieser Rotteckschen Weltgeschichte, die ihrem Geist nach etwas Außerordentliches ist, dann hat man das Gefühl: Das ist ein Mensch, der spricht zu der Jugend aus dem Bewußtsein heraus: Du mußt dem Menschen in diesem Alter – zwischen vierzehn und einundzwanzig Jahren, wo der Astralleib zur Entwickelung kommt – die Kräfte zuführen, die aus schönen, großen Idealen hervorgehen. Überall sucht Rotteck herauszuholen, was den Menschen erfüllen kann mit der Größe der Ideen der Helden, mit Begeisterung für das, was Menschen gewollt, gelitten haben im Verlauf der Menschheitsentwickelung. Und solch ein Bewußtsein hat seine volle Berechtigung; denn dasjenige, was in den Astralleib in diesem Lebensalter, von vierzehn bis einundzwanzig Jahren, in solcher Art hineingegossen wird, das kommt unmittelbar nachher der Empfindungsseele zugute, wenn das Ich im freien Wechselspiel mit der Welt den Charakter erarbeiten will. In der Empfindungsseele wird eingeprägt, das heißt dem Charakter wird einverleibt dasjenige, was an hohen Idealen, an Begeisterung in die Seele geflossen ist. Das wird dem Ich selber einverleibt, das wird dem Charakter aufgeprägt.

So sehen wir, wie in der Tat dadurch, daß in einer gewissen Weise die menschlichen Hüllen, der physische Leib, der Äther- oder Lebensleib, der Astralleib noch plastisch sind, sie durch die Erziehung dieses oder jenes beigefügt erhalten können in der Jugend und es dadurch möglich machen, daß später der Mensch an seinem Charakter arbeitet. Wenn das Nötige nicht geschehen ist, dann wird es schwierig, am Charakter zu arbeiten; da sind dann die stärksten Mittel notwendig. Dann wird es notwendig, daß der Mensch sich ganz bewußt hingibt einer tief innerlichen meditativen Betrachtung gewisser Eigenschaften und Gefühle, die er bewußt einprägt in das Seelenerleben. Solch ein Mensch muß versuchen, die Kulturströmungen, die als Bekenntnisse zum Beispiel religiöser Art nicht nur wie Theorien sprechen wollen, inhaltlich zu erleben. Den großen Weltanschauungen, dem, was uns im späteren Leben noch mit unseren Begriffen und Empfindungen, mit unseren Ideen in die großen umfassenden Weltengeheimnisse hineinführt, dem müssen wir uns wieder und wiederum hingeben, nicht nur in einmaliger Betrachtung. Wenn wir uns in solche Weltgeheimnisse vertiefen können, uns ihnen immer wieder gerne hingeben, wenn sie uns eingeprägt werden in Gebeten, die wir tagtäglich wiederholen, dann können wir selbst noch im späteren Leben durch das Spiel des Ich unseren Charakter umprägen.

Das erste dabei ist, daß der Mensch also dasjenige, was seinem Ich einverleibt ist, was sein Ich sich erobert, in seine Seelenglieder, in die Empfindungsseele, in die Verstandes- oder Gemütsseele und in die Bewußtseinsseele hineinprägt. Nun vermag der Mensch im allgemeinen nicht viel über die äußere Leiblichkeit. Wir haben gesehen, daß der Mensch eine Grenze hat an der äußeren Leiblichkeit, daß sie mit gewissen Anlagen ausgestattet ist; doch wenn wir genauer beobachten, so sehen wir, daß allerdings diese Grenze dennoch zuläßt, daß der Mensch auch zwischen Geburt und Tod an seiner äußeren Leiblichkeit arbeitet.

Wer wird nicht schon beobachtet haben, wie ein Mensch, der sich wirklich tieferen Erkenntnissen durch ein Jahrzehnt zum Beispiel hingibt – solchen Erkenntnissen, welche nicht graue Lehre blieben, sondern die sich umgestalten in Lust und Leid, in Seligkeit und Schmerz, die im Grunde erst dadurch zu wirklicher Erkenntnis werden und sich mit dem Ich verweben –, wer wird nicht beobachtet haben, daß da selbst die Physiognomie, die Geste, das ganze Gehaben des Menschen sich umändert, wie das Arbeiten des Ichs sozusagen bis in die äußere Leiblichkeit hineingeht!

Aber viel ist es nicht, was da der Mensch durch das, was er sich im Leben zwischen Geburt und Tod erwirbt, in seine äußere Leiblichkeit einprägen kann. Das meiste von dem, was er sich so erwirbt, ist etwas, dem gegenüber er verzichten muß, das er sich aufbewahren muß für ein nächstes Leben. Dafür bringt der Mensch mancherlei aus früheren Leben mit und kann, wenn er sich die innere Fähigkeit dazu erwirbt, es steigern durch das, was er sich zwischen Geburt und Tod erarbeitet.

Und so sehen wir, wie der Mensch bis in die Leiblichkeit hinein arbeiten kann, wie der Charakter nicht bloß im inneren Seelenleben sich begrenzt, sondern herausdringt in die äußeren Leibesglieder. Dasjenige am Menschen, in dem sich das Äußerste seines innersten Charakters besonders ausprägt, das ist in erster Linie sein mimisches Spiel; ferner das, was wir nennen können seine Physiognomie, und drittens die plastische Bildung der Knochen seines Schädels, dasjenige, was uns in der Schädelkunde entgegentritt.

Wenn wir uns nun fragen: Wie kommt der Charakter des Menschen bis in die Äußerlichkeit, in seiner Geste, Physiognomie und Knochenbildung zum Ausdruck? – so haben wir dazu wiederum einen Anhaltspunkt durch jene geisteswissenschaftliche Vertiefung in die menschliche Wesenheit, die sagen kann: Das Ich arbeitet bildend zunächst an der Empfindungsseele, die alle Triebe, Begierden, Leidenschaften, kurz, alles das umschließt, was man innere Impulse des Willens nennen kann.

Dasjenige, was das Ich auf dieser Saite des Seelenlebens spielt, das kommt dann im Äußeren, in der Geste zur Darstellung. Was in der Empfindungsseele als Charakter innerlich sich auslebt, offenbart sich nach außen in der Mimik, in der Geste, und wir können sagen, daß uns diese Geste vom Innern des Menschen gerade in bezug auf seinen Charakter viel verraten kann.

Wenn beim Menschen auch vorzugsweise aus seinem Charakterwesen heraus das Ich in der Empfindungsseele arbeitet, so spielt doch das, was das Ich gleichsam anschlägt auf der Saite der Empfindungsseele, in die anderen Seelenglieder hinein. Wenn das Ich vorzugsweise an der Empfindungsseele arbeitet, dann klingt besonders stark die Empfindungsseele, und es müssen mitklingen die anderen; das drückt sich aber in der Geste aus. Alles dasjenige, was sich im gröbsten Stile bloß in der Empfindungsseele ausprägt, kommt in der Geste zum Erscheinen im menschlichen Unterleib. Wer sich in Wohlbehagen auf den Bauch klopft, bei dem können wir genau sehen, wie er ganz mit seinem Charakter in der Empfindungsseele eingeschlossen lebt, wie wenig bei ihm zum Ausdruck kommt von dem, was seine Willensimpulse in den höheren Seelengliedern sind.

Wenn aber das Ich, das in der Empfindungsseele vorzugsweise lebt, doch aber das, was es an Trieben, Begierden, Willensentschlüssen in dieser Empfindungsseele auslebt, heraufschlägt in die Verstandesseele, dann kommt das in einer Geste zum Ausdruck, die sich auf dasjenige Organ des Menschen bezieht, das vorzugsweise der äußere Ausdruck ist für die Verstandes- oder Gemütsseele: hier in der Gegend des Herzens. Daher sehen wir bei denjenigen Menschen, die den sogenannten Brustton der Überzeugung haben, die aus ihren Empfindungen heraus zwar sprechen, aber imstande sind, diese Empfindungen doch umzuprägen in Worte und das auszudrücken: daß sie sich ans Herz schlagen. Nicht aus der Objektivität des Urteils heraus reden sie, sondern aus Leidenschaft. Wir können den leidenschaftlichen Charakter, der aber in die Verstandesseele heraufschlägt, wir können den Menschen, der zwar ganz in der Empfindungsseele lebt, der aber durch sein starkes Ich fähig ist, die Töne heraufschlagen zu lassen in die Verstandesseele, erkennen, wenn er sich besonders breit hinstellt.

Es gibt Volksredner, die den Daumen in die Westenlöcher hineinstecken und sich breit vor das Publikum hinstellen: das sind diejenigen, die aus der unmittelbaren Empfindungsseele heraus sprechen, die das, was sie egoistisch und ganz persönlich, nicht aus der Objektivität heraus empfinden, in Worte umprägen, aber jetzt mit der Geste – Daumen in den Westenlöchern – bekräftigen.

Diejenigen Menschen, welche bis in die Bewußtseinsseele heraufklingen lassen, was in ihrer Empfindungsseele vom Ich ausgeprägt und angeschlagen ist, das sind solche, die durch ihre Geste an dem Organ arbeiten, das insbesondere der äußerliche Ausdruck der Bewußtseinsseele ist. Solche Menschen zeigen es klar, wenn sie es besonders schwer haben, das, was sie innerlich fühlen, zu einer gewissen Entscheidung zu bringen; es erscheint uns wie ein äußerlicher Abdruck dieser Entscheidung, wenn der Mensch den Finger an die Nase legt, wenn er das insbesondere andeuten will, wie schwer es ihm wird, das aus den Tiefen der Bewußtseinsseele zu heben.

Und so können wir sehen, wie alles, was eigentlich in den Seelengliedern sich ausprägt als die charakterisierte Arbeit des Ich, sich hinausergießt bis in die Geste.

Wir können aber sehen, wenn der Mensch vorzugsweise in der Verstandes- oder Gemütsseele lebt, was also schon näher dem menschlichen Innern liegt, was also am Menschen nicht von außen bestimmt ist, worunter er nicht sklavisch seufzt, was mehr sein Eigentum ist, wie das sich kundgibt im physiognomischen Ausdruck namentlich seines Gesichtes. Wenn das Ich die Saite der Verstandesseele anschlägt, diese aber hinunterklingt in die Empfindungsseele, wenn der Mensch zunächst zwar fähig ist, mit seinem Ich in der Verstandesseele zu leben, aber alles, was dann darinnen ist, sich hinunterdrückt in die Empfindungsseele; wenn sein Urteil ihn so durchdringt, daß er erglüht für sein Urteil, dann sehen wir, wie sich das ausdrückt in der zurücktretenden Stirn, in dem hervortretenden Kinn. Was eigentlich in der Verstandesseele erlebt wird und nur hinunterklingt in die Empfindungsseele, das drückt sich aus an den unteren Partien des Gesichts. Wenn der Mensch dasjenige entfaltet, was gerade die Verstandesseele entfalten kann, den Einklang zwischen dem Äußern und dem Innern, wo der Mensch weder durch inneres Grübeln verschlossen, noch durch völliges Hingegebensein leer wird im Innern, wo ein schöner Einklang ist zwischen dem Äußern und Innern, wenn also vorzugsweise das Ich in seiner Charakterprägung in der Verstandesseele lebt, so drückt sich das in der Mittelpartie des Gesichts – dem äußeren Ausdruck für die Verstandes- oder Gemütsseele – aus.

Und hier können wir sehen, wie fruchtbar Geisteswissenschaft wird für die Kulturbetrachtung. Sie zeigt, daß die aufeinanderfolgenden Eigenschaften auch bei den aufeinanderfolgenden Völkern in der Weltentwickelung ganz besonders sich ausprägen. So war die Verstandes- oder Gemütsseele insbesondere im alten Griechentum ausgeprägt. Da war jener schöne Einklang zwischen dem Äußern und dem Innern da, da war vorhanden das, was man in der Geisteswissenschaft nennt den charaktervollen Ausdruck des Ich in der Verstandes- oder Gemütsseele. Bei den Griechen tritt uns daher in der äußeren Gestaltung die griechische Nase in ihrer Vollendung entgegen. Wahr ist es, daß wir solche Dinge erst verstehen, wenn wir das Äußere, das in der Materie Geprägte begreifen aus den geistigen Untergründen heraus, aus denen es hervorgeht.

Und der physiognomische Ausdruck, der entsteht, wenn der Mensch das, was vorzugsweise in der Verstandes- oder Gemütsseele lebt, heraufbringt bis zum Wissen, wenn er es auslebt in der Bewußtseinsseele, der ergibt die hervortretende Stirne. In diesem physiognomischen Ausdruck liegt die Offenbarung der Verstandes- oder Gemütsseele; daher drückt sich dies in einer besondern Stirnbildung aus, gleichsam in die Bewußtseinsseele hinaufströmend das, was das Ich in der Verstandesseele arbeitet.

Wenn aber der Mensch ganz besonders lebt mit seinem Ich, so daß er charaktervoll dasjenige, was das Wesen des Ichs ist, in seiner Bewußtseinsseele ausprägt, dann kann er zum Beispiel das, was das Ich anschlägt auf der Saite der Bewußtseinsseele, hinunterdrängen in die Verstandes- oder Gemütsseele und in die Empfindungsseele. Dieses letztere ist eine gewisse höhere Vollendung der menschlichen Entwickelung. Nur in unserer Bewußtseinsseele können wir durchdrungen werden von den hohen sittlichen Idealen, von den großen Erkenntnisüberblicken über die Welt.

Das alles muß in unserer Bewußtseinsseele leben. Dasjenige,was das Ich der Bewußtseinsseele an Kräften gibt, damit diese Erkenntnisse und einen Überblick die Welt gewinnen kann, dasjenige, was das der Bewußtseinsseele geben kann, damit in dieser leben können hohe sittliche Ideale, hohe ästhetische Anschauungen, das kann sich herunterdrücken und kann Enthusiasmus, Leidenschaft werden, das, was man nennen kann innere Wärme der Empfindungsseele. – Das tritt ein, wenn der Mensch erglühen kann für dasjenige, was er erkennt. Dann ist das Edelste, wozu sich der Mensch zunächst erheben kann, wiederum heruntergebracht bis in die Empfindungsseele. So erhöht der Mensch die Empfindungsseele, wenn er sie durchströmen läßt mit dem, was zuerst in der Bewußtseinsseele vorhanden ist. Allerdings, was wir so in der Bewußtseinsseele erleben, was als der Ideal-Charakter erscheinen kann durch die Arbeit des Ich in der Bewußtseinsseele, das kann, weil unsere äußere Leiblichkeit durch die Anlagen, die wir bei der Geburt mitbringen, begrenzt ist, nicht hineingeprägt werden in die menschliche Leiblichkeit. Demgegenüber müssen wir darauf verzichten, es in die Leiblichkeit hineinzuprägen; das kann ein Ausdruck werden eines edlen Seelencharakters, aber bis in einen Ausdruck der äußeren Leiblichkeit können wir es nimmermehr hineinbringen. Wir müssen es mitnehmen durch die Pforte des Todes, dann aber ist es die mächtigste Kraft für das nächste Leben.

Was wir durchfeuert haben in der Empfindungsseele mit jener Leidenschaft, die erglühen kann für hohe sittliche Ideale, was wir so in die Empfindungsseele gegossen haben und was wir mitnehmen können durch die Pforte des Todes, das können wir hinübertragen in das neue Leben, und da kann es die mächtigste plastische Kraft entwickeln. Wir sehen im neuen Leben in der Schädelbildung, in den verschiedenen Erhöhungen und Vertiefungen des Schädels zum Ausdruck kommen, was wir an hohen sittlichen Idealen uns erarbeitet haben. – So sehen wir herüberleben bis in die Knochen hinein dasjenige, was der Mensch aus sich gemacht hat; daher müssen wir auch erkennen, daß alles, was sich auf die Erkenntnis der eigentlichen Knochenbildung des Schädels bezieht, auf die Erkenntnis der Erhöhungen und Vertiefungen im Schädelbau, daß das schließen läßt auf den Charakter, daß das individuell ist. Es ist Hohn, wenn man glaubt, allgemeine Schemen, allgemeine typische Grundsätze aufstellen zu können für die Schädelkunde. Nein, so etwas gibt es nicht. Für jeden Menschen gibt es eine besondere Schädelkunde; denn dasjenige, was er als Schädel mitbringt, bringt er sich aus vorhergehenden Leben mit, und das muß man bei jedem Menschen erkennen. So gibt es hierfür keine allgemeine Wissenschaft. Nur Abstraktlinge, die alles auf Schemen bringen wollen, die können Schädelkunde im allgemeinen Sinn begründen; wer da weiß, was den Menschen bis in die Knochen hinein formt, wie das eben geschildert wurde, der wird nur von einer individuellen Erkenntnis am Knochenbau des Menschen sprechen können. Damit haben wir auch etwas in dieser Schädelbildung, was bei jedem Menschen anders ist und wofür wir den Grund nimmer im Einzelleben finden. In der Schädelbildung können wir greifen dasjenige, was man Wiederverkörperung nennt; denn in den Formen des menschlichen Schädels greifen wir, was der Mensch in früheren Leben aus sich gemacht hat. Da wird Reinkarnation oder Wiederverkörperung handgreiflich. Man muß nur erst wissen, wo man die Dinge in der Welt aufzugreifen hat.

So sehen wir, daß man dasjenige, was in einer gewissen Weise aus dem menschlichen Charakter herauswächst, bis in das härteste Gebilde hinein seinem Ursprung nach zu suchen hat, und wir sehen im menschlichen Charakter ein wunderbares Rätsel vor uns. Wir haben damit begonnen, diesen menschlichen Charakter zu schildern, wie das Ich ihn prägt in den Gebilden der Empfindungsseele, Verstandes- oder Gemütsseele und Bewußtseinsseele. Wir sahen dann, wie dasjenige, was das Ich in ihnen erarbeitet, sich in die äußere Leiblichkeit hineinprägt, bis in die Geste, in die Physiognomie, ja bis in die Knochen hinein. Und indem das Menschenwesen von der Geburt bis zum Tode und zu einer neuen Geburt geführt wird, sehen wir, wie das innere Wesen am Äußern arbeitet, im Menschen einen Charakter dem inneren Seelenleben aufprägend und auch dem, was das äußere Bild und Gleichnis für dieses Innere ist, dem äußeren Leib. Und so verstehen wir wohl, wie es uns tief ergreifen kann, wenn wir im Laokoon den äußeren Leibescharakter auseinanderfallen sehen in die einzelnen Glieder; wir sehen gleichsam das Verschwinden des Charakters, der zum Wesen des Menschen gehört, an der äußeren Geste an diesem Kunstwerk. Hier haben wir vor uns, was uns so recht das Herausarbeiten in die Materie erweist, und umgekehrt wiederum etwas, was uns zeigt, wie die Anlagen, die wir von früher mitgebracht haben, uns bestimmen, wie in der Tat für ein Leben lang die materielle Ausgestaltung für den Geist bestimmend ist, wie der Geist, indem er das Leben zersprengt, in einem neuen Leben jenen Charakter zum Ausdruck bringen kann, den er als Frucht für das neue Leben erwirbt. Da kann uns eine Stimmung ergreifen, die anklingt an jene Stimmung Goethes, die er empfand, da er Schillers Schädel in der Hand hielt und sagte: In den Formen dieses Schädels sehe ich materiell den Geist eingeprägt; charaktervoll eingeprägt, was mir entgegentönte in den Dichtungen Schillers, in den Worten der Freundschaft, die so oftmals zu mir geklungen haben; ja, hier sehe ich, wie Geist in der Materie arbeitete. Und wenn ich dieses Stück Materie betrachte, so zeigt es mir in seinen edlen Formen, wie frühere Leben dasjenige vorbereiteten, was mir in Schillers Geist so gewaltig entgegenleuchtete.

So lehrt uns diese Betrachtung als eigene Überzeugung den Ausspruch wiederholen, den Goethe der Betrachtung von Schillers Schädel gegenüber getan hat:

«Was kann der Mensch im Leben mehr gewinnen,
Als daß sich Gott-Natur ihm offenbare,
Wie sie das Feste läßt zu Geist verrinnen,
Wie sie das Geist-Erzeugte fest bewahre.»

Der Lebenslauf des Menschen
vom geisteswissenschaftlichen Standpunkt

Berlin, 28. Februar 1907

Der alte Wahrspruch eines griechischen Mysterientempels: «Erkenne dich selbst» geht durch die Menschheit als eine Aufforderung zu der tiefsten menschlichen Betrachtungsweise. Er stellt eine der größten Wahrheiten dar, aber es geht mit diesem Ausspruch wie mit allen eigentlichen großen Wahrheiten: Richtig verstanden, bedeuten sie etwas Universelles, etwas Gewaltiges. Aber nur allzu leicht können sie mißverstanden werden und dieser insbesondere. Er ist niemals im ursprünglichen Sinne so gemeint gewesen, daß der Mensch sein alltägliches Selbst betrachten soll, auch niemals so, daß der Mensch die Summe alles Wissens in sich selber finden könne. Wenn wir ihn richtig verstehen, so bedeutet er eine Aufforderung, das Selbst, das höhere Selbst des Menschen zu erkennen.

Wo ist das höhere Selbst des Menschen?

Wir können uns durch einen Vergleich klarmachen, wo dieses höhere Selbst ist und was dieser Spruch bedeutet. Gewiß, hätten wir nicht Augen, wir könnten unmöglich das Licht um uns herum wahrnehmen. Aber niemals – und das gilt als ebenso sicher – niemals könnten wir Augen haben, wenn nicht das den Raum durchflutende Sonnenlicht erst diese Augen geschaffen hätte. Aus ursprünglich niederen Organisationen, aus einem Lebewesen, das keine Augen hatte, das um sich nur Dunkles hatte, lockte geradezu das Licht erst die Augen heraus. Darum ist es so tief begründet, was Goethe sagt: Die Augen sind am Licht und für das Licht gebildet. Aber die Augen sind nicht da, um sich selbst zu betrachten. Wollten wir vom Standpunkt der Augen sprechen, so müßten wir sagen: Die Augen erfüllen ihren Zweck um so besser, je mehr sie sich selbst vergessen und ihren Schöpfer – das Licht – erkennen. Der Mensch würde immer mehr die Mission der Augen erfüllen, wenn er hereinblicken könnte in dieses Augeninnere selbst. Dieses sogenannte Innere vergessen und gerade das, was das Innere geschaffen hat, das höhere Selbst des Auges, das Licht, erkennen, das ist die Aufgabe, die Mission des Auges! Ähnlich verhält es sich mit dem, was der Mensch das gewöhnliche Selbst nennt. Auch das ist nichts anderes als Organ, Werkzeug, und die Selbsterkenntnis steigt um so höher, je mehr dieses Selbst des Menschen sich selbst vergessen kann, je mehr es gewahr wird, daß in der Außenwelt ebenso das Geisteslicht ist, das unsere geistigen Augen geschaffen hat und noch fortwährend schafft. Daher ist mit Selbsterkenntnis, wenn sie richtig verstanden wird, Selbstentwickelung gemeint. Dies müssen wir im Hintergrunde sehen, wenn wir heute ein Thema – wichtig für den Menschen wie wenige – betrachten wollen: das Thema der Selbsterkenntnis im höchsten Sinne des Wortes.

Wir wollen den Menschen betrachten von der Geburt bis zum Tode und wollen die ganze Wesenheit des Menschen dabei berücksichtigen. Dann müssen wir allerdings nicht vergessen, daß der Mensch bei Beginn seines physischen Daseins bereits etwas mitbringt, daß er uns nicht wie etwas Neugebildetes entgegentritt, sondern wie ein Wesen, das schon wiederholte Erdenleben hinter sich hat und in diesen Erdenleben sich den Grundcharakter seiner Individualität bereits geholt hat. Wollen wir verstehen, was der Mensch bei seiner Geburt sich mitbringt, so müssen wir den Menschen betrachten nach dem Tode. Denn daraus wird sich uns ergeben, was sich der Mensch durch den Zeitraum vom Tode bis zur neuen Geburt aufbewahrte, um es bei der neuen Geburt mitzubringen.

Erinnern wir uns, was geschieht, wenn der Mensch stirbt: Er hinterläßt den physischen Leichnam. Der wesentliche Unterschied zwischen Tod und Schlaf ist der, daß der Mensch im Schlafe im Bette liegen hat den physischen und den Ätherleib und daß nur herausgeholt ist der Astralleib und das, was wir das Ich nennen. Ebenso wie die Ziegelsteine nicht von selbst zum Palast zusammenlaufen, so brauchen die physischen Kräfte den Ätherleib als inneren Architekten. Er ist mit dem Menschen verbunden und erhält von der Geburt bis zum Tode den Zusammenhang der physischen Stoffe und Kräfte; er rettet jeden Augenblick die chemische Mischung vor dem Verfall. Im Tode hebt er sich jetzt wirklich heraus, und daher bleibt der physische Teil als der verfallende Leichnam zurück. Im Schlafe also geht nur der Astralleib, als der Träger von Lust und Leid, Begierden und Affekten, und dazu das Ich aus dem physischen Leib heraus; im Tode trennt sich nun noch der Ätherleib heraus und ist eine Weile mit dem Astralleib und dem Ich zusammen. Dies ist ein wichtiger Augenblick im Dasein des Menschen. In diesem Augenblick geht an der menschlichen Seele blitzschnell die Erinnerung an das ganze bisherige Erdenleben vorüber, von der Geburt bis zum Tode, wie ein großes Tableau. Dieses Tableau stellt sich wie ein Gemälde dar. Alles, was uns mit Lust und Leid verknüpft hat, das empfinden wir in diesem Augenblicke nicht. Wie wir bei einem Gemälde nicht den Dolchstich fühlen, so fühlen wir auch dabei nicht all den Schmerz und all das Leid, die Lust oder Freude, die da an uns vorübergleiten. Wie objektive Betrachter stehen wir da dem verflossenen Leben gegenüber.

Dann kommt der Zeitpunkt, wo sich auch der Ätherleib herauszieht und auflöst im allgemeinen, die Welt durchflutenden Weltäther. Aber etwas bleibt da von dem Ätherleib zurück: Das ist eine Art Auszug aus dem ganzen bisherigen Leben. Das Tableau verliert sich und löst sich auf; aber wie wenn wir in einem

Buche einen kurzen Auszug machen, so bleibt hier durch die ganzen folgenden Wege mit dem Menschen etwas wie eine Art Essenz vereinigt. Zu gleicher Zeit müssen wir uns eines klarmachen: Neben dieser Essenz vom Ätherleib bleibt, wenn auch wenig, nur gleichsam ein Kraftpunkt, auch eine Essenz von dem physischen Leibe des Menschen zurück; selbstverständlich nicht so, daß ihn ein physisches Auge sehen kann, sondern wie ein Kraftzentrum. Das ist mit dem Lebensleib ebenfalls verbunden, und das gibt dem physischen Leibe gerade die menschliche Form. Dann geht der Mensch durch einen Zustand durch, in dem er sich allmählich den Zusammenhang mit der physischen Welt abgewöhnt.

Jetzt ist nach dem Tode noch der Astralleib des Menschen da. Um uns klarzumachen, welches Leben jetzt der Astralleib führt, stellen wir uns vor: Alles, was der Mensch auch an den niedrigsten Genüssen erlebt, bleibt an seinem Astralleib haften. Der physische Leib fühlt nicht die Freude und hat keine Begierden; er ist das Werkzeug des Astralleibes, und der hat daran seine Freude und seinen Genuß. Wenn wir zum Beispiel einen Feinschmecker vor uns haben, so hat nicht sein physischer Leib Genuß an den Genußmitteln, sondern der Astralleib empfindet ihn, indem er sich des physischen Werkzeuges zum Genuß bedient. Die Sucht zu genießen bleibt auch, wenn er den physischen Leib abgelegt hat; nur die Werkzeuge fehlen jetzt. Daraus ersehen Sie die Natur des Astralleibes, wie der jetzt nach dem Tode lebt. Es ist so, wie wenn Sie durch eine Gegend gehen, lechzend vor Durst, aber diesen Durst nicht befriedigen können, weil weit und breit keine Quelle ist. In ähnlicher Weise empfindet der Astralleib aus einem guten Grunde Begierden, Genußsucht, Affekte, die er früher gehabt hat, als einen brennenden Durst – nicht weil die Dinge nicht da sind, sondern weil ihm die Organe fehlen, um den Genuß zu befriedigen. Gerade deshalb haben die Religionen die

Feuerqualen, die der Mensch nach dem Tode zu bestehen hat, als Beispiel dafür hingestellt.

Bis sich der Astralleib seinen Zusammenhang mit dem physischen Leibe abgewöhnt hat, bleibt er im Kamaloka, wo sich der Astralleib nach und nach freimachen muß von dem, was ihm zugeströmt ist, während er den physischen Leib hatte. Ein Mensch, der schon in diesem Leben seine Affekte geläutert hat, der nicht mehr an den rohen Genüssen der Nahrungsmittel, sondern an dem Schönen, der Kunst oder an der Geistigkeit seinen Gefallen findet, wird sich sein Kamaloka abkürzen; ein Mensch, der sich aber nur befriedigen kann durch die Anwendung dessen, was ihm die physischen Werkzeuge geben können, wird lange in der Sphäre des brennenden Durstes leben, und dieser Zustand endet damit, daß alles, was der Mensch in seinem Astralleib noch nicht vergeistigt hat, wie eine Art von Leichnam vom Astralleib abfällt, so wie der Ätherleib und der physische Leib abgefallen sind, und um so mehr abfallen muß, je weniger er seinen Astralleib geläutert und gereinigt hat. Daher wird später eine geläuterte Natur viel mitnehmen von ihrem Astralleib und zu dem hinzufügen, was wir die Essenz des physischen und Ätherleibes nannten.

Mit diesen drei Essenzen geht das Ich nun ein in die eigentliche geistige Welt, und in dieser geistigen Welt hat das Ich auszubilden alles, was es hier während dieses Lebens erlebt und erworben hat. Sie brauchen nur daran zu denken, daß der eine schon mit großen Anlagen in das Leben hineinkommt, als ganz junges Kind Anlagen hat, die wir nur herauszuholen brauchen.

Die hat er, weil er während des Aufenthaltes im Geistesland seine Erfahrungen ausgebildet hat, die zu Fähigkeiten und Anlagen während dieser Zeit umgewandelt worden sind.

Im Laufe eines jeden Erdenlebens bringt der Mensch etwas

Neues hinzu zu den drei Essenzen seiner Leiber. Ein Mensch, der als ein besonders begabter Mensch geboren wird, hat seine früheren Leben gut angewendet, hat in seinem verflossenen Leben viele Blätter wie zu einem Buche zusammengelegt, und darin stehen die Erfahrungen und Errungenschaften seiner früheren Erdenleben. Damit tritt der Mensch in ein neues Leben ein und erhält einen physischen Leib von seinen physischen Vorfahren. Dieser Wesenskern, der sich aus den früheren Erlebnissen die Früchte mitbringt, wird zu der Familie hingezogen, die ihm die physischen Merkmale geben kann, die ihn befähigen, seine individuellen Anlagen, die er sich früher erworben hat, zu gebrauchen. Nicht sind es die Vererbungsmerkmale, die des Menschen Handeln und Fähigkeiten ausmachen, die liefern nur die Werkzeuge; aber die Werkzeuge müssen da sein. Wie der Klaviervirtuose ein Instrument, so muß die Individualität, wenn sie von einem neuen physischen Leib umhüllt wird, in diesem die richtigen Werkzeuge finden, um sich in der physischen Welt in der richtigen Weise zum Ausdruck bringen zu können. Daher die Täuschung, als ob nur physische Vererbung vorliegt. Gewiß liegt sie vor, aber nur weil die Individualität sich zu den Eltern hingezogen fühlt, die ihr die geeigneten Werkzeuge geben können. Alles, von dem wir gesagt haben, daß es im Laufe der Zeit abgeworfen worden ist, muß sich in derselben Weise wieder um den Menschen herum kristallisieren; alles das erhält der Mensch wiederum neu, damit er im weiteren Leben von neuem zur Läuterung seiner Wesenheit beitragen kann.

Für die erste Hälfte des menschlichen Lebens haben wir schon die Bausteine zusammengetragen. Wir werden nun etwas zu wiederholen haben aus dem Bereich der Erziehungs- und Schulfragen, werden das für den zweiten Teil des menschlichen Lebenslaufes weiter auszubauen haben, um zu sehen, wie der physische, ätherische und astralische Leib im ersten Teil des menschlichen Lebenslaufes sich entwickeln und wie Glück und Inhalt des Menschenlebens davon abhängen. Dies ist ein wichtiges Kapitel, das wir allerdings so auffassen müssen, daß es große Gesetze hinstellt, die vielfach Abänderungen erfahren, aber in großen Umrissen gilt es. Und nur wer die Gesetze kennt und sie immer zu beachten versteht, wird sich in der richtigen Weise in den Lebenslauf einfügen, wird seiner Bestimmung immer klarer und klarer entgegengehen können.

Beginnen wir bei des Menschen Geburt. Wir haben schon davon gesprochen, daß bei der physischen Geburt eigentlich erst sein physischer Leib völlig geboren wird, der bis dahin von der physischen Mutterhülle umgeben wurde. Da haben sich alle Organe nur dadurch entwickelt, daß der Mensch bis zur physischen Geburt gegen alle Seiten hin geschützt ist. Und nun ist es, wie wenn der Mensch die physische Mutterhülle zurückstößt und sein physischer Leib jetzt allein erst den Wirkungen der physischen Elemente ausgesetzt ist. Nach dieser Geburt ist der Ätherleib noch nicht und noch weniger der Astralleib geboren; diese sind noch eingehüllt von einer Äther- und von einer astralen Hülle. Wie eine Schale, die nur für das geistige Auge des Sehers sichtbar ist, umgibt eine astrale und eine ätherische Hülle den Menschen, die nicht seiner eigenen Natur angehören, die ihn schützen und einhüllen. Die Ätherhülle umgibt den Menschen bis zum siebenten Jahre, der Zeit des Zahnwechsels. Da erst wird der Ätherleib geboren; da erst wird die Ätherhülle zurückgedrängt, wie die physische Hülle bei der physischen Geburt; und mit der Geschlechtsreife wird erst der Astralleib der äußeren Welt vollständig ausgesetzt.

Wir müssen uns klarmachen, daß in den ersten sieben Jahren des Lebens nur jene Essenz, die wir die Essenz des physischen Leibes nannten, vollständig frei wirkt, daß sie die physische Form gibt; sie leitet die physische Struktur ein. Die Organe wachsen in der Außenwelt heran, so daß sie ihre Form, ihre Anlage haben und nur noch weiterzuwachsen brauchen. Wir müssen daher alles in seine Umgebung bringen, was die Struktur des physischen Leibes in der allerbesten Weise entfalten kann. Dafür konnten wir zwei Zauberworte anführen: *Nachahmung* und Beispiel oder *Vorbild*. Alles, was um das Kind herum ist, wird von ihm nachgeahmt, und diese Nachahmung lockt die inneren Organe zu ihrer Form. Wenn auch das Gehirn mit dem siebenten Jahre noch sehr unvollkommen ist, die Richtung hat es doch erhalten, und was ihm bis dahin vorenthalten ist, kann es später nicht mehr nachholen. In den Zähnen macht das physische Prinzip gleichsam Schluß-punkt, denn es ist das Prinzip des Gestaltens, des Formens. So wie die Zähne am anschaulichsten zeigen, daß die Glieder sich konsolidiert haben, so sind auch die anderen weicheren Organe bestimmt. Das Licht wirkt und lockt die Kraft des Auges an die Oberfläche. Wir haben erwähnt, daß es gut ist, dem Kinde möglichst nicht fertige Puppen und derartiges zu geben, wir haben erwähnt, daß ein gesundes Kind nur für eine kurze Zeit Freude daran findet. Dagegen hat es seine Freude daran, wenn Sie eine Serviette zusammenbinden und mit Tintenklecksen Augen und Ohren machen und ihm als Spielzeug geben. Wie ein Muskel nur stark wird, wenn er angewendet wird, so ist es auch hier: jetzt muß das Kind arbeiten und das in der Phantasie aufbauen, was die Puppe nicht hat. Da wird der innere organische Aufbau bewirkt. Es ist daher von besonderer Bedeutung, daß man das Kind innerlich arbeiten läßt, in seine Umgebung das bringt, was die Organe durchströmt mit Freude und Lust und Genuß an der Umgebung. Das schafft Kraft für die Bildung der Organe. Durch nichts kann man die Organe mehr ruinieren, als wenn man dem Kinde nicht das Richtige zuführt. Die Phantasie, die in ihm tätig ist, arbeitet an den Formen seiner Organe, und nichts wäre verfehlter, als durch eine falsche Askese das Kind an ein lustloses Dasein gewöhnen zu wollen. Freude ist der Praktiker in den ersten Lebensjahren, und die gesunden Lebensinstinkte sind die

87

Bildner, die man nur nicht verderben soll. Die richtige Nahrung, dem Kinde gereicht, wird bewirken, daß das Kind Lust an der Ernährung bekommt, die ihm frommt; falsche Nahrung wird das Kind krank machen. Für jede Stufe, für alles weiß die Geisteswissenschaft da die nötigen Dinge. So müssen wir uns darüber klar sein, daß in den ersten sieben Jahren das Gattungsgemäße vorzugsweise herauskommt, denn das physische Prinzip arbeitet an dem Menschen, und ungestört müssen wir das Kind arbeiten lassen.

Bei der Ernährungsfrage tritt ein innerlicher Zusammenhang hervor zwischen der Muttermilch und dem Kinde, der sich dadurch ausdrückt, daß in den ersten Lebensjahren geradezu ein geistiges Verhältnis zwischen der Mutter und dem Kinde besteht; und eine Mutter, die ihr Kind selbst nährt, beachtet das. In der Muttermilch ist nicht bloß das, was physisch und chemisch ist, es ist etwas, was geistig verwandt ist mit dem Kinde. Der Geisteswissenschafter sieht da etwas, was aus dem Ätherleib der Mutter herausgeboren ist, und weil der Ätherleib des Kindes noch ungeboren ist, so verträgt er in der ersten Zeit insbesondere nur das, was schon durch einen anderen Ätherleib zubereitet ist. Es besteht ein inniger Kontakt zwischen dem, was das Kind braucht, und dem, was ihm die Mutter selbst reicht. Prozentual betrachtet: Etwa 16 bis 20 Prozent derjenigen Kinder, die im Säuglingsalter sterben, sind solche, die von der eigenen Mutter genährt werden; dagegen 26 bis 30 Prozent solche, die von Fremden genährt werden. Darin sehen Sie den Zusammenhang zwischen den Lebensleibern. Es ist eine Art Charakter, der sich in den ersten Lebensjahren physisch zum Ausdruck bringt; das mehr Gattungsmäßige bildet sich heraus, konsolidiert sich, wird fest, gibt ihm den Charakter, durch den es einem bestimmten Geschlecht angehört. Die Familienzüge prägen sich erst von dieser Zeit an auf seinem Antlitz aus.

Die Zeit vom siebenten bis zum vierzehnten Jahre ist die, für

welche wir schon die beiden Zauberworte *Nacheiferung* und 7-14
Autorität angeführt haben. Der Mensch braucht in dieser Zeit
einen andern Menschen, der für ihn die Verkörperung alles
Guten, Schönen und Weisen ist; er braucht einen Menschen
überhaupt, in dem er die Grundsätze und Lehren verleiblicht
sieht. Mit Moralpredigen ist in dieser Zeit viel weniger getan,
als wenn Sie dem Kinde Vorbilder anführen, die dem Kinde
den Weg hinauf zum Olymp zeigen. Für die ganze spätere Zeit
ist es für den Menschen von Bedeutung, wenn er jetzt einen
Menschen über sich sieht, vor dem er eine tiefe Achtung hat.
Selbstverständliche Nachfolge ist es, um die es sich da handelt.
Daher müssen wir den Geschichtsunterricht so einrichten, daß
wir die Weisheit und verkörperte Charakterstärke dem Kinde
im Bilde vor Augen führen; und vom Art-Charakter geht er
über mehr zu einem Spezial-Charakter, was nicht mehr mit der
Vorfahrenreihe zusammenhängt. Aus der Nachahmung der Eltern wird die Nachahmung der fremden Art. Der Gesichtskreis
erweitert sich über das Familienhafte hinaus; wir müssen Menschen in die Nähe des Kindes bringen, damit der Ätherleib sich
weiter ausbreiten kann über das Artgemäße hinaus. Während
bis zum Zahnwechsel das sich ausprägt, was den Menschen in
die Familie hineinstellt, bekommen die Gesten jetzt ihren Charakter; das, was den Menschen zu einem besonderen Menschen
macht, prägt sich aus, wenn der Mensch heraustritt aus dem
Kreise der Familie. Denn jetzt ist die Ätherhülle zerschlagen,
nun kann auf den Ätherleib gewirkt werden, wenn in des Kindes Umgebung solche Menschen sind, die durch das, was sie in
sich selber tragen, solche Eigenschaften ausbilden können, die
im Ätherleib des Kindes aufgespeichert liegen. Und jene Grund-
anlagen, die der Mensch als Früchte seiner früheren Inkarnation
in seinem Ätherleib mitgenommen hatte, entwickeln sich jetzt,
wo nach dem siebenten Jahre der Ätherleib nach allen Seiten frei

ist. Daher muß der Erzieher womöglich etwas zurücktreten und nicht darauf pochen: Dies sind die richtigen Erziehungsgrundsätze, sondern auf das sehen, was das Kind mitgebracht hat; denn jetzt müssen durch den freigewordenen Ätherleib nach allen Seiten die Organe erstarken und sich vergrößern. Während bis zum siebenten Jahre die physischen Organe durch physische Kräfte ausgearbeitet und plastisch gestaltet wurden, haben wir jetzt diese sich vergrößernden Organe, um Gewissen, Moral, Tatkraft, all die ätherischen Eigenschaften da hineinzuarbeiten. Alles, was bildhaft ist, was mit der reineren geistigen Freude an der Natur zusammenhängt, müssen wir hineinprägen, denn das muß so fest im Menschen sitzen, daß es im Ätherleib haftet: Einen festen Charakter kann der Mensch nur haben, wenn er so seinen Ätherleib frei entwickeln kann. Und ein Erzieher muß sich in dieser Zeit sagen: Du hast es nicht zu tun mit etwas, das du formen kannst, so wie du willst; sondern du kannst da etwas für das ganze Leben verderben, wenn du nicht erlauschest, was aus dem früheren Ätherleib herübergekommen ist. Daher müssen auch die physischen Übungen so ausgedacht sein, daß in dem Kinde das Gefühl des Erstarkens, des Vermehrtwerdens lebt. «Ich werde größer», «ich wachse», muß eine moralische, nicht bloß physische Empfindung im Kinde sein. Das arbeitet ebenso plastisch am Ätherleib wie das physische Prinzip am physischen Leibe.

Und in derselben Weise wie, während die physische Mutterhülle den physischen Leib umgibt, die physischen Organe sich ausbilden, so umgibt die Astralhülle noch die astralen Eigenschaften, die der Mensch sich mitbringt; die bilden sich zunächst in der astralischen Hülle, und erst mit der Geschlechtsreife tritt der Mensch der Welt mit einem freien Astralleib entgegen. Jetzt erst kann Urteil, Kritik und Begriffsbildung hineingreifen. In einem früheren Lebensalter würde ihm das viel zu früh gege-

90

ben werden. Der Mensch sollte in einem früheren Lebensjahre noch kein Bekenntnis haben, denn das kann er sich erst bilden, wenn sein Astralleib geboren ist. Vorher soll er aufschauen zu den Bekennern und von ihnen entgegennehmen, was er glauben soll; denn in diesem Zeitalter sich das selbst bestimmen, gibt eine astrale Karikatur. Vom okkulten Standpunkt ist es unmöglich, wenn der junge Mensch veranlaßt wird, schon irgendein Bekenntnis zu haben. Es ist sinnlos und ist entwicklungswidrig, wenn ein Kind in diesem Lebensalter es für möglich hält zu sagen: Ich habe ein eigenes Glaubensbekenntnis. Das wäre ein Zeichen, daß etwas in der Erziehung des betreffenden Menschen versäumt worden ist; daß er nicht jene große Kraft in sich hat ausbilden können, die gerade unter dem Eindruck der berechtigten Autorität heranreift. Der Astralleib wird in dieser Zeit geboren, und langsam und allmählich hat in dieser Zeit vom vierzehnten Jahre ab das Urteil heranzureifen, das zum Bekenntnis führt. Das ist die Zeit, wo religiöse, moralische Empfindungen, wo künstlerische Errungenschaften in seinem Antlitz sich ausprägen. Dadurch kann er frei und als einzelnes Individuum der Welt gegenübertreten. Das dauert bis zum einundzwanzigsten oder dreiundzwanzigsten Jahre.

Es ist ein wichtiger Moment, wo mit der Geschlechtsreife der Mensch dem Menschen gegenübertritt. Wie alles Vergängliche ein Gleichnis ist, so ist auch das Gegenübertreten des Männlichen und Weiblichen ein Symbolum. So wie die Liebe zum Einzelnen nach und nach erwacht, so erwachen jetzt überhaupt erst die persönlichen Verhältnisse zur Umgebung; vorher sind es allgemein menschliche Verhältnisse. *Eigenes Urteil* und eigene Verhältnisse zur Umwelt treten erst jetzt auf. Da kommt im Astralen der Fond heraus, den der Mensch sich mitgebracht hat und der sich jetzt erst frei entwickeln kann. Alle hohen *Ideale*, alle schönen *Lebenshoffnungen* und Lebenserwartungen, die nichts anderes sind als das, was im Astralleib als astraler Fond mitgebracht wird, sind Kräfte, die da sein müssen. Der Mensch entwickelt sich recht, der seine Lehrzeit so durchmacht, daß er das, was in ihm veranlagt ist, nach und nach herausbringt, nicht das, was in der Welt ist, sondern was er sich mitbringt. Ideale sind nicht da, sondern wir haben sie, weil die Kraft in uns rege ist, die in dieser Zeit jenes Hinausstreben des Jünglings macht; und nichts ist schlimmer für das spätere Leben, als wenn diese Kräfte bis zum zwanzigsten Jahre nicht da waren, die Lebenshoffnung und Lebenssehnsucht sind, denn das sind reale Kräfte. Je mehr wir von dem heutigen Fond des Inneren herauszubringen imstande sind, desto besser fördern wir den sich entwickelnden Menschen. Erst mit dem dreiundzwanzigsten Jahre ist das alles herausgebracht, und dann kann der Mensch seine Wanderjahre antreten. Da erst ist sein Ich geboren, da tritt er als eine *freie Persönlichkeit* frei der Welt gegenüber.

ab21   Jetzt ist das, was sein Ich, seine vier Glieder sich zusammengearbeitet haben, in unmittelbarem Umgang mit der Welt. Jetzt wirkt ganz frei, ohne daß er ein Inneres erst noch ausgebildet braucht, die innere Lebenserfahrung des Menschen; jetzt erst ist er reif, der unmittelbaren Wirklichkeit gegenüberzutreten. Hat er das schon früher getan, so sind die schönsten Anlagen in ihm verdorben; er hat da die Kräfte ertötet, die er als Fond mitgebracht hat. Es ist eine Versündigung an der Jugend, wenn wir die Prosa des Lebens früher wirken lassen. Jetzt reift der Mensch heran, und es kommt nun die Zeit, wo er so recht vom Leben lernen kann. Er entwickelt sich jetzt nach den sogenannten Meisterjahren hin, die in die Zeit vom achtundzwanzigsten bis zum fünfunddreißigsten Jahre fallen. Nehmen Sie aber den Zeitraum nicht zu pedantisch.

35   Um das fünfunddreißigste Jahr herum, da liegt des Menschen *Lebensmitte*, was alle Zeiten, die etwas gewußt haben von der

Geisteswissenschaft, als etwas ungeheuer Wichtiges angesehen haben. Denn während bis zum einundzwanzigsten Jahr der Mensch aus seinen drei Leibern herausgeholt hat, was in ihm veranlagt ist, und bis zum achtundzwanzigsten Jahre aus der Umgebung herausgeholt hat, was sie ihm frei bieten konnte, beginnt er jetzt frei an seinen Leibern zu arbeiten, zuerst seinen astralen Teil zu festigen. Vorher hat er zu lernen gehabt aus der Umgebung und von der Umgebung; jetzt wird sein Urteil so, daß es eine gewisse Tragkraft bekommt für die Umgebung, und der Mensch tut wohl, wenn er sich vorher mit seinem Urteil über die Welt nicht zu stark abschließt. Erst gegen das fünfunddreißigste Jahr zu sollten wir unser Urteil verfestigen. Dann wird der Astralleib immer dichter und dichter. Haben wir bis dahin geübt, so dürfen wir jetzt ausübend werden. Jetzt fängt unser Urteil an, für die Umgebung etwas zu bedeuten. Jetzt, wo es heißt, mittun für die Welt, beginnt der Mensch sein Urteil in die Waagschale zu legen. Nun wird aus dem Wandernden ein Ratender, und nun können sich die andern nach ihm richten.

Mit dem fünfunddreißigsten Jahre beginnt es, daß die Erfahrungen zu einer Art von *Weisheit* werden können. Mit dem fünfunddreißigsten Jahre ist der Zeitpunkt eingetreten, der sich auch im physischen Leben dadurch kennzeichnet, daß der Astralleib und Ätherleib sich von der Welt zurückziehen. Bis zum einundzwanzigsten Jahre und darüber hinaus wirkt der Astralleib im Ich, im Blut und Nervensystem. Da wirkt er wachsend, verfestigend, konsolidierend, der Mensch bekommt in dieser Beziehung eine gewisse Festigkeit. Was sich in seiner Gefühls- und Gedankenwelt richtig kristallisiert, das wird er in Einklang und zum Ausdruck bringen in Mut und Geistestätigkeit. Daher können wir diese Zeit auch die Zeit der Ausbildung des Blut- und Nervensystems nennen. Diese Zeit ist physisch abgeschlossen etwa gegen das fünfunddreißigste Jahr zu, wo sich der Ätherleib mehr zurückzieht von dem Wirken im äußeren physischen Leibe. Daher die Eigenart, daß von dieser Mitte an der Mensch allmählich aufhört, sich zu vergrößern; er konsolidiert sich, das Fett fängt an sich abzulagern, und die Muskeln gewinnen an Stärke. Das rührt aber nur davon her, daß der Ätherleib beginnt, sich zurückzuziehen. Daher werden auch die Kräfte des Ätherleibes frei, weil sie nicht mehr an dem physischen Leib zu arbeiten haben, und es gliedert sich zusammen mit dem, was der Mensch innerlich ausgebildet hat. Da wird der Mensch weise. Daher haben die Alten wohl gewußt, daß der Rat eines Menschen im öffentlichen Leben erst dann eine Bedeutung haben kann, wenn der Ätherleib sich zurückzieht vom physischen Leibe: dann kann er eintreten ins öffentliche Leben, und seine Anlagen haben für Staat und öffentliches Leben eine Bedeutung.

Vom fünfunddreißigsten Jahre ab zieht sich der Mensch immer mehr und mehr ins Innere zurück. Wenn wir auf einen solchen Menschen hinsehen, wird er nicht mehr jene Jugenderwartung und jene Jugendsehnsucht haben; dafür aber hat er seine Urteile, etwas, von dem wir fühlen, daß es eine Kraft ist im öffentlichen Leben. Nun sehen wir auch, wie diejenigen Kräfte und Fähigkeiten, die an dem Ätherleib hängen, wie das Gedächtnis, abzunehmen beginnen. Und nun kommen wir in die Jahre hinein, etwa gegen fünfzig, wo auch das physische Prinzip sich zurückzieht von dem Menschen, immer mehr und mehr Knochenerde absetzt, wo die Gewebe locker werden. Das physische Prinzip verbindet sich immer mehr mit dem Äther-Prinzip, und das, was in Knochen, Muskeln, Blut und Nerven gegangen ist, fängt an, ein eigenes Leben zu entwickeln. Geistiger und immer geistiger wird der Mensch. Allerdings muß das dadurch gefördert werden, daß die frühere Erziehung in richtiger Weise gelenkt worden ist. Da muß der Astralleib auch etwas gehabt haben. Hat der Astralleib keine Jugendfreuden gehabt, dann ist das nicht in ihm, was sich jetzt in den dichteren Ätherleib einprägen soll, Und ist das nicht drinnen, dann kann jenes mächtige Innenleben sich nicht entwickeln, und es muß das eintreten, was man das Kindischwerden im Alter nennt. Jene, die in der Jugend nicht die frische Kraft bekommen haben, fangen an auszudorren. Es ist geradezu auch in geisteswissenschaftlicher Beziehung außerordentlich wichtig, das zu beobachten.

Die günstigste Zeit für die Entfaltung spiritueller Anlagen ist die Zeit, wenn das fünfunddreißigste Jahr gekommen ist. Da werden die Kräfte, die sonst in den Körper hineingehen, frei, man hat sie zur Verfügung und kann mit ihnen arbeiten. Es ist daher ein besonders günstiges karmisches Geschick, wenn der Mensch nicht zu spät zur okkulten Entwickelung kommt. Solange der Mensch noch damit zu tun hat, seine Kräfte nach außen zu richten, solange kann er sie nicht nach innen richten. Daher muß der Zeitpunkt um das fünfunddreißigste Jahr herum als ein Kulminationspunkt angesehen werden. In der ersten Hälfte des Lebens hat sich alles schon zu einem rhythmischen Gang entwickelt, aber in der zweiten Hälfte sind die Grenzen nicht mehr so bestimmt, obwohl in der Geisteswissenschaft Grenzen immer angegeben worden sind, aber diese sind ungenau.

Wir arbeiten da der Zukunft erst entgegen. Was der Mensch in der höheren Altersstufe in seinem Innern ausbildet, wird in der Zukunft organ- und körperschaffend sein; das wird auch im Welten-Kosmos später mitwirken. Es wird in der Zukunft etwas da sein, was wir an der ersten Hälfte jetzt schon beobachten können. Diese Einteilung hat vielleicht, namentlich für die Jugend, etwas Bedrückendes, aber wer die Lehren der Geisteswissenschaft wirklich in sich aufnimmt, kann das nicht mehr empfinden. Wenn Sie das Menschenleben von einem hohen Standpunkt aus überschauen, werden Sie sehen, daß gerade durch eine solche Betrachtung des Lebenslaufes der Mensch zum richtigen

Gebrauch und zu der Praxis hingeführt wird. Der Mensch wird die Resignation üben müssen, zu warten, bis er die Organe hat, um in der ihnen entsprechenden Sphäre richtig zu wirken.

Das individuelle und das allgemeine Lebensalter der Menschheit

Berlin, 29. Mai 1917

Zu Festesbetrachtungen im gewöhnlichen Sinn ist die Zeit ungeeignet, und in dieser schweren Zeit wird es am besten sein, wenn
wir versuchen im Umfange, im Umkreise der Geisteswissenschaft
nach Dingen zu forschen, welche uns einigermaßen in der richtigen Art begreiflich machen können, was die tieferen Grundlagen dieser unserer Zeit sind. Und so möchte ich denn heute
von einem besonderen Forschungsresultat zu Ihnen sprechen,
das nach dieser Richtung hin aufklärend sein kann, möchte versuchen, von einem besonderen Gesichtspunkte aus die Entwikkelung der Menschheit in der nachatlantischen Zeit bis in unsere
Gegenwart herein ins Auge zu fassen.
Wir wissen ja aus verschiedenen Dingen, die im Laufe der Jahre
vorgebracht worden sind, daß in einer gewissen Beziehung verglichen werden kann die Entwickelung der Menschheit im großen
mit der Entwickelung des einzelnen menschlichen Individuums,
einfach aus dem Grunde, weil in beiden Fällen diese Entwickelung, wenigstens dem ersten Anschein nach, ein Fortschreiten
in der Zeit ist. Ich bin nun durch Jahre hindurch nachgegangen
den inneren Entwickelungsbedingungen namentlich der nachatlantischen Menschheit. Und wie so manches mir gerade während
der Forschungen dieses Winters sich ergeben hat, so auch etwas
Bedeutungsvolles mit Bezug auf diese eben aufgeworfene Frage.
Äußerlich betrachtet könnte es so scheinen, wenn man ein
Stück menschlicher Entwickelung in ihrem Fortgange betrachtet, daß man zu der Anschauung kommen müßte, dieses Stück

Menschheitsentwickelung entspreche so der individuellen Entwickelung des einzelnen Menschen, daß man vielleicht zu sagen hätte: Wie der einzelne Mensch sich zwischen diesen und jenen Jahren seines Lebens entwickelt, so ähnlich entwickelt sich die Menschheit. Nun habe ich gefunden, daß dies ganz und gar nicht so ist und daß mit dem Anderssein in dieser Beziehung bedeutungsvolle Geheimnisse gerade auch des gegenwärtigen menschlichen Zeitalters zusammenhängen. Wenn wir zurückgehen, und wir dürfen dabei ja uns bekannte, uns geläufige Ideen anwenden, in die erste nachatlantische Kulturperiode, die wir gewöhnt sind die altindische, die urindische zu nennen, so können wir uns fragen: Mit welchem einzelnen individuellen menschlichen Lebensalter läßt sich das Gesamtalter der Menschheit in der damaligen urindischen Kulturperiode vergleichen? – Die geistige Forschung ergibt da etwas höchst Merkwürdiges. Ich habe ja oft gesagt: Man stellt sich zu leicht vor, daß in den Zeiten, in denen es da und dort schon eine menschliche Kultur gegeben hat, die innere Grundverfassung der Menschenseele eigentlich im wesentlichen so war, wie sie jetzt ist. Das ist aber durchaus nicht der Fall. Diese Anschauung entsteht nur aus dem Grunde, weil der heutige Mensch mit seinen Mitteln der materialistischen Wissenschaft durchaus nicht imstande ist, sich Vorstellungen zu bilden darüber, wie eigentlich die Seelen in verhältnismäßig kurzer Zeit im Laufe der Menschheitsentwickelung anders geworden sind und wie namentlich das Seelenleben anders geworden ist.

Wenn wir heute die Menschheit um uns herum sehen, so bemerken wir, daß während einer gewissen Zeit der individuellen menschlichen Entwickelung der Mensch heranwächst erstens körperlich: Seine körperlichen Organe in ihren feineren und gröberen Gliederungen gestalten sich aus, der Mensch wird nicht nur größer, die Organe vervollkommnen sich auch innerlich. Und wir sehen, daß bis zu einem gewissen Lebensalter die geistig-seelische

Entwickelung an die körperlich-physische Entwickelung gebunden ist, ihr gewissermaßen parallel geht; und kein Erzieher kann ungestraft dies außer acht lassen. Aber wir wissen auch, wie von einem gewissen Lebensalter ab dieses innige Zusammenverwobensein der seelisch-geistigen Entwickelung mit der körperlichen Entwickelung aufhört. Wir gewahren, daß der Mensch sich von einem bestimmten Lebensalter ab für fertig hält. In unserer Zeit werden wir ja, wenn wir das Leben um uns herum genauer betrachten, gar sehr gewahr, wie sich, man kann sagen, schon in möglichst früher Zeit die Menschen als fertig betrachten, als so betrachten, daß sie eigentlich nichts mehr zu lernen haben. Wir wissen ja, daß es heute für viele eine Zumutung ist, wenn man etwa voraussetzt, sie könnten in einem bestimmten Lebensalter noch Goethes «Iphigenie» oder Schillers «Tell» lesen. Das hat man, als man junges Mädchen oder Schüler war, in der Schule gelesen. Das gehört für die Jugend. Von einem bestimmten Alter an befaßt man sich mit solchen Dingen doch nicht mehr! Gewiß, es ist dies nicht eine allgemeine Gewohnheit, aber doch eine sehr, sehr weit verbreitete Gewohnheit. Und ähnliches können wir auf vielen Gebieten des Lebens gewahr werden. Aber dem liegt schon eine Wahrheit zugrunde. Dem liegt die Wahrheit zugrunde, daß der Mensch von einem bestimmten Zeitpunkte seiner individuellen Entwickelung an gewissermaßen physisch ausgewachsen ist, daß dann sein Geistig-Seelisches aufhört in Abhängigkeit zu sein von dem Wachstum und von der Entwickelung der leiblichen Organe, die ja aufgehört hat, und daß sein Geistig-Seelisches sich frei und selbständig entwickelt; das werden wir gewahr. Wenn wir heute die Menschheit ansehen, so finden wir, daß dieser eben charakterisierte Zeitpunkt in einem bestimmten Lebensalter eintritt; wir werden noch genauer darüber sprechen. Aber man würde sich sehr irren, wenn man glauben würde, daß die Sache so, wie sie heute ist, auch nur im entferntesten ähnlich war in der ersten, in der urindischen Kulturepoche. Auch damals wurden selbstverständlich die Menschen 6, 12, 30, 40, 50 und so weiter Jahre alt, aber ihr ganzes Leben verhielt sich zu diesem Älterwerden anders als jetzt. In diesen alten Zeiten verspürte die Menschenseele bis in ein ungeheuer hohes Alter hinauf, bis in die Zeit vom 48. bis 56. Lebensjahr eine solche Abhängigkeit des Seelisch-Geistigen vom Physisch-Leiblichen, wie sie heute nur empfunden wird im Kindes- und Jünglingsalter. Und bedenken Sie, was das bedeutet. Das bedeutet, daß dazumal der Mensch durchmachte ein Mitleben des Seelischen mit dem Leiblichen in der aufsteigenden körperlichen Entwickelung des Menschen bis zum 35. Jahr, dann wiederum mit der absteigenden körperlichen Entwickelung seelisch mitging, das Seelische in Abhängigkeit fühlte von dieser körperlichen Entwickelung. Indem anfangs das Körperliche ein Wachsen, ein Sich-Entfalten war, wurde es dann allmählich ein Einsinken. Aber mit dem Einsinken des Körperlichen, das heute der Mensch gar nicht spürt, weil sein Seelisch-Geistiges verhältnismäßig unabhängig vom Körperlichen verläuft, mit dem Einsinken des Körperlichen verspürten gerade diejenigen, die dieses Alter erreichten, im ersten nachatlantischen Zeitraum, ein innerliches Freiwerden des universell Geistigen. Indem das Körperliche zurückging, sie aber doch abhängig blieben vom Körperlichen, leuchtete ihnen das Geistige im Innern auf. Und das dauerte gleich nach der atlantischen Katastrophe bis zum 56. Lebensjahre. Da war, wenn wir so sagen dürfen, der Mensch erst ausgewachsen, das heißt, da erst verlor sich die Abhängigkeit des Geistig-Seelischen vom Körperlichen. Daß der Mensch auch geistig-seelisch mitmachte das Körperliche in der absteigenden Entwickelungszeit, das bedingte, daß gerade damals noch Nachklänge innerlich geistigen Schauens vorhanden waren. Und nun ist das Eigentümliche, daß diese Beschaffenheit des menschlichen Lebens natürlich auf die ganze Kultur ausstrahlte. Derjenige, der jung war in jenen alten Zeiten, der wußte durch die allgemeinen Begriffe, Denk- und Empfindungsgewohnheiten, die man sich aneignete, daß, wenn einer alt wurde, er in jenes ehrwürdige Alter kam, wo die göttlichen Geheimnisse in seiner Seele aufgingen. Daher war in jener ersten Kulturepoche der nachatlantischen Zeit eine Altersverehrung, ein Kultus des Alters vorhanden, von dem wir uns heute gar keine Vorstellung mehr machen können, wenn wir sie nicht schauen in den Nachklängen, die uns geistig geblieben sind aus jenen alten Zeiten. Kaum zu erwähnen brauche ich nach all den Betrachtungen, die ich schon angestellt habe, daß jeder, der früher starb, bevor dieses patriarchalische Alter erreicht war, wußte, daß es andere Welten als die materiell-physische Welt gibt und daß da die hohen geistig-seelischen Wesenheiten der höheren Welten mit jenen, die früher starben, andere Aufgaben zu verrichten hatten. So daß jeder selbstverständlich, auch wenn er früher sterben mußte, als der Eintritt in dieses patriarchalisch hohe Alter erfolgte, doch in sich befriedigende Weltempfindungen haben konnte.

Das Merkwürdige ist, daß, wenn man diesen Dingen nachforscht, man nicht davon sprechen kann: Die Menschheit wird älter, sondern man muß kurioserweise davon sprechen: die Menschheit wird jünger, schreitet zurück. Gleich nach der atlantischen Katastrophe war es so, daß die Entwickelung, wie ich sie geschildert habe, stattfand bis zum 56. Lebensjahre, dann kam die Zeit, wo sie stattfand bis zum 55., dann bis zum 54. Lebensjahre und so weiter. Und als die erste nachatlantische Kulturperiode abgelaufen war, dauerte diese Entwickelung nur bis zum 48. Lebensjahre. Dann war gewissermaßen der Mensch in der Lage, daß er sich sagen mußte: Jetzt bin ich mir selbst überlassen, jetzt gibt nicht mehr das Körperliche von sich aus etwas her für meine geistig-seelische Entwickelung! – was heute, wie wir sehen werden, schon viel früher eintritt.

Nun kommen wir in die zweite, die urpersische Kulturepoche. Sie entspricht dem individuellen menschlichen Lebensalter vom 48. bis zum 42. Lebensjahre. Das heißt: in dieser Epoche ist die Sache so, daß sich die Menschen abhängig fühlen in ihrer Entwickelung seelisch-geistig vom Körperlichen bis in die vierziger Jahre hinein und daß sie erst, wenn sie über die vierziger Jahre hinauskommen, jene Unabhängigkeit empfinden, die heute früher eintritt. Daher aber machte die Seele auch nicht so lange und nicht in so hohem Grade gewissermaßen das Einsinken, das Sklerotisieren des Organismus mit, machte nicht so lange mit dieses Hergeben von Kräften des Organismus, die in die geistige Welt hinein den Menschen weisen konnten, die ihm Erleuchtungen geben konnten in die geistige Welt hinein.

Dann kam, nach der zweiten, der urpersischen Kulturepoche, diejenige, die wir genannt haben die ägyptisch-chaldäische Epoche. Da stieg das Lebensalter der ganzen Menschheit herunter bis zum individuellen Lebensalter zwischen dem 42. und 35. Lebensjahre. Das heißt: von selbst kamen dem Menschen die Früchte der Entwickelung bis zu diesem Lebensalter zu. Dann mußte er, aufeinanderfolgend in den verschiedenen Unterepochen dieser ägyptisch-chaldäischen Zeit, die freie, selbständige, rein innerliche Entwickelung durchmachen im 42., 40., 38. Lebensjahre und so weiter.

Am bedeutungsvollsten erscheint uns diese Wahrheit für das vierte, für das griechisch-lateinische Zeitalter, denn in diesem griechisch-lateinischen Zeitalter entwickelt sich die ganze Menschheit so, daß ihr Lebensalter entsprach dem individuellen menschlichen Lebensalter zwischen dem 35. und 28. Lebensjahre. Damit aber stehen wir gerade in den Jahren der Lebensmitte. Denken Sie also, was eigentlich für diese griechisch-lateinische Periode statt hatte. Diejenigen, die als individuelle Menschen sich entwickelten innerhalb dieser griechisch-lateinischen Kulturperiode, die machten durch, rein durch die Entwickelungsgesetze der Menschheit selber, die Abhängigkeit des Seelisch-Geistigen von dem fortschreitenden Wachstum. Und in der Zeit, als das Einsinken des Menschen begann, das Sklerotischwerden des Menschen – wenn ich so sagen darf, das ist natürlich ein radikaler Ausdruck –, da wurde die Seele frei vom Körperlichen. Die erste Hälfte des Lebens machte ein Angehöriger der griechisch-lateinischen Kultur im Sinne der allgemeinen Menschheitsentwickelung durch. So wunderbar fiel die individuelle Entwickelung mit der allgemeinen Menschheitsentwickelung in diesem Zeitalter zusammen, daß von dem Augenblick ab, wo der Mensch anfängt, seine körperliche Entwickelung in absteigender Linie zu haben, sich nichts mehr den Griechen vom Körper aus offenbarte. Daher war der Grieche auch in seiner Kultur so voll von allem Wachsenden, Gedeihenden, Aufsteigenden in der Entwickelung. Aber es entging ihm auch dasjenige, was sich von selbst durch die Entwickelung des Körperlichen nur offenbaren kann in der absteigenden menschlichen Entwickelung. Das heißt: es fiel weg für den Griechen, wenn er nicht in den Mysterien durch spirituellen Unterricht das hatte, es fiel weg durch die eigene menschliche Natur das Hineinblicken in die geistige Welt.

In dem dritten Zeitraum war in absteigender Folge einfach durch die menschliche Natur ein Einblicken in die geistigen Welten möglich, es war möglich, daß der Mensch unmittelbar aus Anschauung etwas wissen konnte über die Unsterblichkeit der Seele. Im griechisch-lateinischen Zeitraum war es zwar noch möglich, daß der Mensch wissen konnte: Alles Wachsende, Aufsteigende, Werdende ist seelendurchdrungen. Aber das selbständige Leben der Seele, wenn der Mensch durch die Pforte des Todes gegangen oder bevor er durch die Geburt ins physische Leben eingetreten war, das war nicht mehr durch die selbstverständliche Entwickelung der Menschheit dem

Griechen gegeben. Daher solch eine Anschauung, wie ich sie öfter schon hier auch erwähnt habe und wie sie ja bekannt ist, die sich ausdrückt in dem berühmten Spruche des griechischen Heroen: Lieber ein Bettler sein in der Oberwelt als ein König im Reiche der Schatten. – Wie die Oberwelt mit dem, was der Mensch darin ist, seelendurchdrungen ist, das wußte der Grieche durch unmittelbare Anschauung. Durch diese Anschauung entzog sich ihm die übersinnliche Welt. Und merkwürdig ist es, wie der große griechische Weise Aristoteles gerade aus dieser Grundanschauung heraus seine Ideen, von denen wir ja schon in den kürzlich hier gehaltenen Betrachtungen gesprochen haben, entwickelt. Franz Brentano, der kürzlich verstorbene große Aristoteles-Forscher, hat richtig gedeutet, wenn er sagt: Es ist des Aristoteles Idee von der Unsterblichkeit, daß der Mensch, der durch die Pforte des Todes gegangen ist, kein vollständiger Mensch mehr sei. – Denn als Grieche hatte Aristoteles zum vollständigen Menschen, aus den Voraussetzungen heraus, die ich Ihnen oben entwickelt habe, die Zugehörigkeit des Körperlichen zu dem Seelischen gerechnet. Nur wenn er ein Mysterien-Weiser war – was Aristoteles nicht war –, wußte er als Grieche von der wahren Unsterblichkeit der Seele. Wenn er kein Mysterien-Weiser war, wie Aristoteles, so mußte er sagen – was ja gewiß den höchsten Wahrheiten gegenüber falsch ist, was aber einem griechischen Denken entsprang, wenn sich dieses Denken auch in Aristoteles zur höchsten Blüte erhob –, so mußte er sich sagen: Wenn ich einem Menschen einen Arm abschlage, so ist er kein vollständiger Mensch mehr, wenn ich ihm zwei Arme abschlage, noch weniger, wenn ich ihm aber den ganzen Leib nehme, wie der Tod es tut, so ist er erst recht kein vollständiger Mensch mehr. Daher die Seele, nachdem sie durch die Pforte des Todes gegangen ist, für Aristoteles ein unvollständiger Mensch ist, ein Mensch, dem die Organe fehlen, um mit irgendeiner Umgebung in Zusammenhang zu kommen. Es ist die aristotelische Idee von der Unsterblichkeit, die Brentano richtig deutet.

Nun bedenken Sie: In dieser Zeit also machten die Menschen im allgemeinen das Lebensalter durch, das dem individuellen Lebensalter vom 35. bis zum 28. Lebensjahre entspricht. Nehmen wir das erste Drittel, also ungefähr das 33. Lebensjahr. Der vierte nachatlantische Zeitraum beginnt ja im Jahre 747 vor dem Mysterium von Golgatha; er endet im Jahre 1413 nach dem Mysterium von Golgatha. Es ist derjenige Zeitraum, in dem – wenn die Menschheit in demselben Sinne sich weiterentwickelt hätte, wie sie sich bis dahin entwickelt – das hätte geschehen müssen, daß die Menschen im allgemeinen immer jünger und jünger geworden wären und daß sie aufgehört hätten mit Bezug auf das Geistig-Seelische vom Körperlichen abhängig zu sein, viel früher, als der Mensch in seinem Wachstum, seiner Entwickelung bei der Lebensmitte ankommt. Es hätte sich nicht nur eine solche schattenhafte Unsterblichkeit ergeben müssen, wie es bei den Griechen war, sondern es hätte allmählich der Mensch, indem die Menschheit nur mehr hergab ein Lebensalter bis zum 34., 33., 32. Lebensjahre und so weiter, so werden müssen, daß ihn gewissermaßen das Physisch-Leibliche überwältigt hätte, daß er durch seine eigene Entwickelung innerhalb der Menschheit nicht mehr hätte hinaufschauen können auf irgendeine übersinnliche Welt. Da ist es denn das ungeheuer Bedeutungsvolle, daß am Ende des ersten Drittels dieses Zeitraumes, der 747 vor Christus beginnt, das Mysterium von Golgatha eintritt, gerade in diesem Zeitraum, und daß in diesem Zeitraum es also ist, in dem sich der Christus Jesus entwickelt genau bis zu demjenigen individuellen Lebensalter, dem 33. Lebensjahre, das dazumal das Lebensalter der Menschheit ist. Dann tritt der Tod auf Golgatha ein. Der Christus Jesus wächst dem Lebensalter der Menschheit entgegen, und er führt durch das Mysterium von Golgatha die Möglichkeit herbei, zum Wissen von der Unsterblichkeit auf eine Weise zu kommen, die nicht aus Irdischem genommen ist, die nur auf die Erde kommen konnte durch jene Befruchtung, welche für die Erde eingetreten ist, indem der Christus-Geist sich mit der Jesus-Persönlichkeit verbunden hat und diese 33 Jahre alt geworden ist, so alt, wie die Menschheit war, als dieser Menschheit drohte, jeden Zusammenhang mit der übersinnlichen Welt zu verlieren.

Ja, wenn man von ganz anderen Voraussetzungen aus unter diesem Gesichtspunkte die Entwickelung der Menschheit betrachtet und sich dann ergibt, einfach ergibt im Laufe der geisteswissenschaftlichen Forschung dieser tiefe Zusammenhang des Alters und Todes des Christus Jesus mit der gesamten irdischen Menschheitsentwickelung, dann allerdings ist dies eine tief, tief in die Seele eingreifende Erkenntnis. Und ich kann mir nur weniges denken, das so ungeheuer in die Seele einschlagen muß wie die Erkenntnis von diesem Hineingestelltsein des Mysteriums von Golgatha in ein bedeutungsvolles Entwickelungsgesetz der menschlichen und der menschheitlichen Entwickelung. Wir sehen, wie auf diese Art die Geisteswissenschaft nach und nach ihre erklärenden und aufklärenden Strahlen auf das Mysterium von Golgatha wirft. Und wir können vielleicht ahnen, daß, wenn die Geisteswissenschaft sich immer weiter und weiter in sorgfältiger Forschung entwickeln wird, noch manches andere Licht fällt auf dieses Mysterium von Golgatha, das wir ganz gewiß heute auch mit der eindringlichen Geisteswissenschaft nur zum kleinsten Teile irdisch verstehen und das immer tiefer und tiefer verstanden werden wird, je weiter die Menschheit in dieser Entwickelung vorschreitet. Ich darf sagen, daß ich selber wenig Momente von solcher Ergriffenheit gehabt habe während des geisteswissenschaftlichen Forschens wie diesen, wo mir – lassen Sie mich das

Wort gebrauchen – aus grauen Geistestiefen heraus dieser Zusammenhang zwischen dem 33. Jahre der Menschheit im vierten nachatlantischen Zeitraum und dem 33. Lebensjahre des Christus Jesus, in dem der Tod auf Golgatha eintritt, als Ergebnis heraufgestiegen ist.

Und wenn wir nun weitergehen, so kommen wir in unseren fünften nachatlantischen Zeitraum, und wir kommen dazu, sagen zu müssen, daß in unserem fünften nachatlantischen Zeitraum das allgemeine Lebensalter der Menschheit dem individuellen Lebensalter zwischen dem 28. und 21. Lebensjahre entspricht. Das heißt: als 1413 der fünfte Zeitraum begonnen hatte, war die allgemeine Menschheitsentwickelung so, daß die Menschen sich abhängig wissen durften in ihrer geistig-seelischen Entwickelung bis zum 28. Lebensjahr. Dann mußte die Seele selbständig werden. Sie sehen also, daß für dieses Zeitalter notwendig ist, daß mit vollem Bewußtsein angestrebt wird, innerlich, durch spirituelle geistige Entwickelung, der Seele das zu geben, was aus der Abhängigkeit vom Körperlich-Physischen nicht mehr hergegeben werden kann. Der Mensch muß in diesem Zeitalter in die Seele Dinge aufnehmen, die nur individuell an ihn herankommen können, die seine Seele unmittelbar in ihrer Unabhängigkeit und Freiheit ergreifen und sie als Seele hinausführen über das 28., 27., 26. Jahr und so weiter. Allerdings, vorläufig geht noch die allgemeine Erziehung, so viel auch über diese Erziehung geredet wird – man könnte auch sagen «gefabelt» wird –, dahin, an den Menschen nicht mehr heranzubringen, als eben gerade dem entspricht, was die Menschheit von selbst hergibt. Jetzt steht eben in unserem Zeitalter die Menschheit im ganzen im 27. Lebensjahr. Sie wird 26, 25 und so weiter Jahre alt werden. Und bis der fünfte Zeitraum abgelaufen sein wird, wird sie bis zum 21. Jahr heruntergerückt sein. Daraus ersehen Sie die Notwendigkeit des Auftretens der Geisteswissenschaft, welche an die

Seele dasjenige heranbringen will, was nicht aus der körperlichen Entwickelung folgen kann, welche die Seele unterstützen will in ihrer frei auf sich gestellten Entwickelung. Denn wir haben sonst die Erscheinung, daß die Menschen, deren Entwickelung nur abhängig bleibt von dem, was äußerlich aus der Sinnenwelt und aus der gewöhnlichen Geschichtswelt kommen kann, für unser Zeitalter nicht älter als 27 Jahre würden – und wenn sie hundert Jahre alt werden in Wirklichkeit. Das heißt, dasjenige, was sie in ihrer innerlichen Verfassung an Ideen, Empfindungen, an Idealen äußern könnten, das würde immer den Charakter tragen von dem, was dem menschlichen Lebensalter bis zum 27. Jahre entspricht.

Ich habe mich mit den mannigfaltigsten Persönlichkeiten unseres Zeitalters befaßt, solchen Persönlichkeiten, die eingreifen in die verschiedenen Kulturzweige unserer Zeit, in das öffentliche Leben. Gerade diesen Teil des Studiums habe ich mir wahrhaftig nicht leicht gemacht. Ich habe versucht zu finden, worin denn eigentlich die eine oder andere Erscheinung, die uns heute so fragwürdig im Leben entgegentritt, besteht. Und es hat sich ergeben, daß vieles von dem, was uns jetzt entgegentritt, darauf beruht, daß Menschen in der Öffentlichkeit wirken, so wirken, wie ich es Ihnen in vorangegangenen Betrachtungen geschildert habe, deren Grundstimmung in ihren Ideen, in dem, was sie von sich geben können, und wenn sie noch so alt sind, nur bis zum 27. Jahre geht. Wahrhaftig, was ich jetzt sagen will, sage ich nicht aus irgendeiner Stimmung heraus, nicht aus irgendeiner Animosität heraus, denn die Studien, die dem zugrunde liegen, die gehen weit in die Zeit vor diesem Kriege zurück, wie ich sogar aus den Zyklen nachweisen kann. Es hat sich mir ergeben, daß eine charakteristische Persönlichkeit, von der gesagt werden muß, daß sie in ihrer Seelenkonfiguration, in bezug auf dasjenige, was sie der Seele nach ist, nicht älter als 27 Jahre geworden ist, aber natürlich

Jahre zugelegt hat und nun im öffentlichen Leben geradezu als eine typische repräsentative Persönlichkeit wirkt – es sind auch viele andere, von denen wir nicht sprechen wollen, nehmen wir ein ferneres Beispiel –, eine charakteristische Persönlichkeit, von der gerade viel in dieser unserer Zeit ausgegangen ist, der Präsident der Nordamerikanischen Union, Woodrow Wilson ist, ich habe mir viele Mühe gegeben, die Seelenverfassung dieses Mannes zu studieren. Er ist ein repräsentativer Mensch für diejenigen, die nichts zugelegt haben durch die Entwickelung der frei auf sich gestellten, unabhängigen Seele, repräsentativ für diejenigen Menschen, die nicht älter werden in unserem Zeitalter, als das Alter der allgemeinen Menschheit ist: 27 Jahre. Es ist im Grunde genommen unwahr, wenn sie 30, 40, 50 Jahre und so weiter zählen, denn sie sind in Wirklichkeit in bezug auf das Fortschreiten ihrer Seele nicht älter als 27 Jahre. Und ich glaube, es ist wahr, was ein Freund unserer Bewegung mir sagte, nachdem er in München gerade diesen Vortrag, den ich jetzt hier halte, angehört hatte: daß ihm, der viel, viel gedacht und gelitten hat über mancherlei Erscheinungen der Gegenwart, diese Aufklärung über die Eigentümlichkeit der Gegenwart geradezu ein Lichtstrahl war, um viele Erscheinungen zu begreifen. Die Abstraktheit der Ideale, eine Jugendeigenschaft der Ideale, das abstrakte Herumreden in Freiheitsideen, indem man der eigenen geistigen Wollust dient und glaubt, eine Weltmission zu haben – so recht charakteristisch für Woodrow Wilson! Es erklärt sich aus dieser Tatsache das Unpraktische der Ideen, das heißt, die Unmöglichkeit solche Ideen zu haben, die schöpferisch sind, so daß sie fortrinnen in der Wirklichkeit als schaffend und schöpferisch, sondern die einzige Möglichkeit, solche Ideen zu fassen, die den Leuten gefallen, die einleuchten der allgemeinen Menschheit, die eben Ideen unter 27 Jahren haben will. Das ist wiederum ein Charakteristikon desjenigen, was Woodrow Wilson in die Welt gesetzt hat; denn seine

Ideen sind so unpraktisch gewesen, daß er zum Beispiel durch die Welt laufen ließ die Idee des Friedens, und entsprungen ist aus dieser Idee des Friedens – der Krieg für sein eigenes Land; Dinge, welche tief zusammenhängen, aber ihre Begründung in solchen Tatsachen haben, wie ich sie Ihnen eben angedeutet habe.

Ja, die tiefgehenden Entwickelungswahrheiten sind nicht angenehm zu hören. Daher kommt es wohl auch, daß diese tiefgehenden Entwickelungswahrheiten, die aus den Quellen der Geistesforschung geholt werden, in der Gegenwart so wenig geliebt werden. Zwar nicht im Oberbewußtsein, aber im Unterbewußtsein verspüren die Menschen, daß diese Ideen zuweilen nichts Angenehmes sind. Sie fürchten sich davor. Es ist eine unbewußte Furcht, eine unterbewußte Furcht, die aber so sicher wirkt, daß sie gerade die Idee nicht ins Oberbewußtsein heraufkommen läßt, dafür aber den Haß, die Antipathie gegenüber diesen Dingen, die sich dann geltend macht. Was heute der Geisteswissenschaft die Antipathie zuträgt, das ist dieser unterbewußte Haß, aber vor allen Dingen diese unterbewußte Furcht vor Ideen, welche allerdings nicht so leicht im Leben, sagen wir, verdaut werden können, wie die sogenannte große Idee, die man heute liebt: Der beste Mann am rechten Platz und so weiter. – Das Leben in die Zukunft hinein braucht konkrete Ideen, konkrete Ideale, es braucht solche Ideen und solche Ideale, welche mit der Wirklichkeit einen Bund eingehen können – ich habe das von den verschiedensten Gesichtspunkten aus erwähnt –, sie müssen aber geholt sein aus wirklicher Erkenntnis der Entwickelungs- und Daseinsbedingungen der Menschheit. Es kann nicht Heil in diese Menschheitsentwickelung hineinkommen, solange man sich nicht dazu bequemen wird, dasjenige, was man Idealismus nennt, auf solche konkrete Geistesforschung zu begründen. Aus der Willkür heraus lassen sich heute keine Ideale aufstellen, die wirklichkeitsbefreundet sind, die in die Wirklichkeit hineinpassen.

Stellen Sie sich nur einmal vor, wie es im sechsten Zeitraum sein wird, in dem Zeitraum, der den unsrigen ablöst, und wie es sein würde, wenn dasjenige, was aus den Quellen der geistigen Welt geholt werden kann, sich nicht verbinden würde mit der unabhängigen, auf sich selbst in Freiheit gestellten Menschenseele. Dann wird die Menschheitsentwickelung eingetreten sein in ein Lebensalter, das dem individuellen Lebensalter vom 21. bis zum 14. Jahre entspricht. Dann wird man 30, 40, 50 Jahre alt sein können, wenn dann nicht die individuelle Entwickelung angefacht worden ist, und eine Lebensreife haben können von 17, 16, 15 Jahren. Es ist auch wiederum das Große an der menschheitlichen Entwickelung, daß, je weiter die Erde vorrückt, desto mehr der Fortschritt der Menschheit in des Menschen eigene Hand gegeben ist. Aber wenn das nicht berücksichtigt wird, daß des Menschen Fortschritt in des Menschen eigene Hand gegeben wird, was folgt? Die epidemische Dementia praecox! Daraus aber ersehen Sie, daß es notwendig ist, in die Untergründe des Erdendaseins hineinzuschauen, bewußt zu werden über dasjenige, was der Menschheit droht. Es wird heute viel und nicht hoch genug einzuschätzender Mut in äußeren Taten erlebt; was aber der Menschheit im weiteren Fortgang der Entwickelung notwendig wird, das ist Mut der Seele, jener Mut, der sich entgegenzustellen vermag den Wahrheiten, die zuerst nicht angenehm, nicht bequem erscheinen, wenn man die Bequemlichkeit, die Annehmlichkeit des Lebens allein liebt und wenn man danach strebt, nur dasjenige aus der Erkenntnis zu vernehmen, das einen, wie man so sagt, «erhebt». Denn dann verlangt man angenehme Wahrheiten. Und das ist ja vielleicht sogar etwas, was sehr, sehr weit verbreitet ist in der Gegenwart. Sobald jemand spricht von nicht angenehmen, obzwar notwendigen Wahrheiten, liebt man ihn nicht, denn man findet, er malträtiert einen, er erhebt einen nicht. Aber höher steht eben das Wahre der Erkenntnis als jene

[handschriftliche Notiz am Rand: Notwendigkeit für weitere Entwicklung]

Worte, die wie Butter vom Munde rinnen und die daher auch wie ein Labetrank mit nach Hause genommen werden können. Höher steht diejenige Befriedigung, die wir aus der Erkenntnis schöpfen, die sich stützen will auf das Leben in der Wahrheit und in der Notwendigkeit und nicht auf das Leben in der leichten Bequemlichkeit.

Das sind die Dinge, die ich zum Verständnis unserer Zeit heute sagen wollte.

Die Notwendigkeit neuer
und beweglicher Begriffe.
Kosmischer und natürlicher Geist

Berlin, 5. Juni 1917

Ich habe das letzte Mal hier begonnen Betrachtungen anzustellen über den Verlauf der Menschheitsentwickelung in der nachatlantischen Zeit, die uns gewissermaßen ein Schlüssel sein können zu dem Verständnisse der unmittelbaren Gegenwart, jener unmittelbaren Gegenwart, in der allerdings sehr viel Rätselhaftes sich befinden muß für denjenigen, der nicht den Versuch macht, mit Begriffen, mit Ideen, mit Vorstellungen diese Gegenwart zu verstehen, die nicht aus dem Vorstellungsquell und Vorstellungsbereiche unseres materialistisch denkenden Zeitalters genommen sind. Die Gegenwart braucht neue Begriffe, das dürfte uns ja aus mancherlei Betrachtungen schon hervorgegangen sein. Die alten Begriffe reichen nicht aus, um das kompliziert gewordene Leben zu begreifen. Was ich einmal vor Jahren nacheinander in verschiedenen Vorträgen angeführt habe, das ist, wie ich glaube, mit Bezug auf die Gegenwart von einer großen Bedeutung. Ich sagte damals zu wiederholten Malen an verschiedenen Orten: Wenn wir den Umfang der Begriffe, die wir haben, überschauen, der Begriffe, durch die wir die Wirklichkeit zu verstehen suchen, so sind im Grunde genommen die wertvollsten Begriffe, welche die Menschheit hat, um ein wenig hinter die Kulissen der äußeren Sinneswirklichkeit zu schauen, aus dem vierten nachatlantischen Zeitraum. Der fünfte nachatlantische Zeitraum, der 1413 begonnen hat, hat eigentlich im Grunde genommen neue Begriffe nicht

113

hervorgebracht. Er hat gewiß neue Tatsachen, neue Zusammen-
fassungen von Tatsachen in großartiger, in bewundernswürdiger
Weise hervorgebracht; aber um diese Dinge zu verstehen, wurden
eben die alten Begriffe verwendet. Man versuche an irgendeinem
Beispiel sich das klarzumachen. Dasjenige, was Darwin und
seine Nachfolger versucht haben über den Zusammenhang der
Organismen zusammenzustellen, das wurde durch den Entwick-
kelungsbegriff aufgereiht; aber der Entwickelungsbegriff selber
ist nicht neu. Der Entwickelungsbegriff selbst stammt aus der
vierten nachatlantischen Periode. Und so kann man, wenn man
den Begriff ernst nimmt, das Wesen des Begriffes ernst nimmt,
dies durch alle unsere Auffassungsweisen, unsere Anschauungs-
weisen durchaus nachweisen.

Ein gewisser Schritt nach vorwärts ist im Grunde genommen
nur gemacht worden, als Goethe die alten Begriffe flüssig machte,
als er dadurch etwas ganz Neues brachte, das heute noch immer
nicht gewürdigt ist, daß er auf den Begriff selber die Metamorphose, die Verwandlungsfähigkeit anwendete, so daß für ihn der
Begriff des Blattes in seiner Verwandlung zugleich der Begriff der
Blüte, der Frucht und so weiter werden konnte. Dieses Beweglich-Machen des Begriffes, Beweglich-Machen der Vorstellung,
so daß man dieselbe Vorstellung in der Seele abändert und mit
ihr die mannigfaltigen Erscheinungen der Natur, die ja auch in
sich beweglich sind, mit einem in sich beweglichen Begriff, einer
in sich beweglichen Idee verfolgen kann, das ist in gewisser Beziehung etwas Neues, und das ist dasjenige, was ich vor vielen
Jahren genannt habe die Zentralentdeckung Goethes. Es ist etwas
wirklich Neues. Aber sie hat eine Fortsetzung erst gefunden in
dem, was wir hier die Geisteswissenschaft nennen, und erst diese
Geisteswissenschaft kann der Menschheit wiederum neue Vorstellungen, neue Begriffe bringen, durch die es möglich wird, in
die Wirklichkeit ein- und in sie unterzutauchen.

Vor allen Dingen muß der Begriff des Geschichtlichen selbst erweitert werden, und wir haben ja in den letzten Betrachtungen immer schon, ich möchte sagen, die Sache so gemacht, daß wir mit einem eigentlich erweiterten geschichtlichen Begriff gearbeitet haben. Wir haben den geschichtlichen Begriff so erweitert, daß wir uns vor allen Dingen bekannt gemacht haben, wie das Seelenleben des Menschen in der Tat, wenn wir gar nicht weit zurückgehen in den Jahrhunderten, durch und durch verschieden war in seiner Gesamtverfassung, in seiner Gesamtstimmung, von dem Seelenleben, wie es heute nach den Notwendigkeiten der menschlichen Entwickelung sein muß. Ich habe aufmerksam gemacht das letzte Mal, daß die Menschen der ersten Kulturperiode, die Menschen der urindischen Kultur, bis zu einem Lebensalter entwickelungsfähig geblieben sind, das man begrenzen kann als vom 56. bis 48. Lebensjahr. Ich habe das dadurch zu veranschaulichen versucht, daß ich sagte: So wie heute nur das Kind und der junge Mensch in seinem seelisch-geistigen Leben einen Parallelismus zeigen mit dem physisch-leiblichen Leben, so war es in jener alten Kulturepoche der Menschheit bis in die fünfziger Jahre hinein. Heute merkt der Mensch nichts mehr aus seinem Körper heraus, wenn er das 30. Lebensjahr überschreitet. Er merkt nur aus seinem Körper Seelisches heraus, wenn er von der Kindheit auf in den Muskeln erstarkt, in den Nerven verschiedene Formationen durchmacht. Er merkt dann, wie mit dem Erstarken der Muskeln, mit der Veränderung der Formation der Nerven, mit der Umwandlung des Blutes im Organismus, wie da die seelisch-geistigen Erscheinungen mit diesen Veränderungen im physischen Organismus parallel gehen. Dann aber hört diese Abhängigkeit des Geistig-Seelischen von dem phyischen Organismus auf. Sie blieb aber vorhanden in jener alten Zeit, von der wir nun einige Worte zu sagen haben.

Gewiß nahm auch dazumal zunächst der Mensch wahr, von

der Kindheit aufsteigend, in einem mehr oder weniger deutlichen Bewußtsein – auch heute geschieht das in einem mehr oder weniger deutlichen Bewußtsein nur –, wie er erstarkte körperlich und wie damit der Wille anders wird, wie das Fühlen anders wird, wie auch das Vorstellen anders wird. Er merkte also die Abhängigkeit in der Kindheit und im Jugendalter von dem Wachsen, dem Blühen, dem Gedeihen, von dem aufsteigenden Leben in seinem Organismus. Dann kam die Zeit der Lebensmitte, die in den dreißiger Jahren liegt; das 35. Jahr ist ja die Zeit der Lebensmitte. Heute weiß sich der Mensch nicht in derselben Weise abhängig von seiner Lebensmitte, wie er sich abhängig weiß vom 12. bis zum 16. Jahr von der Geschlechtsreife zum Beispiel. Dazumal aber wußte sich der Mensch davon abhängig, daß er gewissermaßen in sich verspürte: Vorher stieg das Leben hinauf, es nahm zu, es kam in einen Höhepunkt; von diesem Höhepunkt steigt es wieder hinab, man wächst nicht mehr weiter, man wird nicht mehr größer, man hat im wesentlichen auch seine Nervenformation abgeschlossen, man beginnt so zu bleiben, wie man ist. Ja, hatte man feinere Empfindungen dafür, so konnte man auch spüren, wie eben das Leben verholzt, abwärts geht, wie gewissermaßen eine Verknöcherung beginnt, wie der Mensch anfängt – wenn wir den Ausdruck gebrauchen dürfen –, sich zu vermineralisieren. Dann kamen die vierziger Jahre mit dem Leben, das entschieden abzusteigen beginnt, wo man fühlt: Das Leben im Leibesorganismus geht zurück. Dafür aber hatte man in jener Zeit dasjenige, was heute der Mensch nicht mehr haben kann; man hatte das seelische Erlebnis in seiner Abhängigkeit vom Zurückgehen des physischen Leibeserlebnisses. Da machte der Mensch in jenen alten Zeiten gewissermaßen drei Stadien durch; heute macht der Mensch höchstens ein Stadium durch. Wodurch drückte sich das denn aus, was er da durchmachte in drei Stadien? Nun, sehen wir einmal ganz deutlich hin auf die Abhängigkeit von dem Wachsen, Blühen und Gedeihen im aufsteigenden Leben, und setzen wir zunächst voraus, daß der Mensch wirklich in sich gesund fühlte – was heute auch schon die wenigsten Menschen tun –, wirklich fühlte dieses gesunde, aufsteigende, wachsende und gedeihende Leben, fühlte, wie dieses aufsteigende, wachsende und gedeihende Leben geistgetragen ist. Denn die bloß physischen Substanzen, die man etwa durch die Nahrung zu sich nimmt, die wachsen ja nicht. Dasjenige, was das Wachsen, was das Zunehmen, was die aufwärtsgehende Entwickelung bewirkt, das ist das Geistige der Kräfte, das da zugrunde liegt. Man konnte hinblicken auf seinen Menschen-Ursprung, konnte sagen: Ich bin hervorgegangen aus den Vererbungssubstanzen, ich habe da meinen Ursprung als leiblicher Mensch genommen, das Geistige hat sich mit dem Leibe vereint, und es trägt mich aufwärts. – In diesem gesunden Abhängigsein des Geistig-Seelischen von dem Leiblichen, in diesem Fühlen des Drinnensteckens des Geistig-Seelischen in dem Leiblichen empfand man in der damaligen Zeit das Wirken des Gottes, und zwar des Vater-Gottes in sich. Denn man sagte sich: Ich bin in die Welt hereinversetzt mit der Kraft des Aufsteigens, mit der Kraft des Gedeihens. – Und ist man nicht gedanken- und gefühllos gegenüber dem, was da in einem aufsteigt, dann empfindet man im Seelischen das Wachsen, das Gedeihen selbst, als das Wirken des Vater-Gottes in einem. Man fühlt sich verbunden mit der Natur. So wie die Pflanzen und Tiere wachsen und gedeihen, so wächst und gedeiht man selber; man fühlt sich mit dem natürlichen Dasein verwandt, und man fühlt in sich den Vater-Gott. Dasjenige, was ich auseinandergesetzt habe als heute in gewissen Begegnungen auftretend, das fühlte man in jenen alten Zeiten einfach im normalen Leben in der Weise, wie ich es jetzt dargestellt habe.

Und nun begann die Periode im individuellen Leben, wo die

Lebensmitte überschritten wurde, wo man von dem wachsenden, zunehmenden, gedeihenden Leben durch die Kulmination, durch den Höhepunkt, überging zu dem Herabsteigenden. So wie nun das wachsende, gedeihende Leben dem Geistig-Seelischen, das sich davon abhängig weiß, wenn alles gesund wirkt im Menschen, die Empfindung beibringt des Ex deo nascimur, aus dem Gotte bin ich geboren, aus dem Gotte habe ich meinen Ursprung genommen, der mich weiter wachsen und gedeihen läßt, so bringt dieses Hinüberschreiten über die Kulmination, dieses Übersteigen des Höhepunktes das hervor, daß der Mensch, wenn er so empfindet, wie in jenen alten Zeiten empfunden wurde, im gewöhnlichen Wachleben das Gedeihen noch spürte, zum Teil auch noch, weil er sich an das frühere Abhängigsein des Geistig-Seelischen vom Physisch-Leiblichen erinnerte und weil er dasselbe Wachsen und Gedeihen draußen in der Natur verfolgen konnte. Aber wenn er in dem dämmernden Zustande war in jenen alten Zeiten, wo noch <u>Atavismus</u> vorhanden war, dann wirkte das absteigende Leben – dieses absteigende Leben läßt man ja eigentlich zurück, mit dem Astralleib und Ich ist man heraus, aber sie haben Verbindung mit dem physischen Leibe; in Abhängigkeit ist man insbesondere von seinen abnehmenden Kräften, wenn man schläft –, da nahmen denn die Leute im absteigenden Leben das Göttlich-Geistige im natürlichen Dasein wahr. Im absteigenden Leben, das ihr namentlich im Traum, im Schlafe und im alten atavistischen Hellsehen erscheint, wo das Physische zurückgeht, sich zu sklerotisieren beginnt, da beginnt die Seele sich einzuleben ins Geistige, das in der ganzen kosmischen Umgebung ist.

Denken Sie, was das für ein Erlebnis ist: Man fühlt den Übergang. Geist- oder gottbeseelte Natur wechselt ab mit Wahrnehmung des Geistes aus dem Kosmos, und man weiß: Das eine ist aufschwebend, das andere ist herabsteigend. Die Vereinigung des kosmischen Geistes mit dem natürlichen Geiste, das wurde ein unmittelbares Erlebnis. Man wußte: In der irdischen Umgebung ist der kosmische Geist, hier auf der Erde ist der natürliche Geist, aber die beiden haben eine Verbindung, sie wogen ineinander; und indem der Mensch lebt, geht er von dem einen zu dem anderen über. Indem er vom wachsenden Leben ausgeht, den Kulminationspunkt überschreitet, wird er durchwogt von dem kosmischen Geiste, der später als Christus gefunden worden ist.

Wurden dann die Menschen älter, über die vierziger Jahre hinaus – weil sie bis dahin sich abhängig wußten in ihrem seelisch-geistigen Leben von dem abnehmenden körperlichen Leben, besonders in den träumenden, schlafdurchsetzten oder Dämmerzuständen –, dann wurden die Leute gewahr den Geist als solchen, der jetzt nicht an die Materie gebunden ist, sondern als Geist lebt. Sie nahmen wirklich den Geist von den vierziger Jahren an wahr, den Geist, der nun nicht an die Natur gebunden ist, den Heiligen Geist. So daß, wenn wir in jene alten Zeiten zurückgehen, wir bei diesen Menschen eine unmittelbare Wahrnehmung durch das Leben hindurch des Vater-Gottes finden, des Christus-Gottes, der noch nicht zum irdischen Dasein heruntergestiegen war, und des Heiligen Geistes. Auf diese unmittelbare Lebenserfahrung hin ist es gebaut, daß in alten religiösen Traditionen die göttliche Trinität auftritt, daß Sie überall, wo Sie suchen, diese göttliche Trinität, Brahma, Vishnu, Shiva, finden. Die alten Traditionen sind eben durchaus auf die wirkliche menschliche Erfahrung gebaut. Wollte man nur eingehen auf dasjenige, auf was ja eingegangen werden muß in der Geisteswissenschaft, auf die Art, wie die eine Wahrheit die andere trägt, dann würde man schon dazu kommen, Geisteswissenschaft als etwas sich in sich selbst ganz Tragendes zu erkennen. Das sollte immer mehr und mehr durchschaut werden; sonst kommt es ja wirklich dahin, was vor kurzer Zeit ein Außenstehender zu einem Mitgliede gesagt hat: Ja, dasjenige, was da

[Randnotiz: Erfahrung der göttl. Trinität]

vorgetragen wird als Geisteswissenschaft, ist sehr schön, aber es hat keinen Boden, es steht ohne Boden da. – Der Ausspruch ist geradeso gescheit, ich könnte auch sagen, ist geradeso dumm, wie wenn jemand in dem Augenblick, als Kopernikus festsetzen mußte, daß die Erde um die Sonne herumgeht, also nicht auf einem Boden aufsitzt, gesagt hätte: Ja, es fehlt ja der Erde der Boden! Wie ist das mit den Planeten und Gestirnen, die müssen doch irgendwo aufsitzen! – Sie tragen sich eben dort physisch selber. Und Geisteswissenschaft ist ein Gefüge, von dem man eben nur wissen, einsehen, verstehen muß, daß die einzelnen Glieder sich selber tragen.

Dann kam die urpersische Epoche, wo die Menschen in der Art, wie ich es dargestellt habe, entwickelungsfähig blieben bis in die vierziger Jahre, vom 48. bis 42. Jahre. Sie werden jetzt erkennen, was da zurückging. Zurück ging insbesondere die Anschauung des Geistes als solchen, aber man konnte ihn noch erkennen. Diejenigen, die das Alter vom 48. bis 42. Jahr erreichten, die konnten den Geist in seiner Reinheit, das heißt den Heiligen Geist, noch erkennen, sie konnten noch etwas wissen davon.

Dann kam aber die chaldäisch-ägyptische Epoche. Das Lebensalter der Menschheit ging zurück bis auf die Jahre vom 42. bis 35. Lebensjahr. Das reine Anschauen des Geistes trübte sich, und nur diejenigen konnten eigentlich am Schlusse dieser ägyptisch-chaldäischen Epoche noch etwas von dem reinen Geiste wissen, die in die Mysterien eingeweiht wurden; denn selbstverständlich, in den Mysterien konnte man das Geheimnis der Trinität überall anschaulich lehren. Aber für das normale Leben ging das Verständnis für den Geist zurück. Dagegen war in dieser dritten nachatlantischen Zeit, in der ägyptisch-chaldäischen Periode, wirklich noch in hohem Maße das Bewußtsein vorhanden: Im Kosmisch-Himmlischen lebt ein Geist, der aufsteigt und abwogt. Das Bewußtsein von dem kosmischen Christus war durchaus noch allgemein. Der Zusammenhang des Menschen mit den Himmeln, könnte man sagen, war im Bewußtsein vorhanden.

Das wurde nun anders, als die vierte nachatlantische Zeit kam, als in der vierten Periode das allgemeine Menschheitsalter herunterging bis zum 35. bis 28. Lebensjahr. In den ältesten Zeiten – 747 vor dem Mysterium von Golgatha begann ja dieses vierte Zeitalter, 1413 schließt es –, in den ältesten Zeiten, da war es noch so, daß, wenn ein Mensch das 35. Lebensjahr im allgemeinen menschlichen Lebensalter erreichte, die imaginative Erkenntnis des Christus-Geistes noch vorhanden war. Aber als das erste Drittel herum war, namentlich als das Griechentum das erste Drittel durchgemacht hatte, als der Beginn unserer Zeitrechnung zu verzeichnen war, da war ungefähr das Alter der Menschheit 33 Jahre. Da machten die Menschen nicht mehr den Kulminationspunkt durch, da machten sie nur noch durch das Abhängigsein – allerdings klarer als später im fünften Zeitraum –, das Abhängigsein von dem blühenden, aufsteigenden, gedeihenden Leben. Den Vater-Gott machten sie durchaus mit in ihrem Bewußtsein; der kosmische Christus verschwand allmählich aus dem Bewußtsein. Und da kam denn dasjenige, was als Ersatz dafür zu bezeichnen ist, da kam, als die Menschheit gerade dieses 33. Lebensjahr überschritt, der kosmische Christus in den Leib des Jesus von Nazareth auf die Erde nieder, um auf der Erde seine Kraft auszubreiten und von einer anderen Seite her dasjenige den Menschen zu geben, was sie früher durch die unmittelbare menschliche Erfahrung in der Abhängigkeit des Geistig-Seelischen von dem Leiblich-Physischen hatten. Das ist die große Bedeutung des Mysteriums von Golgatha. Das erklärt auch die Bedeutung jener Verheißung, die man die Verheißung des Heiligen Geistes nennt. Es mußte nun die Zeit beginnen, in der der Heilige Geist durch den von Christus angefachten Impuls von innen heraus, ohne die normale menschliche Erfahrung erreicht werden muß.

Sie sehen, wie der Zusammenhang mit den geistigen Welten, rein durch die physische Organisation des Menschen im Zusammenhang mit der seelischen Organisation, sich ändert, wie allmählich dasjenige, was im Bewußtsein des Menschen durch seine normale Entwickelung war, entschwand.

Dann kam der fünfte nachatlantische Zeitraum. Das allgemeine Menschheitsalter ging bis zum 28. Jahre zurück, und es wird während des fünften Zeitraumes bis zum 21. Jahre zurückgehen. Jetzt leben wir, wie ich das letzte Mal ausgeführt habe, im allgemein-menschheitlichen Lebensalter von ungefähr 27 Jahren. Daher, das muß immer wieder betont werden, ist es jetzt notwendig, daß im Innern der Seele etwas angefacht wird an Kräften, die nicht mehr dadurch kommen, daß Kräfte des Leibes in die Seele einschießen können, sondern daß selbständig auf die Seele gebaute spirituelle Impulse in der Seele sich festlegen können, die die Seele in dieser Selbständigkeit, nicht mehr abhängig vom Leibe, vorwärts bringen. Aber nur bis gegen das 30. Jahr hin, solange der Mensch noch irgend etwas von Wachsen und Aufsprießen, wenn es auch nur das Wachsen der Muskeln noch ist, in sich hat, fühlt er bei gesundem Leben, bei gesundem Empfinden, bei gesundem Erleben, die Abhängigkeit vom Gott-Vater. Es muß also, wie Sie leicht einsehen können, mit dem Fortschreiten des fünften nachatlantischen Zeitraumes das eintreten, daß auch das gesunde Empfinden für das in dem eigenen Wachstum lebende Göttlich-Geistige allmählich zurückgeht. Das war noch rege, absolut rege im vierten nachatlantischen Zeitraum. Davon war auch in hohem Grade noch etwas vorhanden im fünfzehnten Jahrhundert. Heute fehlt der Menschheit schon ein Jahr bis zum Lebensalter, das vom 35. bis 28. Jahr dauert und die Lebensmitte darstellt. Und in diesem Fehlen eines Jahres liegt es, daß die Menschheit heute für den Materialismus und den Atheismus natürlich organisiert ist. Der Atheismus wird sich durch die Organisation der Menschen ausbreiten, und wenn das Gegengewicht, das spirituelle Gegengewicht, durch die Entwickelung eines rein seelischen Impulses, die unabhängig vom Leibe vor sich geht, nicht geschaffen wird, wird sich der Atheismus ausbreiten, weil sich der Mensch nicht mehr als Vollmensch gesund erleben kann; es wird ihm etwas entzogen von dem Miterleben des wachsenden, blühenden, gedeihenden Lebens. Deshalb konnte ich sagen: Atheist kann man eigentlich nur sein – vor einiger Zeit habe ich es hier gesagt –, wenn man nicht in voller Gesundheit den Zusammenhang des Seelisch-Geistigen mit dem Leiblich-Physischen im ganzen aufsteigenden Leben empfindet. Atheismus ist eigentlich für die Geisteswissenschaft eine Krankheit, aber diese Krankheit ist in der Menschheit dem rein natürlichen Dasein nach im Zunehmen begriffen. Immer mehr und mehr wird fehlen von jener Unterstützung des Fassungsvermögens für die gesamte Wirklichkeit, die der Mensch durch seine Organisation hat.

Den Christus zu leugnen oder nicht zu erkennen, bezeichnete ich als ein Schicksalsunglück, weil der Christus gnadenvoll von außen an den Menschen herankommen muß. Und den Geist nicht zu erkennen, bezeichnete ich als eine Seelenblindheit. Diese Unterscheidung muß man schon haben. Eine Krankheit – natürlich den Begriff der Krankheit im umfassendsten Sinn gemeint – ist der Atheismus. Ein Schicksalsunglück ist die Leugnung oder Verkennung des Christus. Eine Seelenblindheit ist die Leugnung oder Verkennung des Geistes. Sie sehen schon hier, man muß schon einen völlig neuen Begriff von der Entwickelung haben, wenn man die Entwickelung des Menschengeschlechtes richtig verstehen will. Denn der Begriff von Entwickelung, wie er im Darwinismus herrscht, ist furchtbar abstrakt, und in dem Augenblick, wo die ganz grobe Wirklichkeit dem Darwinismus nicht mehr zur Verfügung steht, da weiß der Darwinismus eigentlich mit dem Entwickelungsbegriff nicht mehr viel anzufangen. Denn die Entwickelung hat einen aufsteigenden und absteigenden Ast, wie wir gesehen haben, während wir heute so leicht im Sinne des Materialismus denken: Nun, Entwickelung ist Ausgangspunkt von einer Form des Daseins, die nächste Form wird erreicht, die nächste und so weiter, und man glaubt, das schreitet so immer zum Vollkommeneren weiter.

Die Entwickelung der Menschen in der nachatlantischen Zeit ist so, daß allerdings die Unabhängigkeit des Seelisch-Geistigen von dem Körperlichen immer größer und größer wird; aber auf den früheren Entwickelungsstufen schießt aus dem Körperlichen herauf in das Seelisch-Geistige das Begreifen des Vaters, des Sohnes und des Heiligen Geistes. Das Begreifen des Geistes nimmt zuerst ab, das Begreifen des Sohnes schwindet dann, und jetzt stehen wir auf dem Weg, wo das Begreifen des Vater-Gottes schwinden wird für das äußere normale Leben, das gefühlsmäßige Begreifen! Denn ich sagte ja: Es ist ein mehr oder weniger deutliches Bewußtsein vorhanden von diesem Zusammenhang des Seelisch-Geistigen mit dem Körperlich-Physischen.

Aber das hängt noch mit etwas anderem zusammen. Denken Sie, daß die körperliche Organisation überhaupt immer weniger und weniger hergibt, daß der Mensch, wenn er dem Geiste nahekommen will, zu Wegen greifen muß, auf denen ihn die körperliche Organisation nicht unterstützt. Daher kommt es, daß für denjenigen, der die Dinge beobachten kann, ein deutliches Zurückgehen in dem Umfang der Vorstellungen überhaupt stattfindet. Die Vorstellungen, die dem Menschen in alten Zeiten zur Verfügung standen, ich möchte sagen, die kochte sein Leib aus, indem er aus sich heraus das Geistige hergab, das ja in allem Materiellen steckt. Aber jetzt kocht der Leib immer weniger und weniger Vorstellungen und Begriffe aus, so daß – wenn man es radikal ausdrücken will – immer mehr und mehr die Zeit eintreten muß, wo der Mensch sein Hirn zermartern wird oder, wenn er zu bequem ist, es auch nicht zermartern wird –, aber er findet nicht Begriffe, weil sie das Gehirn nicht von selbst hergibt. Er muß sich an die Geisteswissenschaft wenden, welche ihm Begriffe gibt, die nur mit dem Ätherleib, nicht mehr mit dem physischen Leib verstanden werden können, bewegliche Begriffe, nicht jene starren, toten Begriffe, die der physische Leib hergibt. So daß die natürliche Entwickelung des Menschen dahin geht, daß er immer ärmer wird an Begriffen, daß ihn diese natürliche Organisation hindert, in die Wirklichkeit unterzutauchen, wenn er nicht die Wege des geistigen Erkennens wählen will.

Das führt auch hinein in das Verständnis der Gegenwart, das führt zum Verständnis dessen, was wirklich gesagt werden muß, ohne daß irgendwie dabei Kritik ausgeübt werden soll, nur eine Kennzeichnung soll es sein, daß die Menschheit immer stumpf-sinniger und stumpfsinniger wird durch ihr natürliches Dasein, wenn sie nicht geistige Erkenntniswege wählt. Solchen Dingen muß man sich mit vollem Ernste gegenüberstellen. Das vermine-ralisierte Gehirn – und es wird immer mehr und mehr verminera-lisieren –, das wird stumpf und kann nicht mehr Begriffe bilden, die in die Wirklichkeit wirklich untertauchen können. Nur der-jenige, der sich keine Mühe gibt, hineinzuschauen in das Getriebe der Gegenwart, und der nicht das Bedürfnis hat zu verstehen, was eigentlich in der Gegenwart ist, der kann an diesen Dingen vorbeigehen. Aber es ist wirklich dringend notwendig, daß man versucht, dieses recht zu verstehen.

Und es ist merkwürdig, was einem da für Erscheinungen entge-gentreten. Man muß nur die Zeit nicht verschlafen! Die meisten Menschen verschlafen jetzt die Zeit, indem sie das, was eigentlich die wirksamen Impulse sind, nicht sehen, sondern nur die Äußer-lichkeiten desjenigen, was vorgeht. Man muß nur achten auf das-jenige, was vorgeht, dann wird man schon darauf kommen, daß in der Gegenwart unendlich viel Rätselvolles ist. Um es zu verstehen, braucht man die Begriffe, die aus der Geisteswissenschaft kommen, sonst fühlt man sich eben hilflos; denn irgendwo müssen ja diese Begriffe herkommen. Nehmen Sie ein Beispiel. Es ist immerhin kein schlechtes Beispiel, das ich hier anführen will. Ein strebender Mensch sucht seit Jahrzehnten in Österreich etwas zu entfachen, was er eine kulturpolitische Bewegung nennt. Scheu heißt der Mann. Was versucht er? Er charakterisiert die hier öfter schon charakterisierten Verhältnisse. Er versucht, die intellektuellen Leute zusammenzufassen, um mit ihnen neue Formen des politischen Lebens zu finden, durch welche dem Geist eine größere Macht über die Geschicke der Völker gesichert werden könnte.

Ein sehr löbliches Beginnen, wenn man es erreichen könnte, daß dem Geiste eine größere Macht über die Geschicke der Völker gesichert werden könnte, indem man die Intellektuellen zusammenfassen würde. Warum hat der Mann in den neunziger Jahren bereits begonnen mit diesen Dingen? Er hat begonnen, weil er etwas wie einen dunklen Trieb hatte, daß es so, wie es ging, nicht weitergehen könne, daß da etwas zu fehlen, etwas zu mangeln beginne, das man hereinbringen müsse in die Menschheit. Er hat selbstverständlich bis jetzt nicht dasjenige finden können, was nötig ist, in die Menschheit hereinzubringen, denn Geisteswissenschaft ist ja selbstverständlich für solche Leute, auch wenn sie schon mehr oder weniger deutlich fühlen, was mangelt, eine Phantasterei, abergläubische Hinterwäldlerei. Dazu sind sie zu gescheit, darauf wollen sie sich nicht einlassen, nicht wahr. Nun, er fühlt eigentlich recht deutlich, was in der Gegenwart mangelt, und er drückt es so aus:

«Ich will meinen Grundgedanken hier wiederholen. In der Erkenntnis, im Gedanklichen ist unsere Zeit unserer Zeit weit voraus.»

Ein merkwürdiger Satz. Was wollte denn der Mann? Daß die Gedanken etwa stumpf geworden sind, das drückt er nicht aus, sondern er weiß nur: Die heutigen Intellektuellen – abstrakte Gedanken können sie wunderbar bilden! Alles geht bei ihnen wie am Schnürchen, sie sind überzeugt, weil sie alles so klar wissen können. Also:

«In der Erkenntnis, im Gedanklichen ist unsere Zeit unserer Zeit weit voraus.»

Das heißt: Die Leute können gut denken, aber die Gedanken sind von solcher Art, wie ich es dargestellt habe. «Unsere Zeit ist weit hinter unserer Zeit zurück.» Derselbe Gedanke, nur in anderer Form.

«Als Erkennende, als Wissende sind wir überreif und bis ins Unerlaubte verfeinert.»

Das sind wir auch, wir Menschen der Gegenwart. Man braucht ja nur in der Literatur oder sonst im Leben Umschau zu halten. Denken Sie doch, was die Leute für feine Gedanken ausdenken! Nur sind diese Gedanken nicht geeignet, die Wirklichkeit zu ergreifen, unterzutauchen in die Wirklichkeit. Also:

«Als Erkennende, als Wissende sind wir überreif und bis ins Unerlaubte verfeinert und erleuchtet; im realen Leben herrscht noch das Mittelalter. Die Ursache liegt darin, daß der Hochofen, worin die Gedanken in Realität umgeschmolzen werden sollen, nicht funktioniert.»

Er drückt die Sache gefühlsmäßig merkwürdig richtig aus. Der Hochofen funktioniert nicht, wodurch die Gedanken, die im Abstrakten, Nebulosen herumirren, nicht so innerlich durchkraftet werden können, daß sie wirklich mit der Wirklichkeit sich verbinden könnten. Das fühlte er. Und er hat eigentlich etwas getan, was von seinem Gesichtspunkte aus gar nicht schlecht ist. Er sagte sich ungefähr so: An abstrakten Gedanken sind die Menschen überreif; da haben eine Reihe von Leuten den abstrakten Gedanken des Sozialismus, der Sozialdemokratie, den drechseln sie aus. – Man kann ja wirklich sagen, es ist eigentlich mit wunderbarer Logizität durchgeführt gerade im Marxismus dieser abstrakte Gedanke des Sozialdemokratischen; da ist der abstrakte Gedanke des Sozialdemokratischen, da ist der abstrakte Gedanke des Liberalismus durchgeführt. Man kann dann auch kombinierte Gedanken abstrakt durchführen: Nationalliberalismus, sogar Sozialliberalismus. Der abstrakte Gedanke des Konservativismus, er ist da. Nach diesen abstrakten Gedanken, die abstrakt sind – denn der Hochofen fehlt, durch den sie in die Wirklichkeit eingreifen können –, bildet man den Parlamentarismus, das Repräsentativsystem, bildet alle die Ideen des Liberalismus, Sozialliberalismus, der Sozialdemokratie, des Konservativismus, des Nationalismus aus. Robert Scheu versucht einfach mit den Mitteln, die ihm zur Verfügung stehen, an die Stelle dieser Abstraktionen die Wirklichkeit zu setzen, indem er an die Stelle des abstrakten Gedankens die Enquete setzt. Er sagt: Entscheiden sollen über die Sachen diejenigen, die etwas von ihnen verstehen. Nicht wahr, ob einer liberal oder konservativ ist, das macht nicht viel aus, wenn es sich darum handelt, den Petroleumhandel zu organisieren, oder darum, Kunstanstalten einzurichten, denn da handelt es sich darum, daß er von Kunst etwas versteht. Und so hat denn in der Tat Robert Scheu Enqueten auf den verschiedensten Gebieten veranstaltet, um die Leute reden zu lassen, die etwas davon verstehen. Das war ein ganz niedlicher Anfang.

«Was ist dieser Hochofen?» sagt er. «Das Repräsentativsystem und das Parlament. Wo ist die Realität? In der Verwaltung. – Wer hält am Repräsentativsystem fest? Die Parteien. Das sind abstrakte Gebilde mit prinzipiellen Programmen, die widerstreitende reale Interessen in sich zusammenfassen. Die Gegenstände des wirklichen Lebens werden von den Parteien nicht erfaßt, die nur aus deduktivem Denken an die Wirklichkeit herantreten. Sie interessieren sich für die wirklichen Gegenstände des Lebens nur insofern, als sie daraus einen Zuwachs ihrer Macht erwarten.»

Hier fühlt einer sogar einmal, daß dieses Verfeinertsein im Gedanken – wir können auch sagen Stumpfwerden im Gedanken, weil die Gedanken nicht mehr wirklichkeitsverwandt sind –, daß das für das Leben eine unmittelbare Bedeutung hat. Denn an diese Fragen knüpft der Mann die Frage der Weiterentwickelung des öffentlichen Lebens, ob Repräsentativsystem oder etwas anderes, wobei er natürlich nicht an Reaktion von alten Formen denkt, sondern wirklich darüber nachdenkt, wie man aus der Wirklichkeit heraus etwas finden könne, was die Struktur des sozialen Lebens in Ordnung bringen kann. Da hat er manches geschaffen im Laufe der Zeit. Aber jetzt ist es interessant, jetzt hält er wiederum einmal so eine Art Rückschau nach dem, was ihm gelungen ist. Er sagt sich: Was habe ich eigentlich versucht? – Versucht hat er, an die Wirklichkeit heranzudringen, wie man heute mit stumpfen Begriffen sagt: Ich habe an die Stelle der Deduktion die Induktion gesetzt. – Nun, so drückt man es heute mit den stumpfen Begriffen aus. Man kann das überall lesen. Aber befriedigt fühlt sich der Mann nicht, wirklich nicht. Und deshalb sagt er am Schlusse des Aufsatzes, wo er die ganze Geschichte erzählt:

«Ich aber bin zu der Erkenntnis gekommen, daß meine induktive Kulturpolitik doch einer Ergänzung durch ein deduktives Programm bedarf, daß man den Tunnel von zwei Seiten anbohren muß, um den Durchbruch zu erarbeiten. Die dazu nötige Denkarbeit müßte von allen guten Europäern gemeinsam geleistet werden. »

Sie sehen, der Mann geht selbst bis zu dem Bilde, daß man den Tunnel von zwei Seiten anbohren muß, nur kann er nicht an diejenige Quelle heran, wo heute wirklichkeitsverwandte Begriffe zu holen sind. Er bleibt also zunächst stehen, würde wahrscheinlich auch nicht glauben, daß sein sogenannter induktiver Weg durch alle möglichen Enqueten denn doch eben nur die *eine* Anbohrung des Tunnels ist; die andere ist das Aufsuchen der geistigen

Entitäten, wo die Geisteswissenschaft eben die andere Seite der Wirklichkeit enthält.

Die unmittelbare Lebenspraxis fordert dasjenige, was Geisteswissenschaft eigentlich meint. Und es ist nicht irgendein abstruser Gedanke, wenn davon gesprochen wird: Geisteswissenschaft ist dasjenige, was gebraucht wird von dem Leben! – sondern es ist durchaus aus dem Leben heraus, aber aus dem Leben, indem man es erfaßt in dem Moment, wo es in der gegenwärtigen Entwickelungsepoche der Menschheit steht. Denken Sie nur, wie fruchtbar diese Geisteswissenschaft würde, wenn die Menschen jene Binde sich von den Augen nehmen könnten, die sie heute noch so dick vor den Augen haben. Denn das ist in der Tat dasjenige, was von der anderen Seite des Tunnels die Anbohrung braucht. Ohne das wird man trotzdem nur zu Absurditäten kommen. Daß dann im einzelnen allerlei niedliche Sachen passieren, das fällt einem natürlich gleich auf, wenn man in den beweglichen Begriffen der Geisteswissenschaft lebt. Enqueten stellt Robert Scheu an, also über die verschiedenen Lebenszweige läßt er die Leute reden, die etwas davon verstehen. Er führt unter den Dingen, die durch solche Enqueten geändert werden sollen, zum Beispiel auch das Meldewesen an. Denken Sie einmal, wenn jetzt über das Meldewesen durch eine Enquete entschieden werden sollte!

Sie haben hier so recht ein Beispiel, wie die Menschen anfangen zu fühlen, daß etwas fehlt, aber sich nicht entschließen können, zu dem zu gehen, was nun wirklich notwendig ist, um die Sache weiterzuführen. Es ist sehr merkwürdig, was man gerade auf diesem Gebiet für Erfahrungen macht. Es war wirklich von vornherein mein Bestreben, Geisteswissenschaft nicht in jene abstrusen Bahnen zu geleiten, wozu sie ein sektiererischer Sinn geleiten möchte, sondern sie je nach den Bedürfnissen der Menschen einzuleiten in das Leben. Ich versuchte, jedem Menschen, wenn er einen Rat hören wollte, je nach seiner Individualität einen Rat zu geben. Nehmen wir ein Beispiel. Heute ist es ja ungeheuer schwer, ich möchte sagen, bis in die materialistische Lebenspraxis mit einem solchen Rat hineinzugehen. Denn die Fabrikdirektoren werden einem sonderbar kommen, wenn man sagt, daß durch Geisteswissenschaft ihr Betrieb besser betrieben werden könnte als durch ihre sogenannte Praxis. Aber man konnte hoffen, daß es doch an einem Punkte ginge.

Da trat vor Jahren ein Mann an mich heran und sagte, er möchte seine Wissenschaftlichkeit befruchten durch die Geisteswissenschaft. Wir sprachen nun über seine Wissenschaftlichkeit. Er war ein wunderbarer Gelehrter; babylonisch-ägyptische Altertumskunde, das wurde wirklich in hohem Grade von ihm beherrscht. Ich versuchte mit ihm zusammen, wie die Fäden gezogen werden können, wie das, was die Geisteswissenschaft gibt, befruchtend eingreifen kann, nun, wenigstens in diese Wissenschaft, so daß wenigstens ein Stück, möchte ich sagen, eben der Wissenschaft, wie sie heute getrieben wird, befruchtet werden kann. Das, was die Wissenschaft heute geben kann, das wußte er auf seinem Gebiet; Geisteswissenschaft fand er bei uns. Das Babylonische und Ägyptische war auf der einen Seite, die Geisteswissenschaft auf der anderen Seite; beides hatte er, aber den Willen, sie wirklich zu durchdringen gegenseitig, sie zu verbinden: er konnte ihn nicht aufbringen! Wenn man aber diesen Willen nicht entwickelt, so wird man niemals verstehen, was eigentlich mit der Geisteswissenschaft gemeint ist. Man wird immer mehr und mehr dazu neigen, die Geisteswissenschaft zu jener zweifelhaften Mystik zu machen, zu welcher sie die Leute, die zum Leben nicht zu brauchen sind, machen möchten, unter dem Eindruck: Das Leben ist nichts wert, man muß aufsteigen zu einem höheren Leben, man muß aus dieser Welt des sinnlichen Anschauens in die Träumerei aufsteigen, da ergibt sich das Höhere dann. Wozu denn hier ordentlich seine Kinder erziehen, lieber nachdenken, was man früher für Inkarnationen hatte! Das ist das, was einen in die höheren Regionen bringt und so weiter. – Darum handelt es sich nicht, sondern darum handelt es sich, auf dem Gebiete, auf dem man eben steht, Geisteswissenschaft fruchtbar zu machen. Sie kann überall fruchtbar gemacht werden, das Leben fordert sie.

Das ist dasjenige, wofür man, ich möchte sagen, nicht bloß Worte haben möchte, um es heute begreiflich zu machen. Denn Worte sind wirklich schon recht abgebrauchte Verkehrsmünzen geworden. Wer fühlt denn heute eigentlich noch bei den Worten, was in ihnen liegt? Wer fühlt denn so recht sich hinein in die Worte? Fühlen mit den Worten, das ist etwas, was die Menschheit fast ganz verloren hat, wenigstens in dem Teil der Menschheit, dem wir angehören. Denken Sie, wenn heute einer sagt – lassen Sie mich das Beispiel gebrauchen –: Nun, du hast deine Aufgabe ziemlich gut gemacht; wer fühlt dann viel mehr bei diesen Worten als: Du hast deine Aufgabe *fast* gut gemacht. Das ist das, was man heute fühlt. «Ziemlich» ist «fast» gut. Wir sagen das eine statt des anderen. Legen Sie die Hand aufs Herz, ob Sie nicht bei dem Worte «ziemlich gut» das Gefühl haben: «fast gut», und das eine für das andere gebrauchen. Und doch: «ziemlich» ist ein Wort, das derselben Familie angehört, wie «geziemend sein, sich geziemen». Wenn ich etwas ziemlich gut mache, mache ich es so, daß ich es auf die geziemende Art gut bekomme, auf eine leichte Art; ich mache es nicht bloß gut, sondern so, daß mein Tun keine Schwierigkeiten hat, sondern geziemend ist; ich habe es in der Hand. Wer fühlt denn in dem Worte «ziemlich» noch das «geziemend» drinnen? Oder wer fühlt in dem Worte Zweifel, daß darinnen steckt das Zwei, daß man da einer Sache gegenübersteht, die sich zweiteilt? Wer fühlt überhaupt dieses *zw, z-w*? Sie haben aber überall, wo *zw* auftritt, dieselbe Empfindung wie bei Zweifel, wenn sich die Sache zweiteilt. Zwischen – da haben

Sie dasselbe! Zweck, Zweifel, zwar – versuchen Sie, es zu fühlen! In allen Lautzusammenhängen kann Gefühl drinnen liegen. Aber die Worte sind heute eben recht wertlose Scheidemünzen. Deshalb möchte man schon etwas anderes als die Sprache haben, um eindringlich zu machen, was heute nötig ist und was Geisteswissenschaft geben könnte. Diese Sprache, wie sie heute getrieben wird, sie ist so, daß sie noch mehr, als es ohnedies schon der Fall ist durch die natürliche Entwickelung, das Denken abstumpft und in einem Wust von Schreibereien und Druckereien stumpfes Denken zutage tritt.

Man könnte Blut schwitzen, wie es mir heute morgen fast passiert ist, wo ich ein Buch in die Hand nahm, das geben soll die große Bedeutung des Unterschiedes der Ideen von 1789 und 1914, von Dr. Johann Plenge, ordentlicher Professor der Staatswissenschaften an der Universität Münster in Westfalen. Der Mann macht den Anspruch, den großen Gegensatz herauszuschälen aus der neueren Entwickelung, der besteht zwischen den Ideen von 1789 und 1914. Die Idee von 1914 hat er, wie er behauptet, ja eigentlich erfunden. Er hält sich für einen riesig großen Mann. Darauf wollen wir aber jetzt nicht eingehen. Seite 61 des Buches lese ich den Satz – ich will jetzt pedantisch sein, aber diese Pedanterie bedeutet etwas Feineres, und diejenigen, die das fühlen können, die werden es schon fühlen, – also Seite 61 gab mir der Satz eine Ohrfeige – verzeihen Sie den Ausdruck: «Wo man also das eine kennt, muß man das andere suchen. Denken wir uns in die Seele eines Geschichtsschreibers der Zukunft, der dereinst von der Weltkatastrophe von 1914 hört.» – Was soll man sich mit diesem Satz aufbinden lassen? Einen Geschichtsschreiber der Zukunft stellt sich der Mann vor, der plötzlich hört von der Weltkatastrophe von 1914. Also er hat während seiner ganzen Jugend nichts gehört, sondern erst als Geschichtsschreiber der Zukunft hört er plötzlich davon! Man muß wirklich nicht mehr im lebendigen Vorstellen drinnenleben, um solch ein Zeug hinstellen zu können. Dann sucht er von der Bedeutung der Ideen zu sprechen, sucht zu sprechen davon, daß es Ideen in der Geschichte gibt, daß Ideen aufsteigen, Ideen zurückgehen können, und er sucht so hinter den Charakter und die Natur der Ideen zu kommen. Und während er das tut, während er das versucht, da leistet er sich denn an einer Stelle das Folgende: Er versucht zu zeigen, wie bei primitiven Völkerstämmen Ideen so unbewußt aufdämmern, dann bewußter werden. Er sagt: «Ein werdendes Kulturvolk lebt nach dem Vorbild eines vorgestellten veredelten Menschentums. Das schönste Muster einer solchen Ideenbildung ist die Stellung Homers in der Antike.»

Also denken Sie: Die Stellung Homers in der Antike ist das Beispiel einer Ideenbildung! Was ungefähr so viel heißt als: Wenn einer Hofrat ist, so ist das das Beispiel einer Ideenbildung. Es ist unmöglich, sich bei so etwas was zu denken, wenn man mit seinen Gedanken lebendige Vorstellungen verknüpfen will. Wenn man allerdings das gewohnt ist von Jugend auf, so bekommt man wirklich Ohrfeigen bei solchen Sätzen, die nur ein Wortgedrechsel sind. Sie erinnern mich sehr lebhaft an jenen Professor, der ein Kolleg begonnen hat, indem er 25 Fragen aufwarf, einen Professor, der sehr, sehr berühmt geworden ist, einen Literaturprofessor. Ich will nicht sagen, wer es ist, sonst könnten Sie mir nicht einmal glauben. Er stellte 25 Fragen, dann sagte er: Meine Herren! Ich habe Sie in einen Wald von Fragezeichen geführt! – Ich mußte mir vorstellen einen Wald von Fragezeichen hintereinander. Denken Sie nur, was das für ein Denken ist, so seine Gedanken nicht verwirklichen, nicht leben in seinen Gedanken, so mit seinen Gedanken Worte drechseln.

Das lebt sich dann allerdings in merkwürdiger Weise in der Gesinnung eines solchen Menschen aus. Da kommt man auf höchst Merkwürdiges; der Mann sagt: Der ganz richtige Historiker, der sucht eigentlich wie der Astronom die Dinge vorauszuberechnen. Und nun bemüht sich der gute Mann, zu zeigen, wie sich die Wirtschaftsverhältnisse entwickelt haben gegen diese jetzige Kriegskatastrophe zu. Da sagt er: Der wirkliche Historiker kann wie der Astronom solch eine Katastrophe vorausberechnen. – Nun, er hält sich auf der einen Seite für einen wirklich so großen Historiker, der das können müßte, aber er hat es nun nicht gekonnt, trotzdem er viele Bücher geschrieben hat über das wirtschaftliche Leben. Das stört ihn. Deshalb erzählt er, wie er es eigentlich gemacht hat. Wie hat er es gemacht? Er sagt: Nun ja, ich habe gezeigt auf der einen Seite, daß die wirtschaftliche Entwickelung so ist, daß man eigentlich mit allen Mächten und Kräften dem Frieden zustreben müßte; und dann habe ich wieder gezeigt, daß sie aber auch so ist, daß nur der Krieg kommen konnte. – Nun, das ist ja eine unzweifelhafte richtige Prophetie, nicht wahr; das ist, wie wenn ich zwei Röcke habe und sage: Wenn ich nicht den einen anziehe morgen, dann werde ich den andern anziehen. Aber glauben Sie nicht, daß solch eine innere Frivolität in Begriffen nicht Folgen hätte, denn da, wo er nun davon spricht, wie er so geschwankt hat, ob er nun den blauen Rock oder – nein, den Frieden oder den Krieg prophezeien soll, da sagt er – ja, er zitiert sich selber, es ist mit den Zitaten überhaupt eine merkwürdige Sache in diesem Buch –, er sagt: «Aber es ist notwendig, daß die Phantasie mit diesem Kriege spielt.» Nun denken Sie sich diese Gesinnung! Er hielt es eben für notwendig, nicht mit mehr Ernst zu reden, sondern daß die Phantasie mit dem Kriege spielt, in den Jahren, die zu dieser Katastrophe hingeführt haben.

Ich sagte, mit dem Zitieren ist es in diesem Buche eine eigentümliche Sache. Das ganze Buch ist nämlich eine Anlehnung an einen Artikel, der in der Tageszeitung erschienen ist. Dieser Artikel ist ein unschuldiges Ding; da hat sich einfach ein unbekannter Journalist aufgelehnt gegen die Idee von 1914, die Plenge ja «erfunden» hat. Das ist merkwürdig in seiner Buchmacherei. Denn da liest man den Artikel auf der ersten Seite, soweit Plenge ihn bringen will, um daran anzuknüpfen. Dann redet er über den Artikel; dann kommt man auf Seite 21, da zitiert er ihn noch einmal, so daß der Artikel von der Tageszeitung schon zweimal dasteht. Dann redet er weiter. Dann zitiert er einzelne Stücke aus dem Artikel; da liest man ihn also ein drittes Mal. Und am Schlusse, weil er ihn erst dreimal zitiert hat, bringt er ihn noch einmal, so daß man in diesem Buche einen Artikel der Tageszeitung viermal zitiert hat.

Ich muß schon an solchen konkreten Beispielen die Dinge, wie sie liegen, klarmachen, um zeigen zu können, was notwendig ist, und um auch zeigen zu können, wie Geisteswissenschaft wirklich das Instrument ist, das in der Gegenwart einzugreifen hat. Diese Dinge, die scheinbar Kleinigkeiten sind, hängen mit den großen Gesichtspunkten, von denen wir ausgegangen sind, durchaus zusammen. Das bitte ich Sie, aus diesen Betrachtungen festzuhalten.

Welche Impulse schaffen ein Gegengewicht gegen das Vererbungsprinzip?

Dornach, 8. Januar 1918

Bevor ich von hier wegzugehen habe, werden wir versuchen, gerade die Dinge gründlicher zu betrachten, die mit der neulich angeregten Frage zusammenhängen: Welche Impulse des menschlichen Lebens müssen insbesondere in der Gegenwart in das Bewußtsein der Menschen eintreten, damit ein Gegengewicht geschaffen sei gegen das fast ausschließlich sowohl in der Wissenschaft wie im Leben herrschende Vererbungsprinzip? Allein, der damit gemeinten außerordentlich wichtigen Frage können wir uns nur langsam und allmählich nähern. Es ist ja im Grunde diese Frage im Tiefsten zusammenhängend mit dem Gegensatz, den ich Ihnen vor Augen, vor das Geistesauge führen wollte, indem ich darauf aufmerksam machte, wie man hinsehen kann nach dem alten ägyptischen Inschriftspruch der ägyptischen Isis: Ich bin das All, ich bin die Vergangenheit, die Gegenwart und die Zukunft; meinen Schleier hat noch kein Sterblicher gelüftet –, und wie man auf der andern Seite in sein Bewußtsein aufnehmen kann dasjenige, was von der Gegenwart an und in die Zukunft hinein gewissermaßen der andere, der ergänzende Spruch sein muß: Ich bin der Mensch. Ich bin die Vergangenheit, ich bin die Gegenwart, ich bin die Zukunft. Meinen Schleier sollte jeder Sterbliche lüften.

Nun muß man vor allen Dingen sich klar sein, daß in der Zeit, in der jener Spruch entstanden ist innerhalb der ägyptischen Kultur, es noch klar war, deutlich war, daß man ja eigentlich den Menschen selbst anspricht, wenn man vom «Unsterblichen» spricht. Allein innerhalb dieser ägyptischen Kultur war das Mysterium als Mysterienprinzip ein tief eingewurzeltes Prinzip. Der Ägypter, der mit seiner Kultur bekannt war, wußte, daß dasjenige, was in der Seele als Unsterbliches lebt, geweckt werden sollte. Ja, entgegen dem Gebrauche, den wir heute haben müssen, betrachtete der Ägypter eigentlich, so wie ja der Grieche auch, wenigstens der in Platos Sinne denkende Grieche, nur denjenigen als wahrhaft der Unsterblichkeit teilhaftig, welcher mit seinem Bewußtsein die spirituelle Welt ergriffen hat. Sie können den Beweis dafür nachlesen in meiner Schrift *Das Christentum als mystische Tatsache*, wo ich Ihnen die oftmals hart klingenden Aussprüche Platos angeführt habe für den Unterschied zwischen denjenigen Menschen, welche versuchen, die Impulse des Unsterblichen, die spirituellen Impulse in der Seele zu ergreifen, und denjenigen Menschen, die das verschmähen, die das nicht tun.

Indem Sie das bedenken, werden Sie aber leicht einsehen, daß der Ausspruch am Bildnis zu Sais eigentlich heißen sollte: Derjenige, der niemals versuchen will, das spirituelle Leben in der Seele zu ergreifen, der kann den Schleier der Isis nicht lüften; wohl aber der kann ihn lüften, der dieses spirituelle Leben ergreift, der – man würde im Sinne der alten Ägypter eben sprechen, heute klingt es etwas anders –, der sich also als «Sterblicher» zum «Unsterblichen» macht. Es sollte nicht gesagt werden, daß der Mensch überhaupt nicht den Schleier der Isis heben könne, sondern nur: Derjenige Mensch kann nicht den Schleier der Isis heben, der sich mit dem Sterblichen ausschließlich verbinden will, der nicht an das Unsterbliche heran will. Das bewirkte ja natürlich auch, daß später, als die ägyptische Kultur mehr in Verfall kam, der Spruch, möchte ich sagen, auch in eine unfugartige Ausdeutung hineintrieb. Die Priester, als sie das Mysterienprinzip zum Machtprinzip umgestalteten, haben eigentlich der profanen, nicht der priesterlichen, Menge beizubringen versucht, daß sie, die Priester, die Unsterblichen seien und daß diejenigen, die nicht die Priester sind, die Sterblichen sind, daß also alle diejenigen, die außerhalb der Priesterschaft stehen, den Schleier der Isis nicht heben können. Man könnte sagen, in der Verfallszeit der ägyptischen Kultur gab es schon diese Deutung: Ich bin das All, ich bin die Vergangenheit, die Gegenwart, die Zukunft; meinen Schleier kann nur ein Priester lüften. – Und die Priester nannten sich in jener Verfallszeit auch «die Unsterblichen».

Dieser Ausdruck in seinem Gebrauche ist ja dann mehr für die auf dem physischen Plane lebenden Menschen zurückgegangen. Nur in der französischen Akademie braucht man ihn noch für die Mitglieder, indem man in Fortsetzung des ägyptischen Priesterprinzips besonders bedeutsame Menschen da zu «Unsterblichen» macht. Man wird in diesen Tagen daran erinnert, weil ja der Schelling- und Schopenhauer-Plagiator Bergson gerade jetzt von der Französischen Akademie in die Unsterblichenwürde erhoben werden soll. Solche Dinge bleiben aus Zeiten zurück, in denen man sie verstanden hat, und münden in die Zeiten hinein, wo die Worte und Begriffe und Ideen weitab von ihrer Ursprungsstätte liegen.

Man könnte leicht meinen, wenn man genötigt ist, so manches von dem zu sagen, was eben auch im Laufe dieser Betrachtungen gesagt werden muß, daß diese Betrachtungen dazu dienen sollten, unsere Zeit nur anzuklagen. Ich habe oftmals betont, das ist nicht der Fall. Dasjenige, was hier gesagt ist, ist zur Charakteristik der Zeit, nicht zu einer Kritik der Zeit gesagt. Es kann aber nicht verlangt werden, daß da, wo Wahrheit geredet werden soll, nicht auch auf dasjenige hingedeutet werde, was eben durchschaut werden muß, sei es in seiner Haltlosigkeit, sei es in seiner Schädlichkeit. Dabei darf man ja durchaus sagen: Sollte es denn ganz tadelnswert sein, wenn man ein gewisses Beispiel – selbstverständlich in entsprechend großer Entfernung – befolgt, ein Beispiel, das aber eben nicht genug befolgt werden kann. Im Evangelium wird ja nicht erzählt, daß der Christus Jesus in den Tempel gegangen ist und die Händler gestreichelt hat, sondern es wird einem etwas anderes erzählt, daß er ihnen die Stühle umgeworfen hat und dergleichen! Um dasjenige, was geltend gemacht werden soll, wirklich geltend zu machen, dazu ist eben notwendig, daß man wirklichkeitsgemäß auf dasjenige hinweist, was getadelt werden muß, wenn die Zeit vorwärtsgehen soll. Da darf nicht das Sentimentale einer ganz falschen allgemeinen Schönfärberei in der menschlichen Seele Platz greifen und etwa gar als allgemeine Menschenliebe ausposaunt werden.

Wenn man dies gebührend berücksichtigt, dann kann auf der einen Seite gesagt werden, daß wir nun eben einmal im materialistischen Zeitalter leben, in diesem materialistischen Zeitalter, das zum Materialismus notwendig hinzufügt die Abstraktion in dem Sinne, wie wir es kennengelernt haben: die Wirklichkeitsfremdheit, und daß alles dasjenige, was katastrophal hereinbrechen mußte über unsere Zeit, zusammenhängt mit dieser Wirklichkeitsfremdheit. Auf der andern Seite darf aber auch gesagt werden, daß, verglichen mit den verschiedenen Perioden, namentlich – wenn wir dabei stehenbleiben – der nachatlantischen Zeit, unsere fünfte nachatlantische Zeit in gewisser Beziehung, von gewissen Gesichtspunkten aus die größte Zeit ist, diejenige, die der Menschheit am allermeisten bringt, diejenige, die ungeheure Entwickelungs- und Daseinsmöglichkeiten für den Menschen in sich beherbergt. Und gerade durch das, was der Mensch in diesem Zeitalter ganz besonders, ich möchte sagen, als Schattenseite des spirituellen Daseins ausbildet, nimmt er den Weg und kann er, wenn er sich richtig verhält, den Weg hineinfinden in die spirituelle Welt. Namentlich kann er den Weg finden zu seinem wahren, höchsten Menschenziel. Die Entwickelungsmöglichkeiten sind in unserer Zeit so groß, wie sie in den abgelaufenen Phasen der nachatlantischen Entwickelung von einem gewissen Gesichtspunkte aus nicht waren.

Es ist ja eigentlich etwas ungeheuer Bedeutungsvolles geschehen mit dem Eintritt dieses fünften nachatlantischen Zeitalters. Man muß schon sich in neuer Weise wiederum hineinversetzen in den Zusammenhang des Menschen mit dem ganzen Weltenall, wenn man dem, was wir ja von verschiedenen Gesichtspunkten öfter hervorgehoben haben, die rechte Färbung, die rechte Gemütsnuance geben will. Gewiß, die Gescheitlinge im Philisterium, die nennen es Aberglaube, wenn gesprochen wird von einem gewissen Zusammenhang des Menschen mit konkreten Konstellationen des Weltenalls. Man muß nur diesen Zusammenhang richtig verstehen. Aberglaube – was ist Aberglaube? Der Glaube, daß sich der physische Mensch nach dem Weltenall in einer gewissen Beziehung richten muß? Wir richten uns nach der Uhr, die wir nach dem Sonnenstand regeln; wir treiben, so oft wir nach der Uhr schauen, Astrologie. Wir haben unterbewußte Glieder der Menschennatur, die richten sich nach andern Konstellationen als nach denen, nach denen wir im physischen Leben die Uhr richten. Wenn jemand die Dinge im richtigen Sinne versteht, so hat das Reden von Aberglauben nicht den geringsten Sinn. Deshalb darf wohl zur Illustrierung zunächst ein Stück dieser Weltenuhr jetzt vor Ihre Seele hingestellt werden. Wir werden es brauchen, um das vorerst angeschlagene Rätsel weiter betrachten zu können.

Als jene Zeit abgelaufen war, welche als die atlantische Überflutung, als Untergang der Atlantis, unsere nachatlantische Kultur von der atlantischen Kultur trennt, da war als erste nachatlantische Zeit, als erste nachatlantische Kulturepoche diejenige, welche ihre makrokosmischen Einflüsse dadurch empfing, daß die Kraft, die das Erdenleben durchflutete, diejenige war, welche entspricht dem Aufgang der Sonne im Frühlingspunkte im Zeichen des Krebses. Wir können also sagen, als die

Sonne mit ihrem Frühlingspunkte in das Zeichen des Krebses eintrat, da begann die erste nachatlantische Kultur. Wir können sie geradezu – wenn der Ausdruck selbstverständlich nicht mißverstanden wird – die «Krebskultur» nennen. Wenn wir die Dinge in ihrem wirklichen Lichte begreifen, so können wir sagen, die Sonne stand mit ihrem Frühlingsaufgang im Zeichen des Krebses.

Wir haben davon gesprochen in diesen Betrachtungen, daß im Menschen immer etwas entspricht demjenigen, was da draußen im Makrokosmos ist. Der Krebs entspricht beim Menschen dem Brustkorb. So daß man, makrokosmisch gesprochen, diese erste, die *urindische Kultur*, dadurch charakterisieren kann, daß man sagt, sie verlief, während der Frühlingspunkt der Sonne im Krebs war. Wenn man sie mikrokosmisch charakterisieren will, kann man sagen, sie verlief damals, als der Mensch für seine Weltenerkenntnis, für seine Weltenwahrnehmung, für seine Weltenanschauung unter dem Einfluß jener Kräfte stand, die zusammenhängen mit dem, was sich in der Umhüllung seiner Brust, im Brustpanzer, im Krebs zum Ausdruck bringt.

Wir haben heute als physische Menschen keine Möglichkeit, durch diejenigen Kräfte, die in unserem «Krebs» sind, mit der Welt in erkennende Beziehungen zu treten. Wir haben keine Möglichkeiten dazu heute. Wenn der Mensch diejenigen Kräfte entwickeln kann, die eine intime Verwandtschaft zu seinem Brustkorb haben, wenn er, ich möchte sagen, mit Bezug auf die Kräfte seines Brustkorbes sensitiv ist für alles dasjenige, was in der Natur und im Menschenleben geschieht, dann ist es so, wie wenn der Mensch in einer unmittelbaren Berührung mit der äußeren Welt wäre, mit alledem, was als elementarische Welt an ihn herantritt. Wenn wir nur nehmen – wir treffen damit dasjenige, was der urindischen Kultur zugrunde lag –, wenn wir nur nehmen das Verhältnis von Mensch zu Mensch, so war es so, daß in dieser alten Zeit der Mensch, indem er dem Menschen entgegentrat, gewissermaßen an der Sensitivität seines Brustkorbes fühlte, wie der andere Mensch war. Er fühlte, wie ihm der andere Mensch sympathisch oder mehr oder weniger antipathisch sein konnte. Er trat dem andern Menschen entgegen und lernte ihn erkennen. Indem er in seiner Nähe die Luft atmete, lernte er ihn erkennen. Gewiß, in mancher Beziehung weiß davon zu dem Heil der Menschheit die moderne Menschheit nichts. Aber in jedes Menschen Nähe atmet natürlich der Mensch anders, denn in jedes Menschen Nähe teilt der Mensch die von dem andern ausgeatmete Luft. Für diese Dinge ist der moderne Mensch sehr unempfindlich geworden. Während der ersten nachatlantischen Kultur, während der Krebskultur, war diese Unempfindlichkeit nicht vorhanden. Ein Mensch konnte durch seinen Atem sympathisch, antipathisch sein; der Brustkorb bewegte sich anders, wenn der Mensch sympathisch oder antipathisch war. Und der Brustkorb war sensitiv genug, diese seine eigenen Bewegungen wahrzunehmen.

Denken Sie, was man da eigentlich dann wahrnimmt! Man nimmt den andern wahr, aber man nimmt den andern wahr durch etwas, was in einem selber vorgeht. Das Innere des andern nimmt man in einem Vorgang wahr, den man als Inneres erlebt, als körperlich Inneres erlebt. Das war während der Krebskultur. Ich habe Ihnen das illustriert an dem Beispiel der Begegnung mit einem andern Menschen. Aber so wurde die ganze Welt betrachtet. So entstand die Weltanschauung, die diese erste nachatlantische Kultur hatte. Der Mensch atmete anders, wenn er die Sonne betrachtete, wenn er die Morgenröte betrachtete, wenn er den Frühling betrachtete, wenn er den Herbst betrachtete; und danach bildete er sich seine Begriffe. Und wie die heutige Menschheit ihre abstrakten, ihre so strohern-abstrakten, nicht einmal mehr strohern-abstrakten, sondern papieren-abstrakten Begriffe

bildet über Sonne, Mond und Sterne, über Wachsen und Gedeihen, über alles mögliche, so bildete die Menschheit in der ersten
nachatlantischen Zeit, in der Krebskultur, Begriffe, die in dieser
unmittelbaren Weise gefühlt wurden wie ein Mitvibrieren des
eigenen Krebses, des eigenen Brustkorbes.

Man kann also sagen: Wenn das etwa den Sonnenweg vorstellt
und hier die Sonne im Frühling im Krebs steht, dann ist das die

Zeit, in der auch der Mensch in der Krebskultur ist. In besonderer Weise ist ja immer ein solches Tierkreisbild – aus Gründen,
die wir vielleicht auch nächstens erwähnen können, aber die ja
den meisten von Ihnen bekannt sind – verwandt, als besonders
einem Planeten zugehörig anzusehen. Der Krebs ist besonders
dem Mond als zugehörig anzusehen. Man sagt, weil die Kräfte
des Mondes eben ganz besonders wirken, wenn der Mond im
Krebs steht: der Mond habe seine Heimat, sein Haus im Krebs;
dort sind seine Kräfte, ganz besonders kommen sie dort zur Entwickelung.

So wie nun dem Krebs der Brustkorb am Menschen entspricht,
so entspricht dem planetarischen Mond am Menschen die
Sexualsphäre. Und in der Tat, man kann sagen, während auf der
einen Seite der Mensch so empfänglich und empfindlich, so sensitiv war in der ersten nachatlantischen Zeit, hing gerade in dieser ersten nachatlantischen Zeit alles dasjenige, was an intimen
Begriffen der nachatlantischen Weltanschauung zutage gefördert
worden ist, mit der Sexualsphäre zusammen – damals mit Recht,
denn es war jene Naivität vorhanden, die in späteren, verdorbe-
nen Zeiten nicht mehr vorhanden war.

Dann trat ja die Sonne mit ihrem Frühlingspunkte in das

Zeichen der Zwillinge. Und wir haben es dann zu tun mit der zweiten nachatlantischen Kultur, mit der *urpersischen Kultur*, während der Frühlingspunkt in den Zwillingen verläuft. Mit den Zwillingen im Makrokosmischen ist mikrokosmisch verwandt alles dasjenige, was sich beim Menschen auf sein Symmetrischsein bezieht, insbesondere auf das Symmetrischsein, das sich in der Beziehung der rechten Hand zur linken Hand symmetrisch ausdrückt. Wir haben natürlich auch andere Dinge, in denen sich das Symmetrischsein zum Ausdruck bringt: wir sehen mit zwei Augen die Dinge nur einfach und so weiter. Dieses Symmetrischsein, dieses Zusammenwirken des Links und Rechts beim Menschen, das sich also besonders in den beiden Armen und Händen zum Ausdruck bringt, das ist dasjenige, was im Makrokosmos den Zwillingen entspricht.

Dasjenige, was nun durch die Kräfte der Zwillingssphäre, durch die Kräfte des Symmetrischseins vom Menschen so für seine Weltanschauung lebensartig in sich aufgenommen wird – wie durch den Brustkorb in der ersten nachatlantischen Zeit das, was ich vorher charakterisiert habe –, das ist nun schon weniger intim mit der unmittelbarsten Umgebung verbunden, sondern das Symmetrischsein verbindet den Menschen schon mehr mit dem, was von der Erde abliegt, mit dem, was nicht irdisch, sondern himmlisch, kosmisch ist. Daher tritt in dieser zweiten nachatlantischen Zeit zurück das intime Verknüpftsein mit der unmittelbar elementaren Erdenumgebung, und es tritt auf die Zarathustra-Kultur, das Hinauswenden zu dem Zwillingshaftsein in der Welt – auf der einen Seite der Lichtnatur, auf der andern Seite der Finsternisnatur –, die Zwillingsnatur, die zusammenhängt mit den Kräften, die der Mensch durch seine Symmetrie, durch sein Symmetriewesen ausdrückt, auslebt.

So wie der Mond sein Haus in dem Krebs hat, so hat Merkur sein Haus in den Zwillingen (siehe Zeichnung Seite 151). Und

gerade so, wie gewissermaßen dem Menschen in der ersten nachatlantischen Zeit die Kraft der Sexualsphäre geholfen hat, um
diese intime Beziehung zur Umwelt zu bekommen, von der wir
gesprochen haben, so hilft nun wiederum die Merkursphäre, die
eigentlich mit den Kräften des Unterleibes zusammenhängende
Sphäre, in diesem zweiten nachatlantischen Zeitraum. Auf der einen Seite gehen die Kräfte des Menschen aus der Erde weg in das
Weltenall hinaus, in das außerirdische Weltenall; aber dabei hilft
dem Menschen gewissermaßen dasjenige, was noch sehr an ata-
vistische Kräfte gemahnt, was zusammenhängt mit den Kräften
seines Gefäßsystems, seines Verdauungssystems. Der Mensch hat
ja wirklich sein Verdauungssystem nicht bloß, um zu verdauen,
sondern es ist zu gleicher Zeit ein Erkenntnisapparat. Diese Dinge sind nur vergessen worden. Und die wirkliche Scharfsinnigkeit – nicht der Spürsinn, von dem ich in diesen Tagen gesprochen habe –, die wirkliche Scharfsinnigkeit, die wirkliche tiefere
Kombinationsgabe, welche mit den Dingen in Beziehung steht,
die kommt ja nicht aus dem Kopfe, die kommt aus dem Unterleib, die diente dieser zweiten nachatlantischen Zeit.

Dann kam die dritte Zeit, in der der Frühlingspunkt der Sonne
eintrat in den Stier. Dasjenige, was von den Kräften herunter-
kommt vom Weltenall, wenn die Sonne den Frühlingspunkt im
Stier hat, das hängt mikrokosmisch beim Menschen zusammen
mit all dem, was die Kehlkopfgegend, die Kehlkopfkräfte betrifft.
Daher hat der Mensch in dieser dritten nachatlantischen Zeit,
in der *ägyptisch-chaldäischen* Zeit, ich möchte sagen, als sein besonderes Erkenntnisorgan entwickelt alles das, was mit seinen
Kehlkopfkräften zusammenhängt. Die Verwandtschaftsempfin-
dung zwischen dem Wort und der Sache, namentlich den Dingen
draußen im Weltenall, war in dieser dritten nachatlantischen Zeit
ganz besonders groß. Von der intimen Verwandtschaft desjenigen, was der Mensch vom Weltenall erkannte durch seinen Kehl-

kopf, kann man sich heute im Zeitalter der Abstraktionen nicht viel Vorstellungen machen.

Unterstützt wurde wiederum die Kraft, die dem Stier entspricht, durch Venus, die ihr Haus im Stier hat (siehe Zeichnung Seite 151). Im Mikrokosmos, im Menschen, entspricht das Kräften, welche zwischen der Herzgegend und der Magengegend liegen. Dadurch wurde aber dasjenige, was in dieser dritten nachatlantischen Zeit als das Weltenwort erkannt wurde, intim mit dem Menschen verbunden, indem er es verstand durch die Venuskräfte, die in ihm selber waren.

Dann kam die *griechisch-lateinische* Zeit, das vierte nachatlantische Zeitalter. Die Sonne trat mit ihrem Frühlingspunkte ein in den Widder. Das entspricht der Kopfgegend des Menschen, der Stirngegend, der Oberkopf-, der eigentlichen Kopfgegend des Menschen. Es begann diejenige Zeit, in der der Mensch vorzugsweise sich so in ein erkennendes Verhältnis zur Welt setzte, daß dieses erkennende Verhältnis zur Welt ihm Gedanken brachte. Das Kopferkennen ist ganz verschieden von den früheren Arten des Erkennens. Das Kopferkennen trat ja in diesem Zeitalter besonders ein. Aber der Kopf des Menschen ist, trotzdem er fast eine getreue Nachbildung des Makrokosmos ist, gerade weil er in physischem Sinne eine getreue Nachbildung des Makrokosmos ist, im spirituellen Sinne eigentlich nicht gar viel wert. Verzeihen Sie den Ausdruck: als physischer Kopf ist der Kopf des Menschen nicht gar viel wert. Und wenn der Mensch auf seinen Kopf angewiesen ist, so kann er zu nichts anderem kommen als eigentlich zu einer Gedankenkultur.

Nach und nach hat auch die griechisch-lateinische Zeit, die ja, wie wir von andern Gesichtspunkten aus gesehen haben, die Kopfkultur bis zu ihrer Höhe brachte und dadurch gewissermaßen den Menschen in einer besonderen Weise heranbrachte an die Welt, in einer nach und nach sich entwickelnden Weise es zu der eigentlichen Kopfkultur gebracht, zu der Gedankenkultur, die dann abgelaufen ist. So daß man, wie ich gestern aufmerksam gemacht habe, vom 15. Jahrhundert ab nicht mehr wußte, wie man mit dem Denken noch mit der Wirklichkeit zusammenhing. Diese Kopfkultur, diese Widderkultur, sie war aber noch immer so, daß man gewissermaßen in den Menschen hereinnahm die Anschauung des Weltenalls. Und mit Bezug auf die physische Welt war diese Kopfkultur, diese Widderkultur, die allervollkommenste. Materialistisch ist erst dasjenige geworden, was sich dann als Entartung daraus entwickelt hat. Der Mensch trat durch seinen Kopf eben doch gerade in dieser Widderkultur in ein besonderes Verhältnis zur Umwelt. Und man versteht heute insbesondere die griechische Kultur schwer – die römische hat es ja dann ins mehr Philiströse verzerrt –, wenn man das nicht berücksichtigt, daß der Grieche eben zum Beispiel Begriffe und Ideen anders wahrnahm. Ich habe das in meinen *Rätseln der Philosophie* besonders ausgeführt.

Bedeutungsvoll war nun für diese Zeit, daß der Mars sein Haus im Widder hat. Die Kräfte des Mars, das sind diejenigen Kräfte, die nun wiederum, aber in anderer Art, zusammenhängen mit dem menschlichen Kehlkopfwesen, so daß der Mars, der zu gleicher Zeit dem Menschen die aggressiven Kräfte gibt, im wesentlichsten die Unterstützung bot für alles dasjenige, was an Beziehung zur Umwelt von seiten des Menschen entwickelt wurde durch seinen Kopf. Und für die vierte nachatlantische Zeit, die also im 8. Jahrhundert vor der christlichen Zeitrechnung beginnt, im 15. Jahrhundert schließt, da haben sich auch jene Verhältnisse herausgebildet, die man schon als eine Marskultur bezeichnen kann. Die Konfiguration der einzelnen sozialen Gebilde über der Erde hin ist ja in dieser Zeit im wesentlichen durch eine Marskultur, durch eine kriegerische Natur entstanden. Jetzt sind Kriege Nachzügler. Wenn sie auch schrecklicher sind als einst, sie sind Nachzügler. Wir werden gleich noch darauf zu sprechen kommen.

Nun ist der Kopf des Menschen mit allen seinen Kräften gerade als physisches Denkwerkzeug, als Werkzeug für die physischen Gedanken, eine Nachbildung des Sternenhimmels. Daher hat auch diese vierte nachatlantische Zeit in den Gedanken noch etwas Makrokosmisches. Es kommt in die Gedanken noch viel Makrokosmisches herein, die Gedanken sind noch nicht an die Erde gebunden. Aber bedenken Sie den großen Umschwung, der nun kommt mit dem 15. Jahrhundert, indem die Widderkultur übergeht in die Kultur der Fische. Das, was jene Kräfte geworden sind im Makrokosmos, sind im Menschen die Kräfte, die mit den Füßen zusammenhängen. Vom Kopf geht es hinunter zu den Füßen. Der Umschwung ist ein ungeheurer. Daher konnte ich Ihnen erzählen, daß, wenn Sie zurückgehen würden, aber mit Verständnis zurückgehen würden in die Zeit vor dem 14. Jahrhundert und die heute viel verachteten alchimistischen und sonstigen Schriften lesen würden, Sie dann sehen würden, was da für tiefe, für ungeheure Einblicke in Weltengeheimnisse vorhanden sind. Aber es dreht sich ja die ganze menschliche Kultur – auch die Menschenkräfte – vollständig mit um. Was der Mensch vorher vom Himmel empfangen hat, empfängt er nun von der Erde aus. Das ist dasjenige, was uns aus den Himmelszeichen heraus illustriert den großen Umschwung, der sich mit dem Menschen vollzogen hatte. Und das hängt zusammen mit dem Aufgange der materiellen, der materialistischen Zeit. Die Gedanken verlieren ihre Kraft, die Gedanken können leicht zur Phrase werden in diesen Zeiten.

Aber nun denken Sie an ein merkwürdiges anderes. Wie Venus ihr Haus im Stier, Mars sein Haus im Widder hat, so hat in den Fischen Jupiter sein Haus. Und Jupiter hängt zusammen mit der menschlichen Stirnesentwickelung, mit der menschlichen Vorderhirnentwickelung. Groß kann der Mensch mit dieser Erdenkultur werden in diesem *fünften nachatlantischen Zeitraum*, weil er gerade in selbständiger menschlicher Weise, durch die Kräfte seines Hauptes veredeln und fassen kann dasjenige, was ihm von der entgegengesetzten Seite zugeführt wird gegenüber der früheren nachatlantischen Periode. Daher hat dieselbe Leistung beim Menschen, die Mars für das vierte nachatlantische Zeitalter zu leisten hatte, Jupiter für das fünfte zu leisten. Und man könnte sagen: Mars war in gewisser Beziehung der rechtmäßige König dieser Welt in der vierten nachatlantischen Zeit. In der fünften nachatlantischen Zeit ist er nicht der rechtmäßige König dieser Welt, weil nichts in der fünften nachatlantischen Zeit durch seine Kräfte wirklich – im Sinne dieser fünften nachatlantischen Zeit – erreicht werden kann; sondern was groß machen kann diese Epoche, das muß durch die Kräfte des geistigen Lebens, der Welterkenntnis, der Weltanschauung geltend gemacht werden. Der Mensch ist abgeschlossen von den himmlischen Kräften; er ist in das materialistische Zeitalter gebannt. Aber er hat in diesem fünften nachatlantischen Zeitalter die größte Möglichkeit, sich zu vergeistigen. Keines war der Geistigkeit so günstig, wie dieses fünfte nachatlantische Zeitalter. Es muß nur den Mut finden, die Händler aus dem Tempel zu jagen. Es muß den Mut finden, gegenüber den Abstraktionen, gegenüber den wirklichkeitsfremden Dingen die Wirklichkeit, die volle Wirklichkeit und damit die geistige Wirklichkeit zu stellen.

Diejenigen, welche die Konstellationen der Sterne durchschaut haben, sie haben auch immer gewußt, daß besondere Hilfen wiederum kommen von den besonderen Planeten für die einzelnen Abschnitte im Gang der Sonne. Man hat mit einem gewissen Recht jeder von diesen Konstellationen: Mond-Krebs, Merkur-Zwilling, Venus-Stier, Mars-Widder, Jupiter-Fische, man hat ihnen drei, wie man sagte, Dekane zugeteilt, drei Dekane.

Diese drei Dekane stellen diejenigen Planeten dar, welche den Beruf haben, während der betreffenden Konstellationen ganz besonders einzugreifen in das Geschick, während die andern unwirksamer sind. So sind die Dekane der ersten nachatlantischen Zeit, der Krebszeit: Venus, Merkur, Mond; die Dekane während der Zwillingszeit: Jupiter, Mars, Sonne; die Dekane während der Stierzeit: Merkur, Mond, Saturn; die Dekane während der Widderzeit: Mars, Sonne, Venus; und die Dekane während unserer Zeit, während des Zeitalters der Fische, sehr charakteristisch, also diejenigen Kräfte, die uns gewissermaßen nach der Himmelsuhr wiederum besonders dienen können: Saturn, Jupiter, Mars – Mars hier nicht in demselben Dienst, den er hatte, als er in seinem Haus war, wenn er durch den Widder durchgeht, sondern Mars jetzt als repräsentative Kraft für die menschliche Stärke. Aber Sie sehen in den äußeren Planeten: Saturn, Jupiter, Mars dasjenige, was zusammenhängt mit dem menschlichen Haupte, mit dem menschlichen Antlitz, mit dem menschlichen Wortbilden.

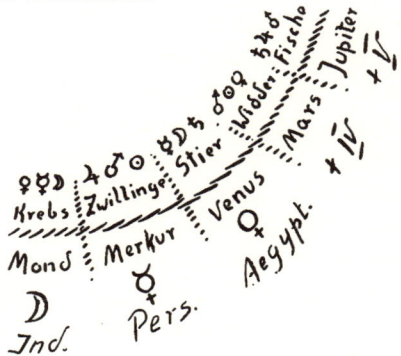

Also alles, was zunächst für dieses irdische Leben zwischen Geburt und Tod – über das andere zwischen Tod und neuer Geburt werden wir das nächste Mal reden – zusammenhängt in bezug auf die Geistigkeit, das ist wiederum besonders dienstbar in diesem Zeitalter. So ist dieses Zeitalter dasjenige, welches die unendlichst größten spirituellen Möglichkeiten in sich enthält. In keinem Zeitalter war es den Menschen vergönnt, so viel Unfug zu treiben wie in diesem, weil man sich in keinem gegen die innere Mission des Zeitalters stärker versündigen konnte als in diesem Zeitalter. Denn, lebt man mit dem Zeitalter, so wandelt man die von der Erde kommende Kraft durch die Jupiterkraft um in spirituell-freies Menschentum, und es stehen einem zur Verfügung die besten, schönsten Kräfte des Menschen, die der Mensch entwickelt zwischen der Geburt und dem Tode: Saturn-, Jupiter- und Marskräfte.

Die Weltenuhr steht günstig für dieses Zeitalter. Das darf keinen Fatalismus begründen. Das darf nicht begründen, daß man sagt: Also überlassen wir uns dem Weltengeschick, es wird schon alles gut werden –, sondern das soll begründen, daß, wenn der Mensch will – aber er muß wollen –, er gerade in unserer Zeit unendliche Möglichkeiten findet. Nur wollen die Menschen vorläufig noch nicht.

Aber unbegründet ist es immer, zu sagen: Ja, was vermag ich selber? Die Welt geht ihren Gang! Gewiß, so wie wir hier sind – die Welt hört heute nicht viel auf uns. Aber auf etwas anderes kommt es an. Es kommt darauf an, daß wir nicht so sagen sollen, wie die Menschen vor dreiunddreißig Jahren gesagt haben, als sie sich zunächst bei sich selbst um nichts gekümmert haben! Dadurch sind die Dinge so geworden, wie sie jetzt sind. Für unsere Zeit kommt es darauf an, daß jeder bei sich selbst damit anfängt, aus der Abstraktion heraustreten zu wollen, die Wirlichkeitsfremdheit abzulegen und so weiter; und daß jeder bei sich selbst versucht, an das Wirkliche heranzukommen, über Abstraktionen hinwegzugelangen.

Man muß von so weitliegenden Begriffen herkommen, wenn

man das Wichtige entwickeln will, was uns eben jetzt in diesen Tagen dann beschäftigen wird: Auseinandersetzungen über, ich möchte sagen, das Älterwerden des Menschen, das ebenso Dem-Tode-Entgegengehen wie Aus-der-Geburt-Stammen, Aus-der-Geburt-Kommen. Während heute die Pädagogik, die Erziehung, die praktische Kindererziehung ganz darauf ausgeht, nur zu betrachten, daß das Kind geboren ist und sich als Kind entwickelt, muß die Zeit kommen, in der schon das Kind lernt, was es heißt: älter werden. Aber diese Dinge können nicht so einfach entwickelt werden. Da muß man die Begriffe weit herholen. Denn man kann schon sagen, um jene Wirklichkeitsfremdheit zu überwinden, die heute die Signatur der Zeit ist, dazu ist notwendig, daß die Menschen vor allen Dingen den Willen zur Aufmerksamkeit entwickeln, den Willen entwickeln, den Jupiter in Bewegung zu setzen. Jupiter ist ja gerade diejenige Kraft, die den Appell, den fortwährenden Appell an unsere Aufmerksamkeit richtet. Die Menschen sind heute so froh, wenn sie nicht aufmerksam zu sein brauchen, wenn sie gleichen können der schlafenden Isis – ich habe wohlüberlegt von der schlafenden Isis gesprochen! Der größte Teil der Menschheit verschläft diese heutige Zeit und fühlt sich dabei sehr, sehr wohl; denn er zimmert sich Begriffe und bleibt bei diesen Begriffen stehen, will nicht Aufmerksamkeit entwickeln. Hinschauen auf die Zusammenhänge des Lebens, das ist es, worauf es ankommt. Und die schweren Jahre, in denen wir leben, die sollen uns vor allen Dingen das beibringen, daß wir wegkommen von dem, was so lange Zeit hindurch die menschliche Kultur so verweichlicht hat: die Aufmerksamslosigkeit, das Nichtvorhandensein des Willens – und auf die Verhältnisse der Welt hinschauen. Es genügt nicht, bloß so hinzuhuschen über die Dinge.

Es könnte ja zum Beispiel leicht so ausschauen, als ob ich von der Schädlichkeit des Wilsonianismus, einem subjektiven Drange entsprechend, immer wieder und wiederum von allen möglichen Seiten her gesprochen hätte. Das ist nicht einem subjektiven Drang entsprechend, sondern es ist wirklich notwendig, weil es heute notwendig ist, von zahlreichen täuschenden Begriffen, von zahlreichen Illusionen immer wieder und wiederum hinzuweisen in die Richtung, in der die Aufmerksamkeit entwickelt werden muß. Wir lernen an den Zeitereignissen; wenn wir unsere Aufmerksamkeit schärfen, lernen wir gerade heute an den Zeitereignissen ungeheuer viel von dem, was wir brauchen, um die großen Impulse zu verstehen, welche die Menschheit einzig und allein hinausführen können aus den Kalamitäten, in die sich diese Menschheit gebracht hat. Man muß sich gewisse Fragen vorlegen, um auf die Dinge aufmerksam zu sein. Nicht darauf kommt es an, daß man überhaupt etwas sieht, sondern wie man es sieht, wie man Fragen gegenüber der äußeren Welt zu stellen vermag. Geisteswissenschaft hat auch diese praktische Bedeutung, daß sie uns den Impuls gibt, zu fragen, Fragen zu stellen.

Man liest jetzt von den sogenannten Friedensverhandlungen von Brest-Litowsk. Sie wissen, daß verschiedene Leute daran beteiligt sind. Als hauptsächlichste Leute von Rußland sind beteiligt, um das herauszugreifen: Lenin, Trotzkij, ein gewisser Herr Joffe und ein gewisser Herr Kamenew, der eigentlich Rosenfeld heißt. Trotzkij heißt Bronstein; Joffe ist ein reicher Händler aus Cherson. Das sind die hauptsächlichsten Unterhändler. Nicht uninteressant ist es, sondern vielleicht sogar wichtig, doch auch die Aufmerksamkeit darauf hinzuwenden, daß bei Herrn Rosenfeld-Kamenew es eigentlich nur das ist, was die äußere Welt, die exoterische Welt den reinen Zufall nennt, daß sein Kopf noch immer auf seinen Schultern darauf sitzt; denn der Kopf könnte längst von den Schultern hinuntergefallen sein. Denn sehen Sie, im November 1914 wurden in Rußland allerlei Abgeordnete verhaftet. Man las es dazumal, erfuhr auch sonst davon. Diese Abgeordneten wurden namentlich deshalb verhaftet, weil sie angeklagt waren, Freundschaft zu halten mit dem im Auslande, nicht weit von hier, im Auslande befindlichen Lenin. Namentlich war ja die Auffassung im damaligen Rußland, daß Lenin gesagt hat: Von allen Übeln, die Rußland passieren können in diesem Kriege, ist der Sturz des Zarentums das allergeringste Übel. – Da hat man eine Anzahl von Abgeordneten angeklagt, von denen man wußte, sie haben durch Briefe und dergleichen Beziehungen mit Lenin. Aber dazumal konnte man ihnen noch nicht beikommen. Man hat zwar allerlei patriotische, russisch-patriotische Worte gesprochen; Worte sind gefallen wie die: Über die Köpfe und die zerstückten Leiber unserer Krieger hinweg haben sich solche Verräter gefunden, die mit dem schändlichen Lenin in der Schweiz in irgendeinem Zusammenhange stehen – und dergleichen.

Einen weiteren Prozeß gab es dann im Februar 1915. Da war wiederum eine Anzahl von Leuten angeklagt, und zu den Angeklagten gehörte ein gewisser Petrowski, zu den Angeklagten gehörte aber auch ein gewisser Kamenew alias Rosenfeld. Insbesondere Kamenew galt dazumal unter jenen Angeklagten als der eigentliche russische Verrätertypus, als ein ganz besonders abscheulicher Bursche. Und als der Prozeß losging, da glaubte man eigentlich allgemein, daß es nun nicht lange dauern würde, bis der Kopf eben von den Schultern weg sein würde. Aber Kamenew-Rosenfeld, der konnte dazumal nachweisen, den Beweis liefern, daß er sich stets in allen Kriegsfragen anders verhalten habe als Lenin; ebenso Petrowski, daß sie keine wirklich ernsthaft gemeinte Gemeinschaft mit Lenin haben. Insbesondere konnte dazumal Kamenew-Rosenfeld beweisen, daß er niemals den Sieg Deutschlands gewünscht habe, daß den Sieg Deutschlands nur unrussische, nach dem Ausland verschlagene Genossen wie Lenin wünschen können, die – weil sie selbst zu schwach oder zu faul sich fühlen – den Sieg der Freiheit von dem Schwert deutscher Generale erwarten.

Das sind die Worte, die dazumal bei jenem Prozesse gesprochen worden sind. Und als Rechtsanwalt, als Advokat, war diesen Herren Petrowski und Kamenew noch beigegeben ein gewisser Kerenskij, der später eine noch andere Rolle gespielt hat; er war der Verteidiger von Kamenew in dem damaligen Prozeß. Und er redete ihn heraus. Die Anklage lautete ja auf Hoch- und Landesverrat dazumal sowohl für Petrowski wie auch für Kamenew-Rosenfeld. Aber Kerenskij konnte sie herausreden, und in seiner Rede befinden sich die schönen Worte: Die Angeklagten wären sehr fern von dem Plan, denen, die zum Tod fürs Vaterland bereit sind, den Dolch in den Rücken zu stoßen; sie sträubten sich gegen keine andere Anzettelung so sehr, wie gegen diejenige, die von dem Leninschen Geheimbunde ausging. Dadurch, daß Kerenskijs Beredsamkeit und die andern Dinge, die vorgebracht werden konnten, den Beweis lieferten, daß Petrowski und Kamenew nichts gemeinschaftlich haben mit den Ideen von Lenin, dadurch kamen sie mit so ziemlich heiler Haut dazumal davon.– Petrowski ist ja jetzt der Minister des Innern in der Regierung des Lenin, und Kamenew ist neben Herrn Joffe der wichtigste Unterhändler von Brest-Litowsk.

Ich sage, ich erwähne diese ausgefallene Geschichte; ich könnte ja heute Hunderte und Hunderte ähnliche erzählen. Aber es ist sehr wichtig, auf die Wirklichkeiten hinzuschauen; das ist dasjenige, was ich sagen wollte. Und um die Wirklichkeiten kennenzulernen, muß man die Menschen anschauen, die mit den Wirklichkeiten zu tun haben, wenn es solche Wirklichkeiten sind, in welche die Menschen hineinspielen. Es ist etwas ungeheuer Bequemes, wenn man dabei stehenbleibt, zu sagen: Na, zwischen Rußland und den Mittelmächten wird verhandelt in Brest-Litowsk! – Das sind Abstraktionen, das sind keine Wirklichkeiten. An die Wirklichkeit kommt man nur heran, wenn man den Willen zur Aufmerksamkeit hat, in das Konkrete wirklich hineinzuschauen. Ich wollte die Sache wirklich nur als ein Beispiel anführen, um zu zeigen, daß man schon auch nötig hat, Gegenwartsgeschichte zu studieren. Mitreden tut heute jeder über die Ereignisse der Gegenwart; aber wie wenig eigentlich gekannt wird von den Ereignissen der Gegenwart, wie wenig eigentlich die Leute wissen, was vorgeht, wie wenig die Leute eine Ahnung haben von dem, was sich abspielt, das ist eigentlich geradezu erstaunlich und kann nur begriffen werden dadurch, daß unsere Intelligenz in einer unglaublichen Weise erzogen ist. Unsere Intelligenz ist eben so erzogen, daß sie auf jeder Seite der Wissenschaft dazu verführt wird, so zu urteilen, wie ich es charakterisiert habe: Habe ich einen Taler, so habe ich einen Taler; habe ich zwei Taler, so habe ich keinen, so habe ich nichts! Gibt es nur einen Grabstein von Till Eulenspiegel, kann er gelebt haben; gibt es aber zwei Grabsteine, worauf eine Eule mit einem Spiegel ist, so hat der Till Eulenspiegel nicht gelebt! – Will ich im physikalischen Lehrsaal ein elektrisches Experiment machen, so muß ich sorgfältig alle Maschinen mit gewärmten Tüchern abtrocknen, damit ja nichts feucht ist, denn sonst wird mir weder die gewöhnliche Elektrisiermaschine parieren noch die Influenzmaschine oder irgend etwas. Aber dann erzähle ich flugs hinterdrein: Aus der Wolke – die doch jedenfalls recht naß ist und die kaum irgendein Professor da draußen mit trockenen Tüchern abgewischt haben wird – da, da geht der Blitz so heraus. – Und so könnte man fortfahren.

Nicht wahr, ich habe ja immer wieder und wiederum Beispiele dafür angeführt: Einer sagt es dem andern nach; keiner schaut nach. So kann man zum Beispiel niedlich hören, das Grundprinzip der modernen Physik sei die Erhaltung der Energie, die Erhaltung der Kraft. Das führt auf Julius Robert Mayer zurück. Julius

Robert Mayer – obwohl Physiker und Naturforscher und sonstige Gelehrte ihn gegenwärtig zu dem großen Heros erklären –, er wurde ja, während er gelebt hat, ins Irrenhaus gesperrt, weil er «törichtes Zeug» veröffentlicht hat, Anspruch darauf gemacht hat, ein neues Prinzip gefunden zu haben. Er wurde wirklich ins Irrenhaus gesperrt! Dieses große Verdienst, das hat bei diesem Julius Robert Mayer insbesondere ein Universitätsrektor und so weiter. Aber das will ich gar nicht weiter hervorheben, denn das kommt ja öfter vor. Was ich hervorheben will, ist, daß immer wieder und wieder steht, die Erhaltung der Kraft – Julius Robert Mayer habe sie gefunden. Keiner liest nach, sondern einer sagt es dem andern nach. Bei Julius Robert Mayer findet sich in den Formen, in der unbestimmten Form, wie heute das Energieprinzip vertreten wird, gar nichts davon, sondern da ist es in ganz anderer Formulierung, und zwar in einer vernünftigen Formulierung!

Das, was uns naheliegt, nicht wahr – Dr. Schmiedel hat mir ein Heft gegeben, worinnen für Goethes «Farbenlehre» eingetreten wird –, ein Beispiel kann hier auch betrachtet werden: Zwei gelehrte Herren behaupten, Goethe habe nichts von den Fraunhoferschen Linien gewußt. Dr. Schmiedel hat vier Spalten zusammengestellt von lauter Goetheschen Stellen, worinnen Goethe von den Fraunhoferschen Linien spricht! Aber die gelehrten Herren reden, urteilen über Goethes Umfang seiner optischen Erkenntnisse, lassen in solche Urteile einfließen, er habe nichts gewußt von den Fraunhoferschen Linien. Sie lügen die Leute an; denn selbstverständlich, heute in dieser «autoritätslosen» Zeit ist ja dasjenige, was ein «Gelehrter» sagt, für eine große Anzahl von Menschen ebenso ein Evangelium, wie für viele, nicht wahr, für viele Politiker dasjenige, was Herr Woodrow Wilson sagt, ein Evangelium ist. Also in unserer heutigen Zeit bedeutet das schon etwas, wenn einer so einfach spricht: Goethe habe die Fraunhoferschen Linien nicht gekannt! Viel hilft es auch nicht, wenn man es den Leuten beweist. Nächstens sagt es doch ein Dritter und dann ein Vierter, denn die Unaufmerksamkeit, die Gedankenlosigkeit, mit der heute gelebt wird, ist groß, weil nicht der Wille vorhanden ist, auf die konkreten Wirklichkeiten hinzuschauen. Dazu hat die Menschheit eben viel zu sehr die Neigung, an Abstraktionen sich zu erwärmen, durch Abstraktionen sich zu begeistern.

Damit habe ich nur eingeleitet dasjenige, was uns noch zu beschäftigen hat: das wichtige Prinzip, das in unsere Zeitkultur und unsere Pädagogik eintreten muß, das Prinzip des Altwerdens des Menschen, des Altwerdens seines physischen Leibes, das verbunden ist mit dem Verjüngen seines Ätherleibes. Das wollen wir dann in aller Ausführlichkeit nächstens besprechen.

Jüngerwerden – Älterwerden der Menschheit

Dornach, 11. Januar 1918

In diesen Betrachtungen wollen wir ja über wichtige Fragen der Menschheitsentwickelung sprechen, und Sie haben bereits gesehen, daß dazu mancherlei weither geholte Vorbereitungen notwendig sind. Heute will ich, damit wir eine möglichst breite Grundlage haben können, Sie an einzelnes erinnern, das im Laufe der Auseinandersetzungen während meines diesmaligen hiesigen Aufenthaltes von diesem oder jenem Gesichtspunkte aus gesagt worden ist, das uns aber notwendig ist, wenn wir morgen und übermorgen die Betrachtung in dem richtigen Lichte sehen wollen.

Ich habe Sie darauf hingewiesen, wie in jenem Entwickelungsgange der Menschheit, den man als den uns zunächst seit der großen atlantischen Katastrophe interessierenden betrachten kann, bedeutungsvolle Veränderungen mit der Menschheit vor sich gegangen sind. Ich habe vor Monaten schon darauf aufmerksam gemacht, wie anders sich die Menschheit im allgemeinen verändert als der einzelne Mensch. Der einzelne Mensch wird, indem die Jahre vorrücken, älter. In einer gewissen Beziehung kann man sagen, bei der Menschheit als solcher ist das Entgegengesetzte der Fall. Der Mensch ist zuerst Kind, wächst dann heran und erreicht eben das Alter, das uns als das durchschnittliche Lebensalter bekannt ist. Dabei ist die Sache so, daß die physischen Kräfte des Menschen einer mannigfaltigen Veränderung und Verwandlung unterliegen. Nun haben wir schon charakterisiert, in welchem Sinne bei der Menschheit ein umgekehrter Gang stattfindet.

Man kann sagen, daß die Menschheit in jener alten Zeit, die auf die große atlantische Katastrophe folgte – in der Geologie nennt man es die Eiszeit, in den religiösen Traditionen die Sintflut –, in jener Zeit also, die unmittelbar auf diese große Überflutung der Erde folgte, aus der wirklich eine Art Vereisung hervorging, in den nächsten 2160 Jahren in einer ganz andern Art entwickelungsfähig war als später.

Wir wissen, daß wir in unserer Gegenwart entwickelungsfähig sind bis zu einem gewissen Alter, frei ohne unser Zutun, durch unsere Natur, durch unsere physischen Kräfte entwickelungsfähig sind. In der ersten Zeit nach der großen atlantischen Katastrophe, haben wir gesagt, war der Mensch viel länger entwickelungsfähig. Er blieb entwickelungsfähig bis in die Fünfzigerjahre seines Lebens, so daß er immer wußte: In dieser Zeit, mit dem vorschreitenden Älterwerden ist verbunden auch eine Umwandlung des Seelisch-Geistigen. Wenn wir heute nach unseren Zwanzigerjahren eine Entwickelung des Seelisch-Geistigen haben wollen, dann müssen wir diese Entwickelung durch unsere Willenskraft suchen. Bis in die Zwanzigerjahre hinein werden wir physisch anders; und im Physisch-Anderswerden lebt zugleich etwas, das unser geistig-seelisches Weiterschreiten bestimmt. Dann hört das Physische auf, uns abhängig sein zu lassen von sich; dann gibt sozusagen unser Physisches nichts mehr her, und wir müssen uns eben durch unsere Willenskraft weiterbringen. So erscheint es zunächst äußerlich angesehen. Wir werden gleich nachher sehen, wie die Sache innerlich liegt.

Das war anders in den ersten 2160 Jahren ungefähr nach der großen atlantischen Katastrophe. Da blieb der Mensch von seinem Physischen zwar abhängig bis in sein hohes Alter hinein, aber er hatte auch die Freude dieser Abhängigkeit. Er hatte die Freude, nicht nur während des Wachsens und im Wachstumzunehmen weiterzuschreiten, sondern er hatte die Freude, auch bei abnehmenden Lebenskräften die Früchte dieser abnehmenden Lebenskräfte im Seelischen als eine Art Aufblühen des Seelischen zu erleben, was man jetzt nicht mehr kann. Ja, es ändern sich eben die äußeren, physisch-kosmischen Bedingungen des menschlichen Daseins in verhältnismäßig gar nicht so langer Zeit.

Dann wiederum kam die Zeit, in der der Mensch nicht mehr in ein so hohes Alter, bis in die Fünfzigerjahre hinauf entwickelungsfähig blieb. In dem zweiten Zeitraume nach der großen atlantischen Katastrophe, der wiederum ungefähr 2160 Jahre dauerte, den wir den urpersischen nennen, blieb der Mensch aber immer noch entwickelungsfähig bis in die Höhe der Vierzigerjahre hinauf. Dann, in dem nächsten Zeitraume, in dem ägyptisch-chaldäischen, blieb er entwickelungsfähig bis in die Zeit vom 35. bis 42. Jahre. In der griechisch-lateinischen Zeit blieb der Mensch entwickelungsfähig bis in die Zeit des 35. Jahres hinein. Jetzt leben wir in der Zeit seit dem 15. Jahrhundert, wo der Mensch seine Entwickelung nur bis in die Zwanzigerjahre hineinträgt.

Das alles ist etwas, wovon uns die äußere Geschichte nichts erzählt und was auch von der äußeren Geschichtswissenschaft nicht geglaubt wird, womit aber unendlich viele Geheimnisse der menschheitlichen Entwickelung zusammenhängen. So daß man sagen kann, die gesamte Menschheit rückte herein, wurde immer jünger und jünger – wenn wir dieses Verändern in der Entwickelung ein *Jüngerwerden* nennen. Und wir haben gesehen, welche Folgerung daraus gezogen werden muß. Diese Folgerung war noch nicht so brennend in der griechisch-lateinischen Zeit; da blieb der Mensch bis zu seinem fünfunddreißigsten Jahre naturgemäß entwickelungsfähig. Diese Folgerung wird immer brennender und brennender und von unserer Zeit ab ganz besonders bedeutungsvoll. Denn mit Bezug auf die ganze Menschheit leben wir sozusagen jetzt im siebenundzwanzigsten Jahre, gehen in das sechsundzwanzigste, und so weiter; so daß die Menschen darauf angewiesen sind, durch das ganze Leben hindurchzutragen das-jenige, was ihnen in ihrer frühen Jugend durch die naturgemäße Entwickelung wird, wenn sie nichts dazutun, aus freiem Willen heraus die Weiterentwickelung von sich selbst in die Hand zu neh-men. Und die Zukunft der Menschheit wird darinnen bestehen, daß sie immer mehr zurückgeht, immer weiter zurückgeht, so daß, wenn nicht ein spiritueller Impuls die Menschheit ergreift, Zeiten kommen könnten, in denen nur Jugendansichten herrschen.

In äußeren Symptomen prägt sich ja dieses Jüngerwerden der Menschheit dadurch aus – und derjenige, der mit einigem klüge-ren Sinnen die geschichtliche Entwickelung betrachtet, kann das auch äußerlich sehen –, es prägt sich dadurch aus, daß, sagen wir, noch in Griechenland man ein bestimmtes Alter haben mußte, wenn man an den öffentlichen Angelegenheiten irgendwie teil-nehmen sollte. Heute sehen wir die Forderung gestellt von gro-ßen Kreisen der Menschheit, dieses Alter so weit wie möglich hereinzurücken, weil die Menschen denken, daß sie schon alles, was der Mensch erreichen kann, in den Zwanzigerjahren wissen. Und es werden Forderungen kommen, immer weiter und wei-tergehend nach dieser Richtung, wenn nicht die Einsicht diese Forderungen paralysiert: nicht nur etwa den Menschen vom Be-ginn der Zwanzigerjahre ab so gescheit sein zu lassen, daß er an allem Parlamentarischen, irgendwie gearteten Parlamentarischen der Welt teilnehmen kann, sondern die Neunzehn-, Achtzehn-jährigen werden glauben, daß sie alles dasjenige, was der Mensch umfassen kann, eben in sich tragen.

Diese Art des Jüngerwerdens der Menschen ist zugleich eine Aufforderung an die Menschheit, dasjenige, was die Natur dem Menschen nicht mehr gibt, aus dem Geistigen sich herzuholen. Ich habe Sie das letzte Mal darauf aufmerksam gemacht, welch ungeheurer Einschnitt in der Entwickelungsgeschichte der Menschheit im 15. Jahrhundert liegt, wiederum etwas, wovon die äußere Geschichte keine Kunde gibt, denn diese äußere Geschichte ist, wie ich schon oft gesagt habe, eine Fable convenue. Kommen muß eine ganz neue Erkenntnis der menschlichen Wesenheit, denn nur, wenn eine ganz neue Erkenntnis der menschlichen Wesenheit kommt, läßt sich der Impuls, den die Menschheit braucht, um das aus freiem Willen in die Hand zu nehmen, was die Natur nicht mehr hergibt, dann wirklich finden. Wir dürfen nicht glauben, daß die Zukunft der Menschheit auskommen werde mit denjenigen Gedanken und Ideen, welche die neuere Zeit gebracht hat und auf welche diese neuere Zeit so stolz ist. Man kann nicht genug tun, um sich klarzumachen, wie notwendig es ist, neue, neuartige Impulse für die Entwickelung der Menschheit zu suchen. Gewiß ist es eine Trivialität, wie ich oftmals gesagt habe, zu sagen, unsere Zeit sei ein Übergangszeitalter, denn das ist wirklich jede Zeit. Aber etwas anderes ist es, zu wissen, was übergeht in einer bestimmten Zeit. Gewiß ist jede Zeit eine Übergangszeit; aber in jeder Zeit sollte man auch sich umsehen nach dem, was im Übergange begriffen ist.

Ich will anknüpfen an eine Tatsache. Ich könnte an hundert andere anknüpfen, aber ich will an eine bestimmte Tatsache anknüpfen, die nur als Beispiel dienen soll für vieles. Wie gesagt, aus allen Orten Europas, in hundertfacher Weise könnte man an ähnliche Dinge anknüpfen. Es war noch in der ersten Hälfte des 19. Jahrhunderts, da hielt Friedrich Schlegel, der eine der beiden um die mitteleuropäische Kultur so hochverdienten Gebrüder Schlegel, eine Anzahl von Vorlesungen in Wien, 1828. In diesen Vorlesungen versuchte Friedrich Schlegel von einem hohen geschichtlichen Standpunkte aus den Menschen zu sagen, welche Bedürfnisse in der Zeitentwickelung liegen, wohin man die Augen richten solle, um das Rechte zu treffen für die Entwickelung des 19. Jahrhunderts und der kommenden Zeit.

Friedrich Schlegel stand dazumal unter zwei hauptsächlichsten geschichtlichen Eindrücken. Auf der einen Seite blickte er hin auf das 18. Jahrhundert, wie es sich entwickelt hat allmählich zum Atheismus, zum Materialismus, zur Irreligiosität. Und Friedrich Schlegel – wir wollen keine Kritik üben, sondern nur eine Tatsache vorführen, eine menschliche Anschauung in Betracht ziehen –, Friedrich Schlegel sah, wie dasjenige, was in den Köpfen sich im Laufe des 18. Jahrhunderts abgespielt hat, dann explodiert ist in der Französischen Revolution. Er sah in dieser Französischen Revolution eine große Einseitigkeit. Gewiß, man kann es heute reaktionär finden, wenn solch ein Mensch wie Friedrich Schlegel in der Französischen Revolution eine große Einseitigkeit sieht, aber solch ein Urteil müßte man doch auch noch unter andern Gesichtspunkten anschauen. Es ist im allgemeinen ziemlich einfach, sich zu sagen, das und jenes sei für die Menschheit errungen worden durch die Französische Revolution. Gewiß ist das recht einfach; aber es fragt sich, ob jeder, der mit Enthusiasmus in dieser Weise von der Französischen Revolution spricht, wirklich in seinem allerinnersten Herzen auch ganz aufrichtig ist. Es gibt, ich möchte sagen, eine Kreuzprobe auf diese Aufrichtigkeit, und diese Kreuzprobe besteht lediglich darinnen, daß man sich überlegen sollte: Wie würde man solch eine Bewegung, wenn sie um einen herum ausbräche in der Gegenwart, selber ansehen? Was würde man dann dazu sagen? Diese Frage sollte man sich eigentlich immer vorlegen, wenn man sich diese Sachen ansieht. Dann erst bekommt man eine Art von Kreuzprobe für seine eigene Aufrichtigkeit. Denn es ist im allgemeinen nicht gerade schwierig, begeistert zu sein über dasjenige, was vor so und so viel Jahrzehnten sich zugetragen hat. Es fragt sich, ob man auch begeistert sein könnte, wenn man unmittelbar in der Gegenwart daran beteiligt wäre.

Friedrich Schlegel, wie gesagt, betrachtete die Revolution als eine Explosion der sogenannten Aufklärung, der atheistischen

Aufklärung des 18. Jahrhunderts. Und neben dieses Ereignis, auf das er seine Blicke richtet, stellte er hin ein anderes: das Auftreten desjenigen Menschen, der die Revolution abgelöst hat, der so ungeheuer viel beigetragen hat zu der späteren Gestaltung von Europa: Napoleon. Und Friedrich Schlegel – wie gesagt, er betrachtete die Weltgeschichte von einem hohen Gesichtspunkte aus –, Friedrich Schlegel macht aufmerksam bei dieser Gelegenheit, daß eine solche Persönlichkeit, wenn sie eintritt mit einer solchen Kraft in die Weltentwickelung, wirklich auch von einem andern Gesichtspunkte aus noch betrachtet werden muß als von dem, den man gewöhnlich anlegt. Friedrich Schlegel macht eine sehr schöne Bemerkung da, wo er über Napoleon spricht. Er sagt, man solle nicht vergessen: Sieben Jahre habe Napoleon Zeit gehabt, sich hineinzuleben in dasjenige, was er dann später als seine Aufgabe betrachtete; zweimal sieben Jahre dauerte der Tumult, den er durch Europa trug, und einmal sieben Jahre dauerte dann noch die Lebenszeit, die ihm nach seinem Sturze gegönnt war. Viermal sieben Jahre ist die Laufbahn dieses Menschen. Darauf macht Friedrich Schlegel in sehr schöner Weise aufmerksam.

Ich habe Sie bei den verschiedensten Gelegenheiten darauf hingewiesen, welche Rolle solche innere Gesetzmäßigkeit bei Menschen spielt, die wirklich repräsentativ sind in der Entwickelungsgeschichte der Menschheit. Ich habe Sie darauf hingewiesen, wie merkwürdig es ist, daß Raffael immer nach einer bestimmten Anzahl von Jahren eine bedeutende malerische Leistung macht; ich habe Sie darauf hingewiesen, wie bei Goethe in siebenjährigen Perioden immer ein Aufflackern der Dichterkraft stattfindet, während in der Zwischenzeit, zwischen den siebenjährigen Terminen, ein Abflauen stattfindet. Und so könnte man viele, viele Beispiele anführen für diese Dinge. Friedrich Schlegel betrachtete Napoleon auch nicht gerade als einen Segensimpuls für die europäische Menschheit.

Nun macht Friedrich Schlegel in diesen Vorträgen darauf aufmerksam, worinnen nach seiner Ansicht das Heil Europas bestehen müsse, nachdem die Verwirrung durch die Revolution, die Verwirrung durch das napoleonische Zeitalter gekommen ist. Und Friedrich Schlegel findet, daß der tiefere Grund zu der Verwirrung darinnen besteht, daß die Menschen nicht in der Lage sind, sich zu erheben mit ihrer Weltanschauung zu einem umfassenderen Standpunkte, der ja nur aus einem Einleben in die geistige Welt kommen kann. Dadurch, meint Friedrich Schlegel, ist das gekommen, was an die Stelle einer allgemein menschlichen Weltanschauung überall Parteigesichtspunkte stellt, Parteigesichtspunkte, die darinnen bestehen, daß jemand dasjenige, was sich ihm auf seinem Standpunkte des Lebens ergibt, als etwas Absolutes betrachtet, als dasjenige, was allen Heil bringen muß; während nach Anschauung Friedrich Schlegels das einzige Heil der Menschheit darinnen besteht, daß man sich dessen bewußt ist: man steht auf einem gewissen Standpunkte, und andere stehen auf einem andern Standpunkte, und es muß sich ein Ausgleich der Standpunkte durch das Leben finden. Nicht die Verabsolutierung eines Standpunktes darf Platz greifen.

Nun findet Friedrich Schlegel, daß das einzige, welches den Menschen anweisen kann, wirklich diese nicht zum Indifferentismus hinneigende, sondern zum kraftvollen Lebenswirken hinneigende Toleranz, die er meint, zu verwirklichen, einzig und allein das wahre Christentum ist. Deshalb zieht Friedrich Schlegel – 1828, ich muß das immer betonen – aus den Betrachtungen, die er vor seine Zuhörer hingestellt hat, den Schluß, daß alles Leben Europas, vor allem aber das Leben der Wissenschaft und das Leben der Staaten, durchchristet werden müsse. Und darinnen sieht er das große Unheil, daß die Wissenschaft unchristlich geworden ist, daß die Staaten unchristlich geworden sind, daß nirgends dasjenige, was den eigentlichen Christus-Impuls bedeutet, eingedrungen ist in der neueren Zeit in die wissenschaftlichen Betrachtungen und eingedrungen ist in das Leben der Staaten. Nun fordert er, daß wiederum der christliche Impuls in das Wissenschafts- und in das Staatsleben eindringe.

Friedrich Schlegel sprach natürlich über die Wissenschaftlichkeit und über das Staatsleben seiner Zeit, also des Jahres 1828. Aber man kann schon aus gewissen Gründen, die uns gleich nachher besser einleuchten werden als eben jetzt, auch die heutige Wissenschaft und das heutige Staatsleben so betrachten, wie Friedrich Schlegel sie 1828 betrachtet hat. Versuchen Sie heute einmal Anfragen zu stellen bei den Wissenschaften, die ja vorzugsweise heute im öffentlichen Leben Geltung haben, bei der Physik, der Chemie, der Biologie, der Nationalökonomie, auch bei der Staatswissenschaft, versuchen Sie bei ihnen anzufragen, ob irgendwo im Ernste der christliche Impuls drinnen ist. Man gesteht es nicht, aber in Wahrheit sind die Wissenschaften alle atheistisch; und die verschiedenen Kirchen versuchen, mit diesen atheistischen Wissenschaften ein gutes Auskommen zu haben, weil sie ja doch sich nicht stark genug fühlen, die Wissenschaft wirklich mit dem Prinzip des Christentums zu durchdringen. Daher die bequeme, billige Theorie, daß das religiöse Leben eben anderes erfordere als die äußere Wissenschaft, daß die äußere Wissenschaft sich halten müsse an das, was man beobachten kann, das religiöse Leben an das Gefühl. Beide sollen hübsch getrennt sein; die eine Richtung soll nicht in die andere hineinsprechen. Auf diese Weise kann man ja miteinander leben, das kann man schon, aber man führt solche Zustände herbei, wie es die gegenwärtigen sind.

Nun war, was Friedrich Schlegel dazumal vorgebracht hat, von tiefer innerer Wärme durchdrungen, durchdrungen wirklich von dem großen Persönlichkeitsimpuls bei ihm, seiner Zeit zu dienen, aufzufordern, die Religion nicht bloß zu einer Sonntagsschule zu machen, sondern sie hineinzutragen in alles Leben, vor allem in das Wissenschafts- und in das Staatsleben. Und man kann sehen aus der Art und Weise, wie Friedrich Schlegel dazumal in Wien gesprochen hat, daß er Hoffnung hatte, große Hoffnung hatte darauf, daß aus dem Wirrwarr, den die Revolution und Napoleon angerichtet haben, ein Europa hervorgehen werde, welches durchchristet sein werde in seinem Wissenschafts- und in seinem Staatsleben. Die letzte von diesen Vorlesungen handelt insbesondere von dem herrschenden Zeitgeiste und von der allgemeinen Wiederherstellung. Als Motto setzte Friedrich Schlegel über diese Vorlesung, die wirklich getragen ist von großem Geiste, die Bibelworte: «Ich komme bald und mache alles neu», und er setzte dieses Motto darüber aus dem Grunde, weil er glaubte, es liege wirklich in den Menschen des 19. Jahrhunderts, es liege in den Menschen, die er dazumal als die jungen Menschen ansprechen konnte, die Kraft, zu empfangen dasjenige, was alles neu machen kann.

Wer diese Vorträge Friedrich Schlegels durchliest, der verläßt das Lesen mit gemischten Gefühlen. Auf der einen Seite sagt man sich: Von welch hohen Gesichtspunkten, von welch lichtvollen Anschauungen aus haben einmal Menschen über Wissenschaftlichkeit und Staatsleben gesprochen! Wie hätte man wünschen müssen, daß solche Worte gezündet hätten in zahlreichen Seelen. Und hätten sie gezündet, was wäre aus Europa im Laufe des 19. Jahrhunderts geworden. – Ich sage, mit gemischten Gefühlen verläßt man das Lesen. Denn erstens: Es ist ja nicht so geworden, es ist zu jenen katastrophalen Ereignissen gekommen, die jetzt in so furchtbarer Weise vor uns stehen, und es ist diesen katastrophalen Ereignissen vorangegangen jene Vorbereitung, in der man genau hat sehen können, daß diese katastrophalen Ereignisse kommen müssen; es ist ihnen vorangegangen das Zeitalter der materialistischen Wissenschaftlichkeit – die noch stärker wurde, als sie zu Friedrich Schlegels Zeiten war –, vorangegangen das Zeitalter der materialistischen Staatskunst über ganz Europa. Und nur mit wehmütigen Gefühlen kann man auf ein solches Motto jetzt sehen: «Denn siehe, ich komme bald und mache alles neu.»

Es muß irgendwo ein Irrtum vorliegen. Friedrich Schlegel hat ganz gewiß aus ehrlichster Überzeugung heraus gesprochen, und er war in gar nicht geringem Maße ein scharfer Beobachter seiner Zeit. Er konnte schon die Verhältnisse beurteilen, aber etwas mußte doch nicht ganz stimmen. Ja, was versteht denn Friedrich Schlegel unter der Verchristung von Europa? Man kann sagen, ein Gefühl ist in ihm für die Größe, für die Bedeutung des Christus-Impulses. Und auch dafür ist ein Gefühl in ihm, daß der Christus-Impuls in einer neuen Zeit in einer neuen Weise ergriffen werden muß, daß man nicht stehenbleiben kann bei der Art und Weise, wie frühere Jahrhunderte den Christus-Impuls ergriffen haben. Das weiß er, davon ist ein Gefühl in ihm vorhanden. Aber er lehnt sich mit diesem Gefühl doch wieder an das schon bestehende Christentum an, das Christentum, wie es sich geschichtlich bis zu seiner Zeit entwickelt hat. Er glaubte, daß von Rom ausgehen kann eine Bewegung, von der man sagen kann: «Ich komme bald und mache alles neu.» Er ist ja auch unter denjenigen Menschen des 19. Jahrhunderts gewesen, die sich vom Protestantismus zum Katholizismus gewendet haben, weil sie glaubten, in dem katholischen Leben mehr Kraft zu verspüren als in dem protestantischen Leben. Aber er war freier Geist genug, um nicht katholischer Zelote zu werden.

Aber etwas hat sich Friedrich Schlegel nicht gesagt. Was er sich nicht gesagt hat, das ist dies, daß eine der tiefsten und bedeutungsvollsten Wahrheiten des Christentums jene ist, die in den Worten liegt: «Ich bin bei euch alle Tage bis ans Ende der Erdenzeit.» Die Offenbarung hat nicht aufgehört, sondern sie kommt periodenweise wieder. Und während Friedrich Schlegel auf dasjenige baute, was schon da war, hätte er sehen müssen, fühlen müssen, daß eine wirkliche Durchchristung von Wissenschaft und Staatsleben nur eintreten kann dann, wenn neuerdings aus der geistigen Welt Erkenntnisse herausgeholt werden. Das hat er nicht gesehen; davon weiß er nichts. Und das zeigt uns an einem der bedeutsamsten Beispiele des 19. Jahrhunderts, daß immer wieder und wiederum selbst bei erleuchtetsten Geistern die Illusion auftaucht, man könne an etwas Bestehendes jetzt noch anknüpfen, man brauche nicht aus dem Jungbrunnen eines Neuen heraus zu schöpfen, und daß sie unter diesen Illusionen zwar Großes, Geniales sprechen und leisten können, daß aber doch dieses Geniale zu nichts führt. Denn Friedrich Schlegels Hoffnung war ein nach Wissenschaft und Staatsleben durchchristetes Europa im 19. Jahrhundert. Bald müsse es kommen, meinte er, eine allgemeine Erneuerung der Welt, eine allgemeine Wiederherstellung des Christus-Impulses. Und was kam? Eine materialistische Richtung in der Wissenschaft in der zweiten Hälfte des 19. Jahrhunderts, gegen welche dasjenige, was Friedrich Schlegel 1828 erlebt hatte, wahrhaftig an Materialismus ein Kinderspiel war. Und eine Vermaterialisierung des Staatslebens – man muß nur die Geschichte kennen, die wirkliche Geschichte, nicht jene Fable convenue, welche in den Schulen und Universitäten gelehrt wird –, eine Vermaterialisierung des Staatslebens, von der ebenfalls Friedrich Schlegel 1828 um sich herum noch nichts sehen konnte. Er hat also vorausgesagt eine Durchchristung Europas und war ein so schlechter Prophet, da eine Vermaterialisierung Europas gekommen ist.

Die Menschen leben eben gern in Illusionen. Und das hängt zusammen mit dem großen Problem, das uns jetzt beschäftigt, und das ich schon wiederholt genannt habe, das uns in diesen Tagen ganz klar werden wird, es hängt zusammen mit dem großen Problem: Die Menschen haben verlernt, wirklich alt zu werden, und lernen müssen wir wiederum, alt zu werden. In einer neuen Weise müssen wir lernen, alt zu werden, und das können wir nur durch spirituelle Vertiefung. Aber wie gesagt, das kann uns nur im Laufe der Betrachtung ganz klar werden. Die Zeit ist im allgemeinen dem abgeneigt, noch abgeneigt, und sie muß zugeneigt werden, sie muß aus der Abneigung herauskommen.

Allerdings sind die Denk- und Empfindungsgewohnheiten der Zeit nicht darauf aus, sich mit einer gewissen Leichtigkeit, mit einer gewissen Fazilität in dasjenige hineinzuleben, was zum Beispiel die spirituelle Forderung der anthroposophisch orientierten Geisteswissenschaft ist. Man kann das an Beispielen sehr gut sehen. Ein naheliegendes Beispiel will ich anführen.

Vorgestern erst bekam ich einen Brief eines Mannes, der der Gelehrsamkeit angehört. Er schreibt mir, er habe jetzt einen Vortrag über die Aufgabe der Geisteswissenschaft gelesen, den ich vor zwei Jahren gehalten habe, und habe gesehen, nachdem er diesen Vortrag gelesen habe, daß diese Geisteswissenschaft doch etwas für ihn sehr Fruchtbares enthalte. Es ist ein recht warmer Ton in diesem Brief, ein recht liebenswürdiger, netter, lieber Ton. Man sieht, der Mann ist ergriffen von dem, was er in diesem Vortrage über die Aufgabe der Geisteswissenschaft gelesen hat. Er ist ein naturwissenschaftlich durchgebildeter Mensch, der im Leben, auch im schweren Leben der Gegenwart steht, der also einmal gesehen hat an diesem Vortrage, daß Geisteswissenschaft nichts Dummes und nichts Unpraktisches ist, sondern Impulse für die Zeit geben kann. Aber nun betrachten wir die Kehrseite der Sache: Derselbe Mann hat vor fünf Jahren den Anschluß gesucht an diese Geisteswissenschaft, suchte den Anschluß an einen Zweig, worin diese Geisteswissenschaft getrieben wurde, hatte dazumal auch gebeten, verschiedene Unterredungen mit mir zu haben, hatte sie auch, hatte teilgenommen an Zweigversammlungen vor fünf Jahren und hat vor fünf Jahren so reagiert auf die Sache, daß sie ihm widerlich war, daß er sie abgelehnt hat, so stark abgelehnt, daß er in der Zwischenzeit ein enthusiastischer Lobredner des Herrn Freimark geworden ist, den Sie ja kennen aus seinen verschiedenen Schriften. Jetzt entschuldigt sich derselbe Mann damit, daß er sagt, es wäre vielleicht besser gewesen, statt dem, was er getan hat, dazumal schon etwas von mir zu lesen, irgendwelche Bücher zu lesen und sich mit der Sache bekanntzumachen; aber er habe das nicht getan, sondern er habe geurteilt nach dem, was ihm andere mitgeteilt haben, und da habe er ein so abschreckendes Bild bekommen von der Geisteswissenschaft, daß er sie recht wenig geeignet für seinen eigenen Entwickelungsweg gefunden hat. Jetzt, nach fünf Jahren, hat er einen Vortrag gelesen und hat gefunden, daß die Sache nicht so ist.

Ich führe dieses Beispiel nur an, man könnte wiederum dieses Beispiel vermannigfachen, für die Art und Weise, wie man sich zu der Sache stellt, die da will – nun nicht in der Friedrich Schlegelschen Weise, sondern in der einzig möglichen Weise – eine Durchchristung aller Wissenschaftlichkeit, eine Durchchristung alles öffentlichen Lebens. Ich führe das als ein Beispiel an für die Denkgewohnheiten der heutigen Zeit, insbesondere der Wissenschaften in unserer Zeit. Es ist also gar kein Beweis dafür, daß jemand – wenn er herankommt an die anthroposophische Bewegung, mehrere Unterredungen hat, an Zweigversammlungen teilnimmt, über die Mitglieder dieser Versammlungen und das, was sie ihm sagen, weidlich schimpft, daraus seine Schlüsse zieht, nun auch über die ganze Anthroposophie schimpfen zu müssen, nachher ein begeisterter Lobredner des Freimark wird, der die schmutzigsten Schriften geschrieben hat über die anthroposophisch orientierte Geisteswissenschaft –, daß dieser etwas ihm Antipathisches darin gefunden habe. Nach fünf Jahren entschließt sich nun dieselbe Persönlichkeit noch, einmal wirklich etwas zu lesen.

Es ist also gar kein Beweis, wenn so und so viele Leute heute das Schmählichste sagen oder dem Schmählichsten zustimmen, daß sie nicht die allertiefsten Anlagen haben könnten, der anthroposophischen Geisteswissenschaft sich anzuschließen. Sie brauchen, wenn sie so gutwillig sind wie der Betreffende, fünf Jahre; mancher braucht zehn, mancher fünfzehn, mancher fünfzig Jahre, mancher so lange, daß er es in dieser Inkarnation gar nicht mehr erleben kann. Sie sehen, wie wenig das Verhalten der Menschen irgendein Beweis dafür ist, daß die Menschen nicht suchen dasjenige, was in der anthroposophisch orientierten Geisteswissenschaft zu finden ist.

Ich führe dieses Beispiel an aus dem Grunde, weil es gerade auf das Wesentliche und Wichtige hinweist, das ich öfter erwähnt habe: auf den Mangel an Stabilität im Eingehen auf die Sache, in dem Stecken in althergebrachten Vorurteilen, deren man nicht sich entschlagen will. Und das wiederum hängt mit andern Dingen zusammen. Man braucht nur sich gefühlsmäßig in jene alten Zeiten zurückzuversetzen, von denen ich Ihnen früher und heute gesprochen habe. Denken Sie sich einen jungen Menschen nach der atlantischen Katastrophe in seinem sozialen Zusammenhange drinnen. Er war, sagen wir, zwanzig, fünfundzwanzig Jahre alt, er sah neben sich Vierzig-, Fünfzigjährige, Sechzigjährige. Er sagt sich: Welches Glück, einmal auch so alt sein zu können, denn es lebt sich einem so und so viel zu! – Es war eine ganz selbstverständliche, ungeheure Verehrung für das Altgewordene, ein Hinaufschauen zu dem Altgewordenen, verbunden mit dem Bewußtsein, daß das Altgewordene über das Leben etwas anderes zu sagen hat als das Jungdachsige. Das bloß theoretisch zu wissen, das macht es nicht aus, sondern das in seinem ganzen Gefühl zu haben und unter diesem Eindrucke heranzuwachsen, das macht es aus. Unendliches macht es aus, heranzuwachsen nicht nur so, daß man sich zurückerinnert an seine Jugend und sich sagt: Ach, wie schön war es, als ich Kind war! – Gewiß, diese Schönheit des Lebens wird niemals irgendeine geistige Betrachtung dem Menschen nehmen. Aber es ist eine einseitige Betrachtung, die ergänzt wurde in alten Zeiten durch die andere: Wie herrlich ist es, alt zu werden! – Denn man wächst hinein in demselben Maße, in dem man körperlich schwächer wird, in seelische Stärke; man wächst mit der Weisheit der Welt zusammen. Das war eine Formel, die der Mensch durch seine Erziehung einmal aufgenommen hat.

Nun betrachten wir zu diesem hinzu eine andere Wahrheit, die ich zwar im Laufe dieser Wochen nicht ausgesprochen habe, aber die ich im Laufe der Jahre da und dort auch schon unseren Freunden wiederholt mitgeteilt habe: Wir werden älter, aber nur unser physischer Leib wird älter. Denn vom geistigen Gesichtspunkte aus ist es nicht wahr, daß wir älter werden. Es ist eine Maja, es ist eine äußere Täuschung. Es ist zwar eine Wirklichkeit in bezug auf das physische Leben, aber es ist nicht wahr in bezug auf den ganzen Lebenszusammenhang des Menschen. Man hat freilich erst ein Recht zu sagen: Es ist nicht wahr, wenn man weiß: Dieser Mensch, der da in der physischen Welt zwischen Geburt und Tod lebt, der ist noch etwas ganz anderes als sein physischer Leib; der besteht aus den höheren Gliedern; zunächst aus dem, was wir den Ätherleib oder Bildekräfteleib genannt haben, und dann dem astralischen Leib, dem Ich, wenn wir nur diese vier Teile bezeichnen.

Aber schon, wenn wir stehenbleiben beim Ätherleib, beim unsichtbaren, übersinnlichen Ätherleib oder Bildekräfteleib, sehen wir: Wir tragen ihn in uns zwischen Geburt und Tod gerade so, wie wir unsern physischen Leib aus Fleisch und Blut und Knochen an uns tragen; so tragen wir diesen Bildekräfteleib, diesen Ätherleib in uns, aber es ist ein Unterschied zwischen beiden. Der physische Leib wird immer älter. Der ätherische oder Bildekräfteleib, der ist alt, wenn wir geboren werden, er ist nämlich, wenn wir seiner wahren Natur nachforschen, da alt und er wird immer jünger und jünger. So daß wir sagen können, das erste Geistige in uns wird – im Gegensatze zu dem Physisch-Leiblichen, das schwach und unkräftig wird – immer kräftiger, immer jünger. Und wahr, wörtlich wahr ist es: Wenn wir anfangen, Runzeln im Gesicht zu kriegen, dann blüht unser Ätherleib auf und wird pausbackig.

Ja, aber dem widerspricht ja – könnte der materialistisch denkende Mensch sagen –, dem widerspricht es ganz und gar, daß man das nicht spürt! – In alten Zeiten wurde es gespürt. Die neueren Zeiten nur sind so, daß der Mensch die Sache nicht berücksichtigt, ihr keinen Wert beilegt. In alten Zeiten brachte es die Natur selber mit sich, in neueren Zeiten ist es fast eine Ausnahme. Aber solche Ausnahmen gibt es ja auch. Ich weiß, daß ich einmal ein ähnliches Thema mit Eduard von Hartmann, dem Philosophen des «Unbewussten», Ende der achtziger Jahre besprochen habe. Wir kamen auf zwei Menschen, die beide Professoren an der Berliner Universität waren, zu sprechen. Der eine war der damals zweiundsiebzig Jahre alte Zeller, ein Schwabe, der eben um seine Pensionierung nachgesucht hatte und der also meinte: Ich bin so alt geworden, daß ich nicht mehr meine Vorlesungen halten kann –, der alt und gebrechlich war mit seinen zweiundsiebzig Jahren. Und der andere war Michelet; der war dreiundneunzig Jahre alt. Und Michelet, der war eben bei Eduard von Hartmann gewesen und sagte: Ja, ich verstehe den Zeller nicht! Wie ich so alt war wie der Zeller, da war ich überhaupt ein junger Dachs, und jetzt, jetzt fühle ich mich erst so recht befähigt, den Leuten was zu sagen. Ich, ich werde noch jahrelang, viele Jahre noch vortragen! – Aber der Michelet hatte etwas von dem, was man nennen kann: ein Jungkräftig-Gewordenes. Es ist ja selbstverständlich keine innere Notwendigkeit gewesen, daß er just so alt geworden ist; es hätte ihn ja ein Ziegelstein erschlagen können mit fünfzig Jahren oder noch früher, nicht wahr; von solchen Dingen rede ich nicht. Aber nachdem er so alt geworden ist, war er eben seiner Seele nach nicht alt geworden, sondern gerade jung geworden. Doch dieser Michelet war seinem ganzen Wesen nach eben gar kein Materialist. Auch die Hegelianer sind ja vielfach Materialisten geworden, wenn sie es auch nicht zugeben wollen, aber Michelet war, wenn er auch in schweren Sätzen sprach, vom Geiste innerlich ergriffen. Allerdings, so vom Geiste innerlich ergriffen werden können nur wenige. Aber das ist es ja gerade, was gesucht wird durch anthroposophisch orientierte Geisteswissenschaft: etwas zu geben, was allen Menschen etwas sein kann, so wahr wie Religion allen Menschen etwas sein muß, was zu allen Menschen sprechen kann. Das hängt aber zusammen mit unserem ganzen Erziehungswesen.

Unser ganzes Erziehungswesen ist aufgebaut – in viel tieferen Zusammenhängen muß man das sehen, als das irgendwie sonst angedeutet wird – auf ganz materialistischen Impulsen. Man rechnet nur mit dem physischen Leib des Menschen, niemals mit seinem Jüngerwerden. Mit dem Jüngerwerden beim Älterwerden rechnet man nicht. Es ist nicht auf den ersten Blick hin immer gleich durchschaubar, aber es ist doch so, daß alles das, was im Laufe der Zeit zum Gegenstand der Erziehungswissenschaft, zum Gegenstand des Unterrichts geworden ist, etwas ist, was eigentlich den Menschen, wenn er nicht just Professor wird oder ein wissenschaftlicher Schriftsteller, nur packen kann in seiner Jugend. Man macht nicht sehr oft die Erfahrung, daß jemand den Stoff, den man heute aufnimmt während seiner Schulzeit, in derselben Weise im späteren Alter, wenn er es nicht mehr nötig hat, noch aufnehmen möchte. Ich habe Mediziner kennengelernt, die Koryphäen in ihrem Fache waren, die also so ihre Studienzeit und ihre übrige Jugendzeit zugebracht hatten, daß sie Koryphäen haben werden können. Aber daß sie fortsetzten dieselbe Art und Weise des Sich-Aneignens des Wissensstoffes in späteren Jahren, davon war gar keine Rede. Einen ganz berühmten Mann – ich will seinen Namen gar nicht aussprechen, so berühmt war er – kannte ich, der also einen ersten Namen hat in der medizinischen Wissenschaft. Die spätere Auflage seiner Bücher hat er von seinem Assistenten besorgen lassen, weil er selber mit der Wissenschaft nicht mehr mitging; das paßte nicht mehr für sein späteres Alter.

Das hängt aber damit zusammen: Wir bilden allmählich immer mehr und mehr ein Bewußtsein aus, daß dasjenige, was man lehrmäßig aufnehmen kann, eigentlich nur für die Jugendjahre etwas taugt, worüber man später hinaus ist. Und das ist es auch. Man kann sich ja später noch zwingen, zu manchem zurückzukehren, aber man muß sich dann schon zwingen; naturgemäß ist es gewöhnlich nicht. Und dennoch, ohne daß der Mensch immer Neues aufnimmt – und zwar nicht so aufnimmt, daß man sich herbeiläßt, aufzunehmen etwa durch den Konzertsaal oder durch das Theater oder, mit Respekt zu vermelden, durch die Zeitung oder sonstiges von der Art –, altert er in seiner Seele. Man muß aufnehmen in anderer Weise, so aufnehmen, daß man wirklich in der Seele das Gefühl hat: man erfährt Neues, man wandelt sich um, man verhält sich zu dem, was man aufnimmt, im Grunde genommen, wie sich das Kind verhalten hat. Das kann man nicht auf künstliche Weise, sondern das kann nur geschehen, wenn etwas da ist, zu dem man hinkommen kann in späterem Alter gerade so, wie man als Kind zu der gebräuchlichen Unterrichtswissenschaft kommt.

Aber nun nehmen Sie unsere anthroposophisch orientierte Geisteswissenschaft. Wie es in späteren Jahrhunderten mit ihr sein wird, darüber brauchen wir uns ja jetzt nicht die Köpfe zu zerbrechen. Sie wird schon für diese späteren Jahrhunderte auch die entsprechenden Formen finden, aber jetzt ist sie doch jedenfalls – allerdings noch zur Antipathie von manchem – so, daß man vorerst nicht aufzuhören braucht, sie aufzunehmen, wenn man noch so uralt geworden ist in der Gegenwart. Man kann immer in ihr Neues erfahren, das die Seele ergreift, das die Seele wieder jung macht. Und mancherlei Neues könnte schon auf geisteswissenschaftlichem Boden gefunden werden, auch solches Neue, welches Blicke hineintun ließe in wichtigste Probleme der Gegenwart. Vor allen Dingen aber braucht die Gegenwart einen Impuls, der den Menschen als solchen unmittelbar ergreift. Nur dadurch kann diese Gegenwart herauskommen aus den Kalamitäten, in die sie hineingekommen ist und die so katastrophal wirken.

Die Impulse, um die es sich handelt, müssen unmittelbar an den Menschen herankommen. Und wenn man nun nicht Friedrich Schlegel ist, sondern ein Einsichtiger ist in das, was wirklich der Menschheit not tut, dann kann man sich trotzdem an einzelne schöne Gedanken, die Friedrich Schlegel gehabt hat, halten und sich wenigstens an ihnen freuen. Er hat davon gesprochen, daß nicht von einem gewissen Standpunkte aus die Dinge verabsolutiert werden dürfen. Er hat zunächst nur die Parteien gesehen, die immer ihr eigenes Prinzip als das Alleinseligmachende für alle Menschen betrachten. Aber noch viel mehr wird in unserer Zeit verabsolutiert. Es wird vor allen Dingen nicht berücksichtigt, daß im Leben ein Impuls unheilvoll für sich sein kann, im Zusammenwirken aber mit andern Impulsen heilsam sein kann, weil er dann etwas anderes wird. Denken Sie sich einmal, wenn ich schematisch das aufzeichnen soll, drei Richtungen, die zusammenlaufen.

Die eine Richtung soll uns symbolisieren nicht gerade den landläufigen trivialen oder Leninschen, sondern den Sozialismus, welchem die moderne Menschheit zusteuert. Die zweite Linie soll uns symbolisieren dasjenige, was ich Ihnen oftmals charak-

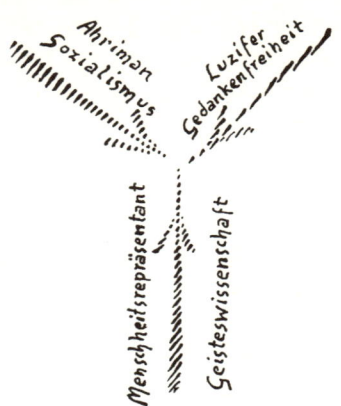

terisiert habe als Gedankenfreiheit, und die dritte Richtung Geisteswissenschaft. Diese drei Dinge gehören zusammen. Im Leben müssen sie zusammenwirken.

Versuchte der Sozialismus, so wie er als grober materialistischer Sozialismus heute auftritt, in die Menschheit einzudringen, so würde er das größte Unglück über die Menschheit bringen. Er wird bei uns symbolisiert durch den Ahriman unten in unserer Gruppe, in allen seinen Formen. Versucht die falsche Gedankenfreiheit, die bei jedem Gedanken stehenbleiben will und ihn geltend machen will, einzudringen, wird wiederum Unheil über die Menschheit gebracht. Dieses wird symbolisiert durch Luzifer in unserer Gruppe. Aber ausschließen können Sie weder Ahriman noch Luzifer aus der Gegenwart; nur müssen sie ausgeglichen werden durch Pneumatologie, durch Geisteswissenschaft, die durch den Menschheitsrepräsentanten, der in der Mitte unserer Gruppe steht, repräsentiert wird.

Immer wieder und wiederum muß man darauf hinweisen, daß Geisteswissenschaft nicht bloß etwas sein soll für Menschen, die sich aus dem Lebenszusammenhange herausgerissen haben durch den einen oder den andern Umstand und die sich ein bißchen anregen lassen wollen durch allerlei Dinge, die zusammenhängen mit höheren Angelegenheiten, sondern daß Geisteswissenschaft, anthroposophisch orientierte Geisteswissenschaft etwas sein soll, was mit den tiefsten Bedürfnissen unseres Zeitalters zusammenhängt. Denn dieses unser Zeitalter ist so, daß seine Kräfte nur überschaut werden können, wenn man ins Geistige hineinsieht. Das ist ja etwas, was mit den schlimmsten Übeln in unserer Zeit zusammenhängt, daß zahllose Menschen heute keine Ahnung davon haben, daß im sozialen, im sittlichen, im geschichtlichen Leben übersinnliche Kräfte walten, daß allerdings, ebenso wie die Luft, so übersinnliche Kräfte um uns herum walten. Die Kräfte sind da und sie fordern, daß wir sie wissend aufnehmen, um sie wissend zu dirigieren; sonst können sie von Unwissenden oder Unverständigen in falsche Bahnen gelenkt werden. Es darf allerdings die Sache nicht trivialisiert werden. Es darf nicht geglaubt werden, daß man auf diese Kräfte so hinweisen kann, wie man oftmals aus dem Kaffeesatz oder aus anderem die Zukunft vorhersagt. Aber mit der Zukunft, mit der Gestaltung der Zukunft hängt doch dasjenige zusammen in einer gewissen Weise, und manchmal in einer recht naheliegenden Weise, was nur dann erkannt werden kann, wenn man von geisteswissenschaftlichen Prinzipien ausgeht.

Zweiheit der menschlichen Gestalt

Dornach, 12. Januar 1918

Die Dinge, die wir jetzt besprechen, hängen zusammen mit einer Tatsache, die paradox klingt, wenn man sie so einfach hinspricht, die aber doch einer bedeutsamen, tiefen Wahrheit entspricht: Der Mensch wandelt auf der Erde herum, aber der Mensch versteht sich selbst eigentlich sehr schlecht. Nun gilt dieser Ausspruch, man könnte sagen, in unmittelbarer Anwendung am meisten gerade für unser Zeitalter. Wir wissen ja, daß die große, bedeutsame Aufschrift des Apollotempels, «Erkenne dich selbst», wie eine Aufforderung an die geistige Zusammenhänge suchenden Menschen einstmals im alten Griechenlande war. Und diese Aufschrift auf dem delphischen Tempel, «Erkenne dich selbst», ist ja – das geht aus unseren verschiedensten Betrachtungen hervor – in jener Zeit nicht etwa nur eine Phrase gewesen, sondern es war schon möglich auch noch in dieser Griechenzeit, eine tiefere Erkenntnis des Menschen herbeizuführen, als das in der Gegenwart der Fall ist. Aber diese Gegenwart ist auch eine Aufforderung an uns, nach wirklicher Menschenerkenntnis wieder zu streben, nach der Erkenntnis dessen, was der Mensch eigentlich auf der Erde ist.

Nun scheint es, als ob die Dinge, die man im Zusammenhange mit dieser Frage sagen muß, schwer verständlich wären. Sie sind es in Wirklichkeit nicht, trotzdem sie sich so anhören, wie wenn sie schwer verständlich wären. Sie sind es nur deshalb für die Gegenwart, weil man nicht gewöhnt ist, sein Denken, sein Empfinden in solche Strömungen zu leiten, wie sie notwendig sind, damit man so etwas richtig versteht. Es handelt sich darum, daß alles dasjenige, was wir in der Gegenwart Verstehen nennen, eigentlich darauf hinauskommt, daß wir immer durch abstrakte

Begriffe zu verstehen suchen. Man kann aber nicht alles durch abstrakte Begriffe verstehen. Vor allen Dingen kann man nicht den Menschen durch abstrakte Begriffe verstehen. Man braucht etwas anderes zum Verständnisse des Menschen als abstrakte Begriffe. Man muß sich in die Lage versetzen, den Menschen so, wie er auf der Erde herumwandelt, gewissermaßen als ein Bild zu nehmen, als ein Bild, welches etwas ausspricht, welches etwas verrät, welches uns etwas offenbaren will. Man muß wieder auffrischen das Bewußtsein, daß der Mensch ein Rätsel ist, das gelöst werden will. Man wird aber das Menschenrätsel nicht lösen, wenn man wird fortfahren wollen, so bequem zu sein im Denken, so theoretisch zu sein im Denken, wie man es jetzt liebt. Denn der Mensch ist, das haben wir ja immer wieder und wiederum betonen müssen, ein kompliziertes Wesen. Der Mensch ist mehr, reichlich mehr als das physische Gebilde, das vor unseren Augen als Mensch herumwandelt; reichlich mehr ist der Mensch. Aber dieses physische Gebilde, das vor unseren Augen als Mensch herumwandelt, und alles, was zu diesem physischen Gebilde gehört, das ist doch ein Ausdruck für die ganze umfassende Wesenheit des Menschen. Und man kann sagen: Nicht nur dasjenige kann man erkennen an der menschlichen Gestalt, an dem physischen Menschen, der unter uns herumwandelt, nicht nur das kann man in ihm erkennen, was der Mensch ist zwischen seiner Geburt und seinem Tode hier in der physischen Welt, sondern auch das kann man, wenn man nur will, am Menschen erkennen, was er ist als unsterbliche, als ewige Seelenwesenheit. Man muß nur ein Gefühl dafür entwickeln, daß diese menschliche Gestalt etwas Kompliziertes ist. Unsere Wissenschaft, die ja heute populär gemacht wird und so zu allen Menschen kommt, ist nicht geeignet, ein Gefühl davon hervorzurufen, was für ein Wunderbau dieser Mensch eigentlich ist, der auf der Erde herumwandelt. Man muß den Menschen ganz anders ansehen.

Erinnern Sie sich einmal – Sie haben gewiß schon alle ein menschliches Skelett gesehen –, erinnern Sie sich nur, daß ein solches menschliches Skelett eigentlich zweifach ist, wenn man von allem übrigen absieht. Man kann viel genauer darüber sprechen, aber wenn man von allem übrigen absieht, so ist dieses Skelett eine Zweiheit. Sie können ja sehr leicht vom Skelett den Schädel abheben, der eigentlich nur daraufgesetzt ist, dann bleibt der übrige Mensch schädellos übrig. Der Schädel läßt sich sehr leicht abheben. Dieser übrige Mensch außer dem Schädel ist noch immer ein recht kompliziertes Wesen; allein wir wollen ihn jetzt als eine Einheit auffassen, wir wollen von seiner Komplikation absehen. Aber diese Zweiheit wollen wir zunächst ins Auge fassen, die uns eben vor Augen tritt, wenn wir den Menschen betrachten, sagen wir als Kopfmenschen und als übrigen Menschen, als Rumpfmenschen. So ist er ja auch nicht nur im Skelett, so ist er, obwohl das weniger deutlich hervortritt, auch als ganzer fleischlicher Mensch eine Zweiheit.

Nun brauchen wir auf geisteswissenschaftlichem Boden Vergleiche nicht zu lieben in der Form, daß wir sie etwa verabsolutieren, metaphysisch ausbauen. Das wollen wir nicht, aber verdeutlichen wollen wir uns allerlei Dinge, indem wir Vergleiche gebrauchen. Und da ist es naheliegend, weil es wirklich der Anschauung entspricht, sich zu sagen, der Mensch ist in bezug auf seinen Kopf hauptsächlich durch die Kugelform beherrscht. Will man irgendwie schematisch das ausdrücken, was das menschliche Haupt, der menschliche Kopf ist, so können wir sagen, der Mensch ist durch die Kugelform beherrscht.

Wollten wir für den übrigen Menschen ein schematisches Bild haben, so würden wir natürlich die Komplikationen ins Auge fassen müssen, allein das wollen wir heute nicht tun. Sie werden aber leicht einsehen: Von gewissen Kompliziertheiten abgesehen, ebenso wie man schematisch den menschlichen Kopf als eine

Kugelform auffassen kann, so kann man den übrigen Menschen als eine solche Form auffassen (siehe Zeichnung: Mondform), wobei nur selbstverständlich in der Stellung dieser zwei Kreise je nach der Korpulenz der einzelnen unterschieden werden muß.

Aber so können wir schon den Menschen auffassen gewissermaßen als Kugelform und als Mondenform. Das hat eine tiefinnerliche Berechtigung; über diese wollen wir aber heute nicht sprechen, sondern wir wollen nur eingedenk des Umstandes sein, daß der Mensch in diese zwei Glieder zerfällt.

Nun ist das Haupt des Menschen ein wirklicher Apparat zunächst für die geistige Betätigung. Für alles dasjenige, was der Mensch aufbringen kann an menschlichen Gedanken, menschlichen Empfindungen ist das Haupt, der Kopf: der Apparat. Aber wenn wir angewiesen wären auf dasjenige, was der Kopf als Apparat leisten kann im Denken, Empfinden, würden wir niemals imstande sein, das Wesen des Menschen wirklich zu verstehen. Wenn wir überhaupt angewiesen wären, nur den Kopf als Werkzeug unseres Geisteslebens zu benützen, würden wir niemals imstande sein, zu uns wirklich Ich zu sagen. Denn, was ist dieser Kopf? Dieser Kopf ist in Wahrheit, so wie er uns in seiner Kugelform entgegentritt, ein Abbild des ganzen Kosmos, wie Ihnen der Kosmos zunächst erscheint mit all seinen Sternen,

Fixsternen, Planeten und Kometen, sogar Meteorsteinen – die Unregelmäßigkeiten spuken ja in manchen Köpfen. Der menschliche Kopf ist ein Abbild des Makrokosmos, ist ein Abbild der ganzen Welt. Und nur das Vorurteil unserer Zeit – ich habe das schon in anderem Zusammenhang angedeutet – weiß nichts davon, daß die ganze Welt daran beteiligt ist, daß ein menschliches Haupt zustande kommt.

Aber wenn dieses menschliche Haupt nun durch die Vererbung, durch die Geburt auf die Erde versetzt ist, so kann dieses menschliche Haupt kein Apparat sein, um die Wesenheit des Menschen selbst zu begreifen. Uns wird gewissermaßen in unserem Haupte ein Apparat gegeben, der wie ein Extrakt der ganzen Welt ist, der aber nicht imstande ist, den Menschen zu begreifen. Warum? Ja, aus dem Grunde, weil der Mensch mehr ist als alles dasjenige, was wir sehen, denken können durch unsern Kopf. Heute sagen viele Leute, das menschliche Erkennen hätte Grenzen, man könne nicht weiter über diese Grenzen hinauskommen. Das rührt aber nur davon her, weil diese Menschen bloß die Weisheit des Kopfes gelten lassen wollen, und die Weisheit des Kopfes geht allerdings nicht über gewisse Grenzen hinaus. Diese Weisheit des Kopfes hat aber auch gemacht dasjenige, was wir vor einigen Tagen beschrieben haben als die griechischen Götter. Die griechischen Götter sind aus der Weisheit des Kopfes hervorgegangen. Sie sind die oberen Götter; sie sind daher nur Götter für alles dasjenige, was der Kopf des Menschen mit seiner Weisheit umspannen kann.

Nun habe ich Sie öfter darauf aufmerksam gemacht: Die Griechen hatten außer dieser äußeren Götterlehre ihre Mysterien. In den Mysterien verehrten die Griechen außer den himmlischen Göttern noch andere Götter, die chthonischen Götter. Und von demjenigen, der in die Mysterien eingeweiht wurde, sagte man mit Recht: Er lernt kennen die oberen und die unteren Götter. – Die oberen Götter, das waren diejenigen des Zeuskreises; aber sie

haben nur Herrschaft über dasjenige, was vor den Sinnen ausgebreitet ist und was der Verstand begreifen kann. Der Mensch ist mehr als dieses. Der Mensch wurzelt mit seiner Wesenheit im Reiche der unteren Götter, im Reiche der chthonischen Götter.

Aber man kommt nicht zurecht, wenn man nur dasjenige vom Menschen ins Auge faßt, was ich schematisch hier aufgezeichnet habe. Wenn man das Wurzeln des Menschen im Bereiche der unteren Götter ins Auge fassen will, dann muß man schon diese Zeichnungen vervollständigen und muß sie so machen: Man muß auch gewissermaßen den nicht belichteten Mond einbeziehen (siehe Zeichnung oben). Man muß, mit andern Worten, den Kopf des Menschen anders betrachten als den übrigen Organismus. Beim übrigen Organismus muß man vielmehr ins Auge fassen dasjenige, was geistig ist, was übersinnlich, was unsichtbar ist. Der Kopf des Menschen ist äußerlich, so wie er uns entgegentritt, gewissermaßen eine Vollkommenheit. Alles, was geistig ist, hat sich ein Abbild geschaffen im Kopfe. Im übrigen Menschen ist das nicht der Fall. Der übrige Mensch ist nur ein Fragment als physischer Mensch, und man kommt nicht zurecht mit dem übrigen Menschen, wenn man dieses fleischliche Fragment nimmt, das sichtbarlich auf der Erde herumwandelt.

Nun, das zeigt uns schon, daß wir den Menschen kompliziert nehmen müssen. Aber tritt das irgendwie im Leben hervor, was ich jetzt gesagt habe? Es scheint abstrakt zu sein, was ich jetzt gesagt habe, es scheint paradox und schwer verständlich zu sein, aber die Frage muß doch auftauchen: Tritt es im Leben irgendwie hervor? Das ist das Wichtige: es tritt im Leben nämlich ganz klar hervor. Der Kopf ist der Apparat unserer Weisheit; er ist der Apparat unserer Weisheit so stark, daß mit seiner Entwickelung unsere nächste Weisheit zusammenhängt. Aber selbst die äußere anatomisch-physiologische Betrachtung zeigt – sehen Sie sich an, wie ein Haupt sich entwickelt, wie ein Mensch aufwächst –, daß der Kopf eine ganz andere Entwickelung durchmacht als der übrige Organismus. Der Kopf entwickelt sich rasch, der übrige Organismus langsam. Verhältnismäßig ist der Kopf schon ganz ausgebildet beim Kinde, entwickelt sich viel weniger weiter. Der übrige Organismus ist noch wenig ausgebildet, macht langsam seine Stadien durch. Das hängt zusammen damit, daß wir in der Tat ein Doppelmensch auch im Leben sind. Nicht nur unser Skelett zeigt den Kopf und den übrigen Menschen, sondern unser Leben zeigt selbst diese Zwienatur unseres Wesens: unser Kopf entwickelt sich schnell, unser übriger Organismus entwickelt sich langsam. Unser Kopf macht in unserer Zeit ungefähr schon bis zu unserem achtundzwanzigsten oder siebenundzwanzigsten Jahre seine Entwickelung durch, der übrige Organismus braucht dazu das ganze Leben bis zum Tode. Erleben nämlich kann man dasjenige, was der Kopf verhältnismäßig in kurzer Zeit sich aneignet, nur im ganzen Leben. Es hängt das mit vielen Geheimnissen zusammen.

Der Geistesforscher erkennt diese Dinge insbesondere dann, wenn er einmal den Blick richtet auf einen Unglücksfall. Es klingt wiederum paradox, aber es entspricht der völligen Wahrheit. Denken Sie sich einmal, ein Mensch wird erschlagen, er geht durch einen Unglücksfall zugrunde. Nehmen wir an, ein Mensch wird in seinem dreißigsten Jahre erschlagen. Für die äußere physische Betrachtung ist solch ein plötzlicher Tod eine Art Zufall; aber es ist vor der geisteswissenschaftlichen Betrachtung einfach lächerlich, eine solche Sache als Zufall zu betrachten. Denn in dem Momente, wo durch eine äußere Veranlassung, von außen her, ein Mensch plötzlich in den Tod kommt, geht rasch ungeheuer viel mit ihm vor sich. Denken Sie sich, im gewöhnlichen Zusammenhange der Dinge wäre dieser selbe Mensch, der mit dreißig Jahren erschlagen worden ist, vielleicht siebzig, achtzig, neunzig Jahre alt geworden. Da hätte er dadurch, daß er vom dreißigsten bis neunzigsten Jahre noch gelebt hätte, langsam hintereinander mancherlei im Leben zugenommen an Lebenserfahrung. Das, was er so in sechzig Jahren durchgemacht hätte an Lebenserfahrung, macht er, wenn er im dreißigsten Jahre erschlagen wird, kurz, vielleicht in einer halben Minute könnte es sein, durch. Die Zeitverhältnisse sind, wenn die geistige Welt in Betracht kommt, eben andere als sie uns hier im physischen Plan erscheinen. Ein rascher Tod, der durch äußere Verhältnisse herbeigeführt wird – man muß die Sache ganz genau nehmen –, kann unter Umständen rasch die Erfahrung, die Erfahrung sage ich, die Lebensweisheit des ganzen Lebens durchmachen lassen, das noch hätte kommen können.

Daran kann man studieren, wie das ist, was der Mensch sein Leben hindurch an Lebensweisheit, an Lebenserfahrung sich aneignet. Und man kann daran studieren, wie sich verhält dasjenige, was der Kopf leisten kann mit seiner kurzen Entwickelung, gegenüber dem, was der übrige Mensch leisten kann mit seiner langen Entwickelung im sozialen Leben. Es ist wirklich so, daß der Mensch während seiner Jugendzeit gewisse Begriffe, gewisse Vorstellungen aufnimmt, die er lernt; aber er lernt sie eben da nur. Sie sind dann Kopfwissen. Das übrige Leben, das langsamer verläuft, ist dazu bestimmt, das Kopfwissen umzuwandeln allmählich in Herzwissen – ich nenne jetzt den andern Menschen nicht den Kopfmenschen, ich nenne ihn den Herzensmenschen –, umzuwandeln das Kopfwissen in Herzenswissen, in Wissen, an dem der ganze Mensch beteiligt ist, nicht nur der Kopf.

Um das Kopfwissen in Herzenswissen umzuwandeln, brauchen wir viel länger, als um uns das Kopfwissen anzueignen. Um uns das Kopfwissen anzueignen – wenn es schon ein ganz besonders gescheites Wissen ist –, braucht man heute die Zeit bis in die Zwanzigerjahre hinein. Nicht wahr, dann wird man ein ganz gescheiter Mensch, akademisch ganz gescheiter Mensch, aber um dieses Wissen wirklich mit dem ganzen Menschen zu vereinigen, muß man beweglich bleiben sein Leben hindurch. Und man braucht, um das Kopfwissen in Herzenswissen umzuwandeln, eben um so viel länger, als man länger lebt als bis zum siebenundzwanzigsten oder sechsundzwanzigsten Jahre. Insofern ist man auch als Mensch eine Zwienatur. Man eignet sich rasch das Kopfwissen an und kann es dann umwandeln im Laufe des Lebens in Herzenswissen.

Zu wissen, was das eigentlich bedeutet, ist nicht ganz leicht. Und ich darf, wir sind ja unter uns, für diese Sache vielleicht eine Erfahrung des Geistesforschers anführen, durch die leichter über diese Dinge etwas gewußt werden kann als durch andere geistesforscherische Arbeiten. Man kann, wenn man sich bekannt macht mit der Sprache, welche die Menschenseelen sprechen, die durch den Tod hindurchgegangen sind, die in der geistigen Welt leben nach dem Tode, man kann, wenn man die Sprache der Toten, der sogenannten Toten einigermaßen versteht, dann die Erfahrung machen, daß die Toten sich über manche Dinge, die im Zusammenhange mit dem Menschenleben stehen, in ganz besonderer Weise ausdrücken. Die Toten haben heute schon eine Sprache, die wir Lebenden noch nicht ganz gut verstehen können. Es gehen die Verständnisse der Toten und der Lebenden heute ziemlich weit auseinander. Der Tote hat durchaus ein Bewußtsein davon, daß der Mensch sich als Kopfmensch rasch entwickelt, als Herzensmensch langsam entwickelt. Und der Tote sagt, wenn er ausdrücken will, was da eigentlich geschieht, wenn sich allmählich das rasch erworbene Kopfwissen in das langsamer verlaufende Herzenswissen einlebt: Das bloße Weisheitswissen wird umgewandelt durch die aus dem Menschen aufsteigende Herzenswärme oder Liebe. Weisheit wird im Menschen von der Liebe befruchtet. – So sagt der Tote.

Und das ist in der Tat ein tiefes, bedeutsames Lebensgesetz. Man kann das Kopfwissen rasch erwerben, man kann ungeheuer viel wissen gerade in unserer Zeit, denn die Naturwissenschaft – nicht die Naturwissenschafter, aber die Naturwissenschaft – ist in unserer Zeit recht sehr fortgeschritten und hat reichen Inhalt. Aber dieser Inhalt ist so, daß er nicht umgewandelt ist in Herzenswissen, daß das Kopfwissen überall geblieben ist; weil die Menschen – ich habe schon gestern darauf aufmerksam gemacht – das andere, was dann anrückt im Leben nach dem siebenundzwanzigsten Jahre, nicht mehr beachten, weil die Menschen nicht verstehen, alt zu werden, beziehungsweise könnte ich auch sagen: jung zu bleiben, indem sie alt werden.

Weil die Menschen die innerliche Lebendigkeit sich nicht erhalten, da erkaltet ihr Herz; es strömt die Herzenswärme nicht nach dem Kopfe hinauf, es befruchtet die Liebe, die aus dem übrigen Organismus kommt, den Kopf nicht. Das Kopfwissen bleibt kalte Theorie. Aber es braucht nicht kalte Theorie zu bleiben, es kann alles Kopfwissen umgewandelt werden in Herzenswissen. Und das ist gerade die Aufgabe der Zukunft, daß das Kopfwissen allmählich in Herzenswissen umgewandelt wird. Da wird ein wirkliches Wunder geschehen, wenn das Kopfwissen in Herzenswissen umgewandelt wird.

Man hat vollständig Recht, wenn man heute nach allen Noten

die materialistische Naturwissenschaft oder namentlich die materialistische Naturphilosophie abkanzelt. Man hat vollständig Recht, aber trotzdem ist noch etwas anderes wahr: Diese Naturwissenschaft, die in Haeckel, in Spencer, in Huxley und so weiter bloßes Kopfwissen geblieben ist und daher Materialismus ist, die wird, wenn sie Herzenswissenschaft werden wird, wenn sie aufgenommen werden wird vom ganzen Menschen, wenn die Menschheit verstehen wird, älter zu werden oder jünger zu werden im Ältersein, wie ich das gestern gemeint habe, dann wird diese, gerade diese Wissenschaft der Gegenwart der reinste Spiritualismus werden, die reinste Bekräftigung für den Geist und sein Dasein werden. Es gibt keine bessere Grundlage als die Naturwissenschaft der Gegenwart, wenn sie sich umwandelt in dasjenige, was dem Kopf des Menschen zufließen kann aus dem übrigen Organismus, aber jetzt aus dem geistigen Teil des übrigen Organismus. Das Wunder wird sich vollziehen, indem die Menschen lernen werden, die Verjüngung ihres Ätherleibes auch zu fühlen, so daß die materialistische Naturwissenschaft der Gegenwart Spiritualismus werden wird. Sie wird um so eher Spiritualismus werden, je mehr Leute sich finden werden, ihr ihren gegenwärtigen Materialismus, ihre materialistische Torheit vorzuhalten.

Damit wird aber eine vollständige Umwandlung verknüpft sein, die derjenige, der nur einigermaßen Empfindung für das hat, was in der Gegenwart vorgeht, empfinden kann: damit wird verknüpft sein eine vollständige Umwandlung des Erziehungs- und Unterrichtswesens. Wer könnte sich verhehlen, wenn er ein offenes Auge hat für die sozialen, sittlichen, geschichtlichen Verhältnisse der Gegenwart, wer könnte sich verhehlen, daß wir heute gar nicht in der Lage sind als ganze Menschheit – nun, wenn man es grotesk ausdrücken will – den Kindern eine angemessene Erziehung, insbesondere einen angemessenen Unterricht zu geben. Gewiß, wir können die Kinder zu Beamten, wir können sie zu Industriellen machen, wir können sie sogar zu Pastoren und so weiter machen, aber wir sind wenig in der Lage, die Kinder heute zu vollständigen Menschen, zu allseitig entwickelten Menschen zu machen. Denn es ist eine tiefe Forderung der Zeit: Wenn der Mensch ein vollständiger, ein allseitig entwickelter geistig-seelischer Organismus sein soll, dann muß er in die Lage kommen, dasjenige, was er als Kind aufnimmt, schnell, rasch aufnimmt, das umzuwandeln sein ganzes Leben hindurch. Das ganze Leben hindurch muß der Mensch frisch bleiben, um umzuwandeln dasjenige, was er aufgenommen hat.

Was tun wir denn heute – man sieht diese Dinge nur nicht unbefangen genug an –, was tun wir denn heute eigentlich im späteren Leben? Wir haben in der Jugend etwas gelernt, der eine viel, der andere weniger. Nicht wahr, man ist ja stolz darauf, daß man keine Analphabeten mehr hat in Westeuropa. Einer lernt viel, der andere weniger, aber alle lernen etwas in der Jugend. Und was tut man im späteren Leben mit dem, was man gelernt hat, gleichgültig, ob man viel oder wenig gelernt hat? Es ist ja alles so veranlagt, daß man sich nur erinnert an das, was man gelernt hat; es ist so im Menschen vorhanden, daß man sich erinnert daran. Was arbeiten denn die Menschen da? Es ist nicht so der Menschenseele beigebracht, daß es in der Menschenseele arbeitet, daß aus Kopfinhalt Herzensinhalt wird. Dazu ist es gar nicht veranlagt. Da muß auch noch manches Wasser den Rhein hinunterfließen, wenn das, was wir heute der Jugend geben können – betrachten wir es nur auf einem Felde, aber es ist auf alle Felder anwendbar –, etwas werden soll, was geeignet ist, wirklich in Herzenswissen umgewandelt zu werden. Was muß das sein? Wir haben ja heute gar keine Möglichkeit, unsern Kindern etwas zu geben, was wirklich Herzenswissen werden könnte. Dazu fehlen zwei Bedingungen. Diese zwei Bedingungen kann nur die wirklich richtig verstandene Geisteswissenschaft herbeiführen.

Was fehlt,
um unseren Kindern
Herzenswissen zu geben?

Zwei Bedingungen fehlen, um heute den Kindern wirklich etwas Lebenserfrischendes zu geben, etwas zu geben, was das ganze Dasein hindurch ein Quell von Lebensfreude und Lebensgetragenheit sein kann. Zwei Dinge fehlen. Das eine ist, daß der Mensch heute nach allen gangbaren Begriffen, die wir haben, die die heutige Bildung dem Menschen anweisen kann, keine Vorstellung gewinnen kann über seine Stellung zum Weltenall. Bedenken Sie nur einmal alles dasjenige, was einem in der Schule überliefert wird. Den kleinsten Kindern wird ja das heute schon überliefert, wenigstens wird das, was ihnen gesagt wird, in solchen Worten gesagt, daß das drinnen liegt, was wir nun aussprechen wollen. Bedenken Sie, daß der Mensch heute heranwächst unter den Vorstellungen: Da ist die Erde; sie schwebt mit so und so viel Geschwindigkeit durch den Weltenraum, und außer der Erde die Sonne und Planeten, Fixsterne. Und was nun von der Sonne, den Planeten, den Fixsternen gesagt wird, das ist höchstens eine Art Weltenphysik, mehr ist es nicht, Weltenmechanik, Weltenphysik.

Dasjenige, was da der Astronom heute sagt, was unsere Bildung überhaupt heute sagt über das Weltengebäude, hat das etwas zu tun mit diesem Menschen, der hier auf der Erde unten herumwandelt? Doch gewiß nicht! Nicht wahr, für die naturwissenschaftliche Weltanschauung geht der Mensch als ein etwas höher entwickeltes Tier herum, wird geboren, stirbt, wird begraben, ein anderer kommt, wird geboren, stirbt, wird begraben und so weiter. So geht es von Generation zu Generation. Draußen im großen Weltenraume spielen sich die Ereignisse ab, die rein mathematisch berechnet werden wie in einer großen Weltenmaschinerie. Aber was hat das alles zu tun für den heutigen gescheiten Menschen, was sich da draußen in der großen Welt abspielt, mit dem, daß hier auf der Erde dieses etwas höher entwickelte Tier geboren wird und stirbt? Priester, Pastoren wissen keine andere

Weisheit an die Stelle dieser trostlosen Weisheit zu setzen. Und weil sie das nicht wissen, so sagen sie, sie befassen sich überhaupt nicht mit dieser Wissenschaft, sondern der Glaube muß einen ganz andern Ursprung haben.

Na ja, das brauchen wir nicht weiter auszuführen. Aber es sind einmal zwei recht verschiedene Dinge: das, wovon die atheistische Wissenschaft redet, und die notdürftig das theistische Element aufrechterhaltende sogenannte Gläubigkeit dieser oder jener Bekenntniskirche. Es war notwendig, daß gegenüber der früheren Anschauung über das Weltenall die jetzige eine Zeitlang in der Menschheitsentwickelung Platz gegriffen hat. Wir brauchen nicht weit zurückzugehen – man denkt heute nur nicht daran –, da hatten die Menschen noch ein Bewußtsein, daß sie nicht bloß als höhere Tiere hier unten herumwandeln auf der Erde, geboren werden und begraben werden, sondern sie brachten sich in Zusammenhang mit der Sternenwelt, in Zusammenhang mit dem ganzen Weltenall, wußten in ihrer Art, in anderer Art, als das jetzt angestrebt werden muß, aber wußten in ihrer Art von dem Zusammenhang mit dem Weltenall. Da mußte man aber das Weltenall auch anders vorstellen.

Eine solche Weltanschauung, wie sie heute schon den Kindern beigebracht wird, war im 12., 13. Jahrhundert undenkbar; man konnte gar nicht daran denken, solch eine Anschauung von der Sternenwelt irgendwie zu haben. Man blickte hinauf zu den Sternen, man blickte auf, wie heute zu den Planeten, aber man rechnete nicht nur, wie heute der mathematische Astronom das tut, die Planetenbahnen aus und hatte die Vorstellung: Da oben ist eine Kugel, die da durch den Weltenraum geht –, sondern die mittelalterliche Wissenschaft sah in jeder Kugel den Leib eines geistigen Wesens. Es wäre ein einfacher Unsinn gewesen, sich eine bloße materielle Kugel vorzustellen unter einem Planeten. Lesen Sie nach bei Thomas von Aquino. Sie werden überall finden, daß er in jedem Planeten die englische Intelligenz sieht – nicht engländische, die englische Intelligenz. Und so in den übrigen Sternen. Ein Weltenall, wie es die heutige Astronomie fabriziert, stellte man sich nicht vor. Man mußte aber, um fortzuschreiten, eine Zeitlang, ich möchte sagen, die Seele aus dem Weltenall heraustreiben, um das Skelett, die reine Maschinerie des Weltenalls, vorzustellen. Die Kopernikanische, die Galileische, die Keplersche Weltanschauung mußte kommen. Aber nur Toren sehen sie als etwas letztlich Gültiges an. Sie sind ein Anfang, aber ein Anfang, der sich weiter entwickeln muß.

Manche Dinge weiß heute schon die Geisteswissenschaft, die die äußere Astronomie noch nicht weiß. Aber wichtig ist, daß gerade diese Dinge, welche die Geisteswissenschaft weiß, die äußere Astronomie noch nicht weiß, übergehen in das allgemeine Menschheitsbewußtsein. Und wenn sie auch heute noch schwierig erscheinen, diese Begriffe, sie werden so werden, daß man sie den Kindern schon beibringen kann; sie werden gerade für die Kinder ein wichtiges Gut sein, um die Seele lebendig zu erhalten. Wir müssen allerdings diese Dinge noch in schwierigen Begriffen besprechen. Denn so lange die Geisteswissenschaft so genommen wird von der äußeren Welt, wie sie jetzt genommen wird, hat sie keine Gelegenheit, die Dinge in solche Begriffe, in solche Vorstellungen zu gießen, wie sie gebraucht werden, wenn sie Gegenstand der Kindererziehung werden sollen.

Von etwas zum Beispiel weiß die heutige Astronomie nichts: Sie weiß nichts davon, daß die Erde, indem sie durch das Weltenall rast, zu schnell rast. Sie rast zu schnell, die Erde. Und weil sie zu schnell rast, weil die Erde schnell sich bewegt, können wir auch unsere Kopfentwickelung schneller haben, als wir sie hätten, wenn die Erde sich so langsam bewegen würde, daß sie dem entsprechen würde, was unserer ganzen Lebensdauer entspricht. Die Schnelligkeit unserer Kopfentwickelung hängt einfach damit zusammen, daß die Erde zu schnell durch den Weltenraum rast. Unser Kopf macht mit diese Schnelligkeit der Erde, unser übriger Organismus macht sie nicht mit; unser übriger Organismus entzieht sich den kosmischen Ereignissen. Unser Kopf, welcher als eine Kugel nachgebildet ist dem Himmelsbau, der muß auch mitmachen dasjenige, was die Erde mitmacht im Himmelsraume.

Unser übriger Organismus, der nicht nachgebildet ist dem ganzen Weltenbau, macht das nicht mit, der macht seine Entwickelung langsamer. Würde unser ganzer Organismus die Schnelligkeit der Erde heute mitmachen, würde er sich so entwickeln, daß es der Schnelligkeit der Erde entsprechen würde, so würden wir alle niemals älter werden können als siebenundzwanzig Jahre. Da würden siebenundzwanzig Jahre so im Durchschnitt das Lebensalter der Menschen sein. Denn in der Tat: unser Haupt, unser Kopf, ist mit siebenundzwanzig Jahren fertig; wenn es auf ihn ankäme, könnte der Mensch mit siebenundzwanzig Jahren sterben. Nur dadurch, daß der übrige Mensch für eine längere Lebensdauer angelegt ist und dem Kopfe nach dem siebenundzwanzigsten Jahre fortwährend seine Kräfte zuführt, leben wir, so lang wir eben leben. Das ist der geistige Teil des übrigen Menschen, der dem Kopfe seine Kräfte zuführt. Es ist der Herzensteil, der mit dem Kopf seine Kräfte tauscht.

Wird die Menschheit einmal erkennen, daß sie eine Zwienatur hat, eine Kopfnatur und Herzensnatur, dann wird sie auch erkennen, daß der Kopf ganz andern Weltengesetzen gehorcht als der übrige Organismus. Dann steht der Mensch wiederum drinnen im ganzen Makrokosmos; dann kann der Mensch gar nicht anders, als sich Vorstellungen bilden, die so gehen, daß er sich sagt: Ich stehe nicht bloß als ein höheres Tier hier auf der Erde, werde geboren und sterbe, sondern ich bin ein Wesen, das aus dem ganzen Weltenall heraus gebaut ist. Mein Haupt, das mir aufgebaut ist, ist aus dem ganzen Weltenall heraus; die Erde hat mir den übrigen Organismus angegliedert, der die Bewegungen des Weltenalls in dieser Weise zunächst nicht mitmacht, wie sie der Kopf in anderer Weise mitmacht.

So, wenn man den Menschen nicht abstrakt betrachtet, wie es die gegenwärtige Wissenschaft macht, sondern wenn man ihn als Bild in seiner Zweiheit betrachtet: als Kopfmenschen und Herzensmenschen im Zusammenhange mit dem Weltenall, da stellt sich der Mensch wiederum in das Weltenall hinein. Und ich weiß, und andere, die so etwas beurteilen können, wissen es auch: Wird man sich herzenswarme Vorstellungen machen können darüber, daß, wenn man hinschaut auf das menschliche Haupt, man in dem menschlichen Haupte ein Abbild des ganzen sternbesäten Weltraumes mit seinen Wundern sieht, dann werden in die menschliche Seele hereinkommen alle Bilder über den Zusammenhang des Menschen mit dem weiten, weiten Weltenall. Und diese Bilder werden zu Erzählungsformen, die wir heute noch nicht haben; und diese Erzählungsformen werden nicht abstrakt, aber empfindungsgemäß zum Ausdruck bringen dasjenige, was wir in die Herzen der jüngsten Kinder gießen können, so daß diese Herzen der jüngsten Kinder empfinden: Hier auf der Erde stehe ich als Mensch, aber als Mensch bin ich ein Ausdruck des ganzen sternbesäten Weltraumes; in mir spricht sich aus die ganze Welt. – Empfindungsgemäß wird der Mensch erzogen werden können zu einem Mitgliede des ganzen Kosmos. Das ist die eine Bedingung.

Die andere Bedingung ist die folgende. Wenn wir die ganze Erziehung, wenn wir alles Unterrichtsgemäße so imstande sind zu veranlagen, daß der Mensch gewahr wird: In seinem Haupte ist er ein Abbild des Weltenalls, mit seinem übrigen Organismus entzieht er sich diesem Weltenall; er hat mit seinem übrigen Organismus dasjenige, was wie ein Seelenregen herabträufelt, das ganze Weltenall zu verarbeiten, so daß es selbständig wird hier auf

der Erde im Menschen –, dann wird dieses ein besonderes inneres Erlebnis sein. Denken Sie sich diesen zwiefachen Menschen, den ich jetzt in dieser kuriosen Form zeichnen will. Wenn er wissen wird: Da kommt aus dem ganzen Weltenall in sein Haupt unbewußt dasjenige, was die Geheimnisse aller Sterne sind; dies aber, indem es die Kräfte seines Hauptes anregt, hat er sein ganzes Leben hindurch zu verarbeiten mit seinem übrigen Organismus, damit er es hier auf Erden konserviere, es durch den Tod trage und in die geistige Welt wieder zurücktrage – wenn dies eine lebendige Empfindung wird, dann wird sich der Mensch wissen als eine Zwienatur, er wird sich wissen als Kopf- und Herzensmensch. Denn verbunden ist das, was ich jetzt sage, damit, daß der Mensch lernen wird, sich selber zu enträtseln, sich zu sagen: Indem ich Herzensmensch werde immer mehr und mehr, indem ich jung bleibe, sehe ich, wenn ich altere, durch das, was mein Herz mir gibt, dasjenige an, was ich als Kind in der Jugend gelernt habe durch den Kopf. Das Herz blickt zum Kopfe auf, und das Herz wird im Kopfe sehen ein Abbild des ganzen Sternenhimmels. Der Kopf aber wird zum Herzen blicken und wird im Herzen die

Geheimnisse des Menschenrätsels finden, wird lernen, das eigentliche Wesen des Menschen im Herzen zu ergründen.

Der Mensch wird sich so erzogen fühlen, daß er sich sagen wird: Gewiß, ich kann mit meinem Kopfe mancherlei lernen. Aber indem ich lebe, indem ich dem Tode entgegenlebe, der mich in die geistige Welt hineintragen soll, wird dasjenige, was ich mit dem Kopfe erlerne, dereinst von der aus dem übrigen Organismus aufsteigenden Liebe befruchtet, wird etwas ganz anderes. Es gibt etwas in mir als Menschen, das es nur in mir als Menschen gibt; ich habe etwas zu erwarten. – In diesen Worten liegt viel, und viel bedeutet es, wenn der Mensch so erzogen wird, daß er sagt: Ich habe etwas zu erwarten. Ich werde dreißig, vierzig, fünfzig, sechzig Jahre alt werden, und indem ich von Jahrzehnt zu Jahrzehnt älter werde, kommt durch das Älterwerden etwas vom Geheimnis des Menschen mir entgegen. Ich habe etwas zu erwarten von dem, daß ich lebe.

Denken Sie sich, wenn das nicht bloße Theorie ist, wenn das Lebensweisheit ist, soziale Lebensweisheit, dann wird das Kind so erzogen, daß es weiß: Ich kann etwas lernen; aber derjenige, der mich erzieht, der hat etwas in sich, was ich nicht lernen kann, wozu ich erst so alt werden muß wie er, damit ich es in mir selber finden kann. Wenn er es mir erzählt, dann gibt er mir etwas, was ein heiliges Geheimnis für mich sein muß, weil ich es aus seinem Munde hören, in mir aber nicht finden kann. – Denken Sie sich, was daraus wiederum für ein Verhältnis zwischen den Kindern und den Alten geschaffen wird, das in unserer Zeit vollständig verwischt ist, wenn der Mensch wissen wird: Die Lebensalter bieten etwas, was zu erwarten ist: In mir kann, wenn ich noch nicht vierzig Jahre alt bin, nicht jene Summe von Geheimnissen sitzen, welche sitzen können in demjenigen, der schon vierzig Jahre alt geworden ist. Und teilt er es mir mit, so bekomme ich es eben als Mitteilung, ich kann es nicht durch mich selber wissen. Welches

Band menschlicher Gemeinschaft wird dadurch geknüpft, daß in dieser Weise ein neuer Ernst, eine neue Tiefe in das Leben hineinkommt! – Dieser Ernst, diese Tiefe ist es gerade, die unserem Leben fehlt, die unser Leben nicht hat, weil unser Leben nur Kopfwissen vorläufig achtet. Dadurch aber wird das wirkliche Soziale sterben, der Auflösung entgegengehen; denn hier auf der Erde wandeln Menschen dann herum, die gar nicht wissen, was sie sind, die eigentlich nur dasjenige ernst nehmen, was bis zum siebenundzwanzigsten Jahre ist, und das übrige Leben dazu benützen, um den Kadaver in sich zu tragen für den Rest, aber nicht umzuwandeln den ganzen Menschen in etwas, was die Jugend noch durch den Tod tragen kann.

Weil man dies nicht versteht, weil ein Zeitalter gekommen ist, das dies nicht verstehen konnte, deshalb blieben alle die Dinge, die sich auf Geistiges bezogen, so unbefriedigende Dinge, wie ich es gestern sagen mußte von Friedrich Schlegel. Er war ein genialer Kopf, er hat vieles verstanden, aber er wußte nicht, daß eine neue Geistoffenbarung notwendig ist. Er glaubte einfach, das alte Christentum nehmen zu können. Mit Worten, mit wörtlichem Schallklang konnte er sogar in vieler Beziehung das Richtige aussprechen. Denken Sie nur einmal, eine Stelle aus dem letzten Vortrage von Friedrich Schlegel vom Jahre 1828 will ich Ihnen doch mitteilen. Er versuchte zu beweisen, so sagt er, «daß in dem Gange derselben – nämlich der Weltgeschichte – eine göttlich führende Hand und Fügung zu erkennen ist, daß nicht bloß irdisch sichtbare Kräfte in dieser Entwickelung und in dem sie hemmenden Gegensatze mitwirkend sind, sondern daß der Kampf zum Teil auch unter dem göttlichen Beistande gegen unsichtbare Mächte gerichtet ist; davon hoffe ich die Überzeugung, wenn auch nicht mathematisch erwiesen, was hier gar nicht angemessen, noch anwendbar wäre, doch bleibend erweckt und lebendig begründet zu haben».

Daß der Mensch also, indem er die Geschichte durchlebt, sich hereinzuleben hat in die Geschichte göttlicher Kräfte und mit diesen göttlichen Kräften zusammen gegen widerstrebende geistige Mächte – er sagt ausdrücklich: widerstrebende geistige Mächte – kämpft, davon hatte er eine Ahnung, aber es fehlte jedes lebendige Bewußtsein. Denn die wirkliche Wissenschaft vom Geiste, die flieht man ja in gewisser Beziehung. Seit dem 3. Jahrhundert unserer Zeitrechnung, als im Abendlande entstanden ist das Vorurteil, wie man es nannte, gegen die Einrede der falschen Gnosis – so nannte man es: die Einrede der falschen Gnosis –, da kam man allmählich dazu, abzulehnen alles dasjenige, was der Mensch wissen kann über die geistigen Welten. Und so ist es denn gekommen, daß auch die religiösen Impulse den Materialismus zubereitet haben, daß diese religiösen Impulse nicht verhindern konnten, daß wir eigentlich heute nichts haben, was wir der Jugend wirklich geben können. Unsere Wissenschaft dient nicht der Jugend, denn man kann sich im späteren Alter nur an sie erinnern, sie kann nicht Herzensweisheit werden.

Selbst auf religiösem Gebiete ist es so. Schließlich ist ja die Menschheit nur, ich möchte sagen, zu zwei Extremen gekommen. Den übersinnlichen Christus zu fassen hat ja die Menschheit ziemlich verlernt. Sie will nichts wissen von jener kosmischen Macht, von der die Geisteswissenschaft wieder sprechen muß als der Macht des Christus Jesus. Auf der einen Seite ist ja eine ganz liebliche, wirklich liebliche Vorstellung all dasjenige, was sich im Laufe des Mittelalters und der neueren Zeit durch Dichter, durch Musiker entwickelt hat, eine liebliche poetische Vorstellung, was sich in Anlehnung an das Jesuskind entwickelt hat; aber, religiös ausfüllen kann es doch nicht den Menschen sein ganzes Leben hindurch, was sich an Vorstellungen anknüpft an das liebe Jesulein! Es ist ja schon charakteristisch, daß eine geradezu paradoxe Liebe in unzähligen Liedern und dergleichen für das liebe Jesulein sich ausdrückt. Dagegen ist gar nichts einzuwenden, aber es kann nicht das einzige bleiben.

Das ist das eine, wo sich der Mensch, weil er sich zu dem Großen nicht erheben kann, an das Kleinste gemacht hat, um wenigstens etwas zu haben. Aber ausfüllen kann es das Leben nicht. Und auf der andern Seite der «bon dieu citoyen», wie wir ihn zu Weihnachten mit den Worten Heinrich Heines kennengelernt haben, der gute Bürgergott Jesus, der aller Göttlichkeit entkleidet ist, der Gott der liberalen Pastoren und liberalen Priester. Glauben Sie, daß er nun wirklich das Leben ergreifen kann? Glauben Sie insbesondere, daß er die Jugend gefangennehmen kann? Er ist vom Anfange an ein totes Theologieprodukt, nicht einmal ein Theologieprodukt, sondern ein Theologiegeschichteprodukt. Aber die Menschheit ist auch auf diesem Gebiete weit davon entfernt, die Blicke hinzurichten auf dasjenige, was geistige Macht in der Geschichte ist.

Warum ist das so? Weil eben eine Zeitlang die Menschheit das schon durchmachen mußte, rein materiell in die Welt zu blicken. Es ist auch die Zeit herangekommen, wo die Umwandlung gerade des zur Spiritualität tauglichen Naturwissens der Gegenwart in Herzenswissen sich vollziehen muß. Unsere Naturwissenschaft ist entweder spottschlecht, wenn sie so bleibt, wie sie ist, oder sie ist etwas ganz außerordentlich Großartiges, wenn sie sich umwandelt in Herzensweisheit. Denn dann wird sie Geisteswissenschaft. Die alte, ältere Wissenschaft, die in mancherlei Traditionen befangen ist, hatte schon die Kopfwissenschaft in Herzenswissenschaft umgewandelt. Die neuere Zeit hat keine Begabung gehabt, das, was sie als Wissenschaft neu gewonnen hat bis jetzt, in Herzenswissenschaft umzuwandeln. Und so ist es denn gekommen, daß insbesondere auf sozialem Gebiete die Kopfwissenschaft die einzige wirkliche Arbeit geleistet hat und daher das einseitigste Produkt zustande gebracht hat, das es geben kann.

Der Kopf des Menschen kann vom Menschenwesen überhaupt nichts wissen. Wenn der Kopf des Menschen daher über das Menschenwesen, wie es sich im sozialen Zusammenhange auslebt, nachdenkt, so muß der Kopf etwas ganz Fremdes in dem sozialen Zusammenleben zustande bringen, und das ist der moderne Sozialismus, wie er sich als sozialdemokratische Theorie ausdrückt. Es gibt nichts, was so rein Kopfwissen ist, wie die marxistische Sozialdemokratie, nur weil die übrige Menschheit versäumt hat, sich überhaupt mit Weltproblemen zu beschäftigen, und man in diesen Kreisen sich allein mit sozialen Theorien beschäftigt hat. Die übrigen haben nur – na, ich will höflich sein – die Professorengedanken sich vorsagen lassen, die nur traditionell sind. Aber die Kopfweisheit, das ist Sozialtheorie geworden. Das heißt, mit einem Instrumente hat man versucht, eine soziale Theorie zu begründen, das gerade am allerwenigsten geeignet ist, über die Menschenwesenheit etwas zu wissen. Das ist ein Fundamentalirrtum der gegenwärtigen Menschheit, der nur ganz aufgedeckt werden kann, wenn man wissen wird, wie es mit dem Kopf- und Herzenswissen ist. Niemals wird der Kopf widerlegen können den Sozialismus, marxistischen Sozialismus, weil der Kopf hinausdenken muß in unserem Zeitalter. Widerlegen können wird ihn nur die Geisteswissenschaft, weil die Geisteswissenschaft durch das Herz umgewandelte Kopfweisheit ist.

Das ist außerordentlich wichtig, daß man diese Dinge ins Auge faßt. Sie sehen, warum untaugliche Mittel vorhanden waren selbst bei einem solchen Menschen wie Schlegel, weil er Altes nehmen wollte, trotzdem er einsah: Der Mensch muß wiederum sich einen Blick aneignen für das Unsichtbare, das unter uns herumgeht. Aber unsere Zeit ist eine Aufforderung, den Blick hinzurichten auf dieses Unsichtbare. Unsichtbare Mächte waren immer da, so wie Schlegel das ahnt; unsichtbare Mächte haben mitgearbeitet und mitgewirkt an dem, was in der Menschheit sich vollzieht. Die Menschheit aber muß sich entwickeln. Das ging bis zu einem gewissen Grade, daß in den letzten Jahrhunderten die Menschen keine Rücksicht genommen haben auf die übersinnlichen, unsichtbaren Kräfte zum Beispiel im sozialen Leben, in Zukunft wird das nicht gehen. In der Zukunft wird das gegenüber den realen Verhältnissen nicht gehen.

Erziehungskunst auf Grundlage wirklicher Erkenntnis des Menschenwesens

Stuttgart, 8. April 1924

Meine sehr verehrten Anwesenden! Als die Aufgabe dieser Erziehungstagung wurde eine Erörterung der Frage angenommen: Welche Stellung hat Erziehung und Unterricht im persönlichen Leben des Menschen und im Kulturleben der Gegenwart? – Es dürfte bei denjenigen Persönlichkeiten, welche in unbefangener Weise das Kulturleben der Gegenwart nach seinen verschiedenen Gestaltungen betrachten können, kaum einem Widerspruch begegnen, wenn gesagt wird, daß gerade ein solches Thema heute – das heißt in dem historischen Heute, das ja die gegenwärtigen Jahrzehnte umfasst – ein solches ist, das im tiefsten Sinne die Rätsel berührt, die heute einem weiten Menschenkreise auf der Seele und auf dem Herzen liegen. Haben wir ja doch in der neueren Kultur eine eigentümliche Stellung des Menschen zu sich selbst sich herausbilden sehen. Man hat innerhalb dieser Kultur seit mehr als einem Jahrhundert die großartige Entwickelung der Naturwissenschaft mit alledem, was sie für die Zivilisation der Menschheit im Gefolge hat, sehen können, und im Grunde genommen ist ja das ganze moderne Leben durchsetzt von dem, was die gewaltige, großartige Naturwissenschaft der neueren Zeit an Erkenntnissen zutage gefördert hat. Allein soweit wir auch schauen im Umkreise dieser Naturerkenntnis, so genau wir ins Auge fassen, wie wir heute hineinschauen namentlich in das Reich des Mineralischen, und von da aus uns Vorstellungen machen über die anderen Reiche der Natur, wir müssen uns eines gestehen: So nahe und intim, wie sich der Mensch in Selbstbeobachtung in früheren Kulturepochen gegenübergestanden hat, steht er sich heute nicht gegenüber. Denn alles dasjenige, was die so eindringliche Naturerkenntnis der Menschheit gebracht hat, ist ja eigentlich auf das innerste Wesen des Menschen nicht unmittelbar anzuwenden. Wir können fragen: Wie sind die Gesetze, wie ist der Verlauf der außermenschlichen Welt? – Aber alle Antworten auf diese Frage kommen eigentlich an das Wesen dessen, was in die Grenzen der menschlichen Haut eingeschlossen ist, nicht heran. Sie kommen so wenig heran, daß man heute nicht einmal eine Ahnung davon hat, welche wirklichen Veränderungen äußere Naturprozesse im lebenden Menschen in Atmung, Blutzirkulation, Ernährung und so weiter erfahren.

Daher ist man dazu gekommen, selbst in bezug auf das Seelische nicht auf dieses Seelische selbst hinzuschauen, sondern es gewissermaßen zu betrachten durch die Art und Weise, wie es sich äußert in der körperlichen Natur des Menschen. Man ist zum Experimentieren mit äußeren Maßnahmen am Menschen gekommen. Nun, es soll sich nicht etwa um Einwendungen handeln gegen eine experimentelle Psychologie oder experimentelle Pädagogik. Was nach dieser Richtung geleistet werden kann, soll durchaus anerkannt werden, aber mehr als Symptom denn als seinem Inhalte nach soll dieses Experimentieren am Menschen wenigstens andeutungsweise erwähnt werden. In Zeiten, in denen man aus dem inneren Mitfühlen mit dem Geistig-Seelischen des anderen Menschen einen intuitiven Eindruck bekam von den inneren Seelenerlebnissen, da war es sozusagen selbstverständlich, daß man aus dem, was man über das innere Geistig-Seelische wußte, die äußeren körperlichen Offenbarungen deutete. Heute schlägt man den umgekehrten Weg ein. Man experimentiert an den äußerlichen Merkmalen und Vorgängen herum – verdienstvoll selbstverständlich, wie alle Naturwissenschaft verdienstvoll heute ist –, aber man zeigt damit nur, daß man sich allmählich gewöhnt hat im Laufe der neueren Lebensauffassung, als positiv in der Anschauung nur das zu betrachten, was die Sinne schauen können, was der Verstand durch das Schauen der Sinne gewinnen kann. Dadurch aber ist man eigentlich dazu gekommen, den inneren Menschen nicht mehr recht beobachten zu können und sich vielfach mit der Beobachtung der äußeren Hülle zu begnügen. Man entfernt sich vom Menschen. Diejenigen Methoden, die in so grandioser Weise hineingeleuchtet haben in das Leben der äußeren Natur, in ihr Wesen und Wirken, die aber auch auf den Menschen angewendet werden, diese Methoden nehmen uns eigentlich das unmittelbar elementarische Wirken von Seele zu Seele.

So ist es wirklich dazu gekommen, daß die sonst so wunderbar wirkende neuere Kultur, die uns gewisse Naturerscheinungen so nahe gebracht hat, uns eigentlich vom Menschen entfernt hat. Es ist leicht einzusehen, daß unter dieser Erscheinung am allermeisten derjenige Zweig unseres Kulturlebens leiden muß, welcher es mit der Bildung, mit der Entwickelung des werdenden Menschen, des Kindes in Erziehung und Unterricht zu tun hat. Denn erziehen und unterrichten kann der Mensch ebenso nur dann, wenn er dasjenige, was er zu bilden hat, was er zu gestalten hat, versteht, wie der Maler nur malen kann, wenn er die Natur, das Wesen der Farbe kennt, der Bildhauer nur arbeiten kann, wenn er das Wesen seines Stoffes kennt, und so weiter. Was für die übrigen Künste gilt, die mit äußeren Stoffen arbeiten, wie sollte es nicht gelten für diejenige Kunst, die an dem edelsten Stoffe arbeitet, der überhaupt nur dem Menschen vorgelegt werden kann, an dem Menschenwesen, seinem Werden und seiner Entwickelung selbst? Damit ist man aber im Grunde genommen schon darauf hingewiesen, daß alle Erziehung und aller Unterricht hervorquellen müssen aus wirklicher Erkenntnis des Menschenwesens. Diese Erziehungskunst, die ganz und gar auf wirklicher Erkenntnis des

Menschenwesens ruht, suchen wir nun auszubilden in der Waldorfschule, und im Zusammenhange mit den Erziehungs- und Unterrichtsmethoden der Waldorfschule steht ja diese Erziehungstagung.

Menschenerkenntnis – man kann sagen: Oh, wie weit ist es ja doch gekommen mit der Menschenerkenntnis in der neueren Zeit! – Aber die Antwort darauf muß sein: Gewiß, Außerordentliches ist errungen worden in bezug auf die Erkenntnis des körperlichen Menschen; aber der Mensch ist in sich gegliedert nach Körper, Seele und Geist. Und diejenige Lebensauffassung, die der Methode, dem Erziehungswesen der Waldorfschule zugrunde liegt, die anthroposophische Geisteswissenschaft, sie ist durchaus aufgebaut auf einer gleichmäßigen Erkenntnis des Körpers, der Seele und des Geistes des Menschen, und sie will durch eine solche gleichmäßige Erkenntnis der drei Glieder der Menschennatur jede Einseitigkeit vermeiden.

Ich werde in den nächsten Vorträgen, zu denen ich heute mehr eine Einleitung geben möchte, über diese Menschenerkenntnis mancherlei zu sprechen haben. Zunächst aber möchte ich darauf aufmerksam machen, daß wahre, echte Menschenerkenntnis nicht bloß damit sich befassen kann, den einzelnen Menschen nach Leib, Seele und Geist, wie er sich vor uns stellt, aufzufassen, sondern daß sie vor allen Dingen dasjenige ins Seelenauge fassen will, was sich zwischen den Menschen im irdischen Leben abspielt. Indem Mensch dem Menschen begegnet, kann sich nicht – das wäre widersinnig – eine zum vollen Bewußtsein heraufgebrachte Menschenerkenntnis entwickeln. Wir würden uns als Menschen im sozialen Leben nie begegnen können, wenn wir uns so anschauen würden, daß wir fragen: Was sitzt, was ist in dem anderen? – Aber in den unbewußten Empfindungen und Gefühlen, vor allen Dingen in jenen Impulsen, die dem Willen zugrunde liegen, trägt der Mensch eine unbewußte Erkenntnis des anderen, der ihm im Leben begegnet. Diese Menschenerkenntnis, wir werden das noch sehen, hat allerdings in der neueren Zeit vielfach gelitten, und unsere sozialen Schäden beruhen darauf, daß sie gelitten hat. Aber sie hat sich mehr oder weniger nur zurückgezogen in noch unterbewußtere Gebiete als jene, in denen sie früher war. Sie ist aber vorhanden, sonst würden wir ja ganz verständnislos Mensch an Mensch aneinander vorbeigehen. Aber ist es denn nicht so: Wenn Mensch dem Menschen begegnet – auch wenn man sich es nicht klar macht –, Sympathien, Antipathien steigen auf, Eindrücke sind da, die uns sagen, der andere Mensch ist geeignet, uns nahezukommen, oder er ist ungeeignet dazu, wir wollen uns von ihm fernhalten. – Ja, auch andere Eindrücke können wir bekommen. Wir können nach dem ersten Eindruck etwa uns sagen: Das ist ein gescheiter Mensch, das ist ein weniger begabter Mensch. – So könnte ich vieles anführen, es würde das alles zeigen, daß Hunderte und Hunderte von Eindrücken aus den Tiefen unserer Seele heraufwollen in das Bewußtsein, aber für die Unbefangenheit des Lebens hinuntergedrückt werden, daß wir jedoch mit ihnen als mit einer Seelenverfassung einem anderen Menschen gegenüberstehen und unser eigenes Leben ihm gegenüber nach diesen Eindrücken einrichten. Auch dasjenige, was wir Mitgefühl nennen und was im Grunde genommen einer der bedeutungsvollsten Impulse aller Moralität der Menschen ist, auch das gehört zu der unbewußten Menschenerkenntnis, von der ich hier spreche.

Nun, so wie wir im Leben als Erwachsene dem Erwachsenen gegenüberstehen und eigentlich die Menschenerkenntnis in solch unbewußter Weise üben, daß wir sie nicht bemerken, sondern nach ihr handeln, so müssen wir in einer viel bewußteren Weise als Menschenseele des Lehrers der Menschenseele des Kindes gegenüberstehen, um dieses heranzubilden, aber auch um in unserer eigenen Lehrerseele das erleben zu können, was erlebt werden muß, damit wir die rechte Stimmung, das rechte pädagogische Künstlertum, das richtige Mitfühlen mit der Seele des Kindes haben können, die notwendig sind, um Erziehung und Unterricht in entsprechender Weise zu leisten. Wir werden unmittelbar darauf gewiesen, daß eigentlich das Wichtigste sich abspielt im Erziehen und Unterrichten zwischen der Lehrerseele und der Kindesseele. Und von dieser Menschenerkenntnis lassen Sie uns zunächst ausgehen, von jener Menschenerkenntnis, die nicht scharf konturiert ist, weil sie eigentlich nicht bezogen wird auf den einen Menschen, sondern weil sie schwebt, gewissermaßen sich vielfach hin- und herwebt zwischen dem, was im Unterrichte und in der Erziehung in der Lehrerseele vor sich geht, und dem, was in der Kindesseele vor sich geht. Es ist unter Umständen schwierig zu fassen, was sich da in wirklich imponderabler Weise hinzieht von Lehrerseele zu Kindesseele und umgekehrt. Denn dasjenige, was da strömt, es verändert sich im Grunde genommen in jedem Augenblicke, während wir unterrichten und erziehen. Man muß sich einen Blick dafür aneignen, einen Seelenblick, der das Flüchtige, Feine, das von Seele zu Seele spielt, erfaßt. Vielleicht kann man erst dann, wenn man dasjenige, was so zwischen den Menschen intim geistig spielt, zu erfassen in der Lage ist, den einzelnen Menschen für sich erfassen.

Wollen wir daher an einzelnen Beispielen heute einleitungsweise sehen, wie sich in bestimmten Fällen diese Strömungen gestalten. Dabei muß allerdings eines berücksichtigt werden: Menschenerkenntnis, insbesondere dem werdenden Menschen, dem Kinde gegenüber, nur allzuoft wird sie so geübt, daß wir das Kind in einem bestimmten Zeitpunkte seines Lebens haben, uns mit ihm beschäftigen, fragen nach seinen Entwickelungskräften, fragen, wie gerade in einem bestimmten Lebensalter die Kräfte wirken und so weiter und was wir tun sollen, um diesen Entwickelungskräften in einem bestimmten Lebensalter in der richtigen Weise entgegenzukommen. Aber Menschenerkenntnis, wie sie hier gemeint ist, geht nicht nur auf diese einzelnen Erlebnisaugenblicke; solche Menschenerkenntnis geht auf das ganze Erdenleben des Menschen. Das ist nicht so bequem, wie einen engbegrenzten Zeitraum im Menschenleben zu beobachten. Aber für den Erziehenden und Unterrichtenden ist es notwendig, das ganze menschliche Erdenleben ins Auge zu fassen; denn was wir im achten oder neunten Lebensjahre im Kinde veranlagen, hat seine Wirkungen im fünfundvierzigsten, fünfzigsten Lebensjahre des erwachsenen Menschen, wie wir es noch besprechen werden. Und was ich als Lehrer in dem volksschulpflichtigen Alter an dem Kinde tue, das zieht sich tief hinein in die physische, in die psychische, in die spirituelle Menschennatur. Das west und webt gewissermaßen oft jahrzehntelang unter der Oberfläche, tritt in merkwürdiger Weise nach Jahrzehnten, manchmal am Lebensende des Menschen, zutage, während es als Keim am Lebensanfange in ihn versetzt worden ist. In der richtigen Weise kann man auf das kindliche Alter nur wirken, wenn man nicht nur dieses kindliche Alter, sondern wenn man das ganze menschliche Leben in wahrer Menschenerkenntnis vor Augen hat.

Solche Menschenerkenntnis habe ich im Auge, wenn ich jetzt an einzelnen Beispielen zeigen möchte – heute nur andeutungsweise, die Dinge werden genauer besprochen werden –, wie Lehrerseele auf Kindesseele in intimer Art wirken kann. Wir verstehen das zu tun, was wir in der Unterweisung, in der intellektuellen Unterweisung, in der Anleitung zu Willensimpulsen tun sollen, wenn wir erst wissen: Was wirkt denn da zwischen Lehrer und Kind, einfach dadurch, daß Lehrer und Kind da sind, ein jedes mit einer bestimmten Natur, mit einem bestimmten Temperamente, mit einem bestimmten Charakter, mit einer bestimmten Bildungsstufe, mit einer ganz bestimmten physischen und seelischen Konstitution? – Bevor wir irgendwie beginnen zu lehren, zu erziehen, sind wir und das Kind da. Da ist schon Wirkung zwischen beiden da. Wie der Lehrer ist gegenüber dem Kinde, das ist die erste bedeutungsvolle Frage.

Damit wir nicht im allgemein Abstrakten herumtappen, sondern Bestimmtes ins Auge fassen, gehen wir aus von einem bestimmten Charakteristikon in der Menschennatur, von dem Temperamente. Fassen wir ins Auge zunächst nicht das Kindestemperament, in dem wir ja keine Wahl haben – wir müssen jeden Menschen jedes Temperamentes erziehen, und von diesem Kindestemperamente kann später gesprochen werden –, sondern fassen wir zunächst einmal, um unsere Aufgabe zu umgrenzen, das Lehrertemperament ins Auge. Mit einem ganz bestimmten Temperamente, einem cholerischen, phlegmatischen, sanguinischen oder melancholischen Temperamente betritt der Lehrer die Schule, stellt sich der Lehrer dem Kinde gegenüber. Die Frage, was sollen wir als Erziehende tun zur Bändigung, zur Selbsterziehung vielleicht gegenüber unserem eigenen Temperamente, sie kann ja erst beantwortet werden, wenn wir die Grundfrage ins Auge fassen können: Was tut das Temperament des Lehrers an dem Kinde, einfach dadurch, daß es da ist?

Gehen wir aus von dem cholerischen Temperamente. Das cholerische Temperament des Lehrers, es kann sich darin äußern, daß der Lehrer diesem Temperament die Zügel schießen läßt, daß er sich diesem cholerischen Temperamente hingibt. Wie er sich zu beherrschen hat, werden wir später sehen, aber nehmen wir zunächst an, dieses cholerische Temperament ist einfach da. In heftigen, vehementen Lebensäußerungen gibt es sich kund. Vielleicht drängt es den Lehrer, während er erzieht, während er unterrichtet, zu Handlungen oder zur Behandlung des Kindes überzugehen, die er eben aus seinem cholerischen Temperamente heraus tut und später bereut. Vielleicht macht er allerlei in der Umgebung des Kindes, was das Kind – wir werden sehen, wie zart die Seele des Kindes wirkt – in Schreck versetzt; der Schreck kann bloß kurz vorübergehend sein, aber sich doch fortpflanzen bis in die physische Organisation des Kindes hinein. Ein cholerischer Lehrer kann auch in dem Kinde bewirken, daß es unter fortwährenden Angstgefühlen schon an den Lehrer herankommt, oder aber es kann das Kind ganz unbewußt, unterbewußt sich bedrückt fühlen. Kurz, es ist eine ganz bestimmte Wirkung des cholerischen Temperamentes in feiner, intimer, zarter Art auf das Kind ins Auge zu fassen.

Nehmen wir ein Kind, das noch im zarten Alter steht, in einem Alter, das vor der Volksschulpflicht liegt. Da ist das Kind eigentlich noch ganz und gar ein einheitliches Wesen. Die drei Glieder der Menschennatur, Leib, Seele und Geist, sie gliedern sich erst im späteren Leben auseinander. Zwischen der Geburt und dem Zahnwechsel, der einen sehr wichtigen Lebenspunkt in der Entwickelung des Menschen bedeutet, liegt eine Lebensepoche des Kindes, in der sozusagen – wir beachten das nur gewöhnlich nicht genügend – das Kind fast ganz Sinnesorgan ist. Fassen wir ein Sinnesorgan ins Auge, nehmen wir das Auge selber. Äußere Eindrücke, Farbeneindrücke kommen an das Auge heran. Dieses Auge ist in einer intimen Art daraufhin organisiert, die Farbeneindrücke mit sich zu vereinigen. Ohne daß der Mensch darauf einen Einfluß hat, wird sogleich dasjenige, was als äußerer Reiz wirkt, umgewandelt in etwas Willensartiges, was erst von der Seele, wie wir sagen, erlebt werden kann. Aber so seelisch auf Grundlage der Sinneswahrnehmung ist das ganze Leben des Kindes vor dem Zahnwechsel. Es sieht alles innere Erleben einem seelischen Wahrnehmen ähnlich. Namentlich das, was von den Eindrücken der Menschen der Umgebung kommt, ob wir uns langsam bewegen in der Umgebung des Kindes und dadurch die Lässigkeit unseres Geistig-Seelischen offenbaren, ob wir uns stürmisch bewegen in der Umgebung des Kindes und dadurch die

Wucht unseres eigenen Geistig-Seelischen offenbaren, das alles wird von dem Kinde fast mit derselben Intensität aufgenommen, mit der sonst die Eindrücke, die auf das Sinnesorgan wirken, von diesem Sinnesorgan aufgenommen werden. Das Kind ist im Ganzen Sinnesorgan. Man kann schon sagen: Wenn wir erwachsen sind, haben wir Geschmack im Munde, auf dem Gaumen, auf der Zunge. Das Kind fühlt den Geschmack viel tiefer hinunter in seinen Organismus, das Geschmacksorgan dehnt sich sozusagen durch einen großen Teil des Körpers aus. So die anderen Sinne. Die Lichteinwirkungen verbinden sich beim Kinde innig mit den Atmungsrhythmen, sie gehen hinunter in die Blutzirkulation. Dasjenige, was der Erwachsene abgesondert im Auge erlebt, erlebt das Kind durch den ganzen Leib hindurch, und ohne daß Überlegung dazwischentritt, kommen die Willensimpulse unmittelbar wie Reflexerscheinungen beim Kinde zutage. Ich erörtere das zunächst nur einleitungsweise, um das Thema anzuschlagen. So wirkt der ganze Leib des Kindes wie ein Sinnesorgan reflexartig gegenüber dem, was in der Umgebung vorgeht.

Dadurch aber sind Geist, Seele, Leib im Kinde noch nicht gegliedert, noch nicht differenziert, noch eine Einheit, ein Ineinanderweben. Das Geistige, das Seelische wirkt im Körper, indem es dessen Zirkulations- und Nahrungsvorgänge unmittelbar beeinflußt. Oh, wie ist beim Kinde die Seele in ihrer Empfindung nahe dem ganzen Stoffwechselsystem, wie wirken die zusammen! Erst später, beim Zahnwechsel, sondert sich das Seelische von dem Stoffwechsel mehr ab. Jede seelische Erregung geht beim Kinde über in die Zirkulation, in die Atmung, in die Verdauung. Leib, Seele, Geist sind noch eine Einheit. Dadurch setzt sich aber auch jeder Reiz, der von der Umgebung ausgeübt wird, bis in das Leibliche des Kindes fort. Und wenn nun ein cholerischer Lehrer, der seinem cholerischen Temperamente die Zügel schießen läßt, in der Umgebung des Kindes sich befindet, zunächst einfach da ist neben dem Kinde und sich gehen läßt, dann gehen die Ausbrüche des cholerischen Temperamentes – dasjenige, was unter dem Einflusse des Temperamentes des Lehrers getan wird, wenn er nicht solche Selbsterziehung übt, wie wir sie noch besprechen werden – über in die Seele des Kindes, setzen sich fort in das Körperliche hinein. Da liegt das Eigentümliche vor, daß es in die Untergründe des Daseins hinuntergeht und das, was in des werdenden Menschen Leib hineinversetzt wird, später zum Vorschein kommt. So wie der Same, der im Herbst in die Erde hineinversenkt wird, im Frühling in der Pflanze zum Vorschein kommt, so kommt das, was in das Kind im achten, neunten Jahre hineinversetzt wird, im fünfundvierzigsten, fünfzigsten Lebensjahre heraus, und wir sehen die Folgen des cholerischen Temperamentes des Lehrers, der sich gehen läßt, in den Stoffwechselkrankheiten nicht nur des erwachsenen, sondern des alt gewordenen Menschen zutage treten. Prüft man nur recht, warum uns dieser oder jener Mensch in seinem vierzigsten, fünfzigsten Jahre als Rheumatiker entgegentritt, als ein Mensch, der an allen möglichen Stoffwechselkrankheiten leidet, an schlechter Verdauung, prüft man, warum dieser Mensch so ist, wie er ist, warum er frühzeitig Gicht bekommt, dann bekommt man zur Antwort: Vieles von dem haben wir zuzuschreiben dem einfach in die Zügel schießenden cholerischen Temperamente eines Lehrers, der dem Kinde im Kindesalter gegenüberstand.

Wenn man so das ganze Menschenleben ins Auge faßt, nicht bloß, wie es bequemer ist, nur das kindliche Alter, um pädagogische Grundsätze, pädagogische Impulse zu bekommen, dann wird man sich erst klar darüber, welche zentrale Bedeutung im ganzen Menschenleben Unterrichts- und Erziehungswesen eigentlich haben, wie oft Glück und Unglück nach dem Geistigen, Seelischen und Leiblichen mit Unterricht und Erziehung zusammenhängen. Wenn man sieht, wie der Arzt beim altgewordenen Menschen, ohne daß er es weiß, die Erziehungsfehler korrigieren muß und es oftmals nicht mehr kann, weil sie zu gründlich in das Menschenwesen hineingegangen sind, wenn man sieht, daß das, was seelisch an das Kind herantritt, sich umwandelt zu physischen Wirkungen, wenn man dieses Ineinanderspielen von Physischem und Psychischem durchschaut, dann bekommt man erst die rechte Achtung, die richtige Schätzung für dasjenige, was Methodik des Lehrens, was die Lebensbedingungen der Erziehung eigentlich sein sollen, sein sollen einfach nach dem Wesen der Menschennatur selber.

Betrachten wir einen phlegmatischen Lehrer, der wieder sich gehen läßt und nicht durch Selbsterkenntnis, durch Selbsterziehung das phlegmatische Temperament in die Hand nimmt. Es wird bei dem Phlegmatiker, der dem Kinde gegenübertritt, so sein, daß, man möchte sagen, der inneren Regsamkeit des Kindes kein Genüge geschieht. Die inneren Impulse wollen heraus, sie strömen auch heraus, das Kind will sich betätigen. Der Lehrer ist ein Phlegmatiker, er läßt sich gehen. Er fängt dasjenige nicht auf, was aus dem Kinde herausströmt. Es begegnet das, was aus dem Kinde herauswill, nicht äußeren Eindrücken und Einflüssen. Es ist, wie wenn man in verdünnter Luft atmen soll, wenn ich einen physischen Vergleich gebrauchen soll. Die Seele des Kindes fühlt seelisch Atemnot, wenn der Lehrer phlegmatisch ist. Und wenn wir nachschauen im Leben, warum gewisse Menschen an Nervosität, an Neurasthenie und dergleichen leiden, dann finden wir wiederum, wenn wir zurückgehen in dem menschlichen Lebenslauf bis zum kindlichen Lebensalter, wie das nicht der Selbsterziehung unterworfene Phlegma eines Lehrers, der Wichtiges hätte tun sollen an dem Kinde, solchen Krankheitsneigungen zugrunde liegt. Ganze Kulturerscheinungen krankhafter Art werden so erklärlich. Warum ist denn Nervosität, Neurasthenie so ungeheuer verbreitet in der neueren

Zeit? Sie werden sagen: Da müßte man ja glauben, daß die gesamte Lehrerschaft in der Zeit, in der die Menschen, die heute nervös, neurasthenisch sind, erzogen worden sind, aus Phlegmatikern bestanden hat! Ich aber sage Ihnen, sie hat aus Phlegmatikern bestanden, nicht in dem gewöhnlichen Sinne des Wortes, aber in einem viel wahreren Sinne des Wortes. Denn es kommt in einem bestimmten Zeitalter des neunzehnten Jahrhunderts die materialistische Weltauffassung herauf. Die materialistische Weltauffassung hat Interessen, die vom Menschen ablenken, die eine ungeheure Gleichgültigkeit entwickeln bei dem Erziehenden gegenüber den eigentlichen intimeren Seelenregungen des zu erziehenden Menschen. Derjenige, der diese Kulturerscheinungen einer neueren Zeit unbefangen beobachten konnte, der konnte finden, wenn sonst auch einer ein solcher Phlegmatiker war, daß der etwa sagte, weil er den abstrakten Grundsatz hatte, seine Schüler dürften nicht vor Zorn die Tintenfässer umwerfen: So etwas darf man nicht tun, man darf nicht vor Ärger das Tintenfaß umwerfen. Kerl, ich werde dir gleich das Tintenfaß an den Kopf werfen! – Man muß also nicht sogleich denken, daß etwa alle solche Cholerik in dem Zeitalter, das ich meine, verpönt gewesen wäre oder daß man nicht auch Sanguiniker kennengelernt hätte und Melancholiker: in bezug auf die eigentliche Erziehungsaufgabe waren sie trotzdem Phlegmatiker. Man kam mit der materialistischen Weltauffassung nicht an den Menschen heran, am wenigsten an den werdenden Menschen, und so konnte man Phlegmatiker sein, trotzdem man im Leben daneben Choleriker oder Melancholiker war. Es ist ein Phlegma eingetreten in allem Erziehen in einem gewissen Zeitalter der materialistischen Entwickelung. Und aus diesem Phlegma heraus hat sich vieles von dem, was in unserem Kulturleben aufgetreten ist als Nervosität, als Neurasthenie, als die ganze Desorganisation des Nervensystems, bei vielen Menschen herausentwickelt. Über die Einzelheiten wird noch zu sprechen sein. Aber so sehen wir das phlegmatische Temperament des Lehrers, einfach dadurch, daß der phlegmatische Lehrer da ist neben dem Kinde, in der Nervendesorganisation zutage treten.

Wenn sich der Lehrer dem melancholischen Temperamente hingibt, wenn er durch seine Melancholie zuviel mit sich selbst beschäftigt ist, so daß, man möchte sagen, der Faden des Geistig-Seelischen des Kindes fortwährend abzureißen droht, der Faden des Empfindungslebens sich erkältet, dann wirkt der melancholische Lehrer neben dem Kinde eigentlich so, daß das Kind seine Seelenregungen in sich verbirgt und statt sie nach außen auszuleben, in sich hineinsenkt. Dadurch wird das Sich-gehen-Lassen des melancholischen Temperamentes des Lehrers für das spätere Lebensalter eines Kindes, dem der melancholische Lehrer gegenübersteht, so, daß Atmung und Blutzirkulation unregelmäßig werden. Derjenige, der nun weder als Lehrer bloß den kindlichen Zeitraum für die Pädagogik ins Auge faßt noch als Arzt, wenn der Mensch eine bestimmte Krankheit hat, bloß das Lebensalter, das ihm nun entgegentritt, sondern im Zusammenhang das ganze menschliche Leben betrachten kann, der wird mancher Herzkrankheit Ursprung, die im vierzigsten, fünfundvierzigsten Lebensjahr auftritt, zu suchen haben in der ganzen Stimmung, die durch das sich-gehen-lassende melancholische Temperament des Lehrers in der einzelnen Erziehung, im Unterrichte hervorgebracht wird. Wir sehen daraus, wie die Beobachtung der Imponderabilien im Geistig-Seelischen, die da spielen zwischen Lehrerseele und Kindesseele, einfach die Frage auf die Lippen drängen muß: Wie muß zum Beispiel den Temperamenten gegenüber der Lehrer, der Erzieher Selbsterziehung üben? – Wir ahnen schon, daß es nicht so sein kann, daß einfach der Lehrende, der Erziehende sagt: Das Temperament ist angeboren, ich bleibe dabei. – Erstens ist das nicht wahr, und zweitens, wenn es wahr wäre, wäre das Menschengeschlecht längst an den Erziehungsfehlern ausgestorben.

Betrachten wir noch den Sanguiniker, der als Lehrer seinem sanguinischen Temperamente die Zügel schießen läßt. Er ist empfänglich für alle möglichen Eindrücke. Wenn irgendein Schüler einen Klecks macht, so wendet er sich hin – er wird nicht heftig –, er wendet den Blick hin. Wenn irgendein Schüler seinem Nachbar etwas ins Ohr flüstert, wendet er den Blick hin. Er ist ein Sanguiniker, die Eindrücke kommen rasch an ihn heran und machen keinen tiefen Eindruck. Er läßt irgendeine Schülerin herauskommen, fragt nur ganz kurz etwas, sie interessiert ihn nicht lange, er schickt sie gleich wieder hinein. Der Lehrer ist eben Sanguiniker. Wenn man wieder dieselben Methoden anwendet, die das ganze Menschenleben betrachten, wird man bei manchem, der an einem Mangel an Vitalität, an einem Mangel an Lebensfreude leidet – das ist ja eine krankhafte Anlage manches Menschen –, diesen Mangel als auf seine Ursache zurückzuführen haben auf die Wirkung des sanguinischen Temperamentes des Lehrers, dem dieser die Zügel schießen läßt. Das sanguinische Temperament des Lehrers ohne Selbsterziehung bewirkt eine Unterdrückung der Vitalität, eine Unterdrückung von Lebensfreude, von kraftvollem Willen, der aus der Individualität aufquillt.

Wenn man diese Zusammenhänge ins Auge faßt, die eine wirkliche Geisteswissenschaft gibt, welche auf wahre Menschenerkenntnis ausgeht, dann wird man sehen, wie umfassend im Anschauen der Menschennatur und Menschenwesenheit wirkliche Erziehungskunst, wirkliches Unterrichtswesen sein muß, wie kleinlich sich daneben ausnimmt, was oftmals nur auf das Allernächste sieht, was man gerade bequem beobachten kann. So geht es nicht, und eine Grundforderung unserer Gegenwartskultur, die ja Schäden genug an die Oberfläche des Menschendaseins gebracht hat, ist diese: Wie kommt man aus einzelnen Beobachtungen, die man mit dem Experimente oder auch mit den Statistiken macht, oder was all die schönen Dinge sind, wie kommt man aus diesen bequemen einzelnen Beobachtungen, die heute fast allein der Pädagogik und Didaktik zugrunde gelegt werden, zu einer Pädagogik und Didaktik, die gleichmäßig berücksichtigt das ganze menschliche Erleben und das Ewige im Menschen, das sich durch das menschliche Erleben nur hindurchleuchtend offenbart? Und im Zusammenhang mit solchen Fragen tut sich noch etwas viel Tieferes auf.

Ich habe versucht, einleitungsweise darauf hinzuweisen, was zwischen Lehrer und Schüler, Erzieher und Kind einfach dadurch spielt, daß beide da sind, wenn noch gar nicht berücksichtigt wird irgend etwas, was wir aus dem Bewußtsein heraus tun, nur dadurch, daß wir da sind. Gerade an den verschiedenen Temperamenten zeigt sich das.

Nun wird man sagen: Man muß auch anfangen zu erziehen. – Und da ist man halt der Anschauung, daß derjenige jemandem etwas beibringen kann, der das Beizubringende gelernt hat. Habe ich selber etwas gelernt, so bin ich sozusagen berechtigt, das einem anderen beizubringen. Und oftmals sieht man gar nicht, wie jene durch Selbsterziehung des Lehrers oder auch durch Seminarerziehung, wie wir sehen werden, hervorgebrachte innere Haltung in bezug auf Temperament, Charakter und so weiter im Hintergrunde desjenigen steht, was sich der Lehrer für Unterricht und Erziehung aneignen kann durch sein eigenes Lernen, durch das, was er aufnehmen kann. Aber auch da führt Menschenerkenntnis eben tiefer in das Menschenwesen hinein. Lassen Sie deshalb die Frage an uns herantreten: Wie ist es denn mit dem Heranbringen von etwas, was ich gelernt habe, an einen anderen, an ein Kind, das noch nicht gelernt hat? Genügt es, das dem Kinde in der Art beizubringen, in der man das Beizubringende selber aufgenommen hat? – Es genügt nicht. Ich sage eine empirische Tatsache, die sich nur ergibt, wenn man den Menschen wirklich nach Leib, Seele und Geist durch das ganze Leben hindurch beobachtet.

Eine solche Beobachtung ergibt für die erste Lebensepoche vor dem Zahnwechsel, von der Geburt bis zum Zahnwechsel, folgendes. Wenn man das gegenseitige Verhältnis des Lehrenden zum Kinde ins Auge zu fassen weiß, so wie ich es für die Temperamente getan habe, so kommt man darauf: Für diese Lebensepoche hat das, was ich gelernt habe, in bezug auf Lehren und Erziehen an dem Kinde die allergeringste Bedeutung. Da hat die allergrößte Bedeutung, was ich für ein Mensch bin, welche Eindrücke es durch mich bekommt, ob es mich nachahmen kann.

Wahrhaftig, gerade für dieses Lebensalter hat eine Kultur, die eigentlich noch gar nicht von Pädagogik sprach, sondern in elementar-primitiver Weise Pädagogik tat, gesünder gedacht als wir heute vielfach denken; eine Kultur, wie wir sie in orientalischen Gegenden in älteren Zeiten hatten, wo noch nicht der nach unserer Auffassung Pädagoge zu Nennende wirkte, sondern wo namentlich wirken sollte der Mensch auf das kindliche Lebensalter, der Mensch mit dem, was er in seinem Charakter physisch, seelisch und geistig war; der einfach neben dem Kinde sein sollte, so daß das Kind sich nach ihm richten konnte, so daß das Kind mit einem Muskel zuckte, wenn er mit dem Muskel zuckte, das Kind mit den Augen blinzelte, wenn er mit den Augen blinzelte. Aber er hatte sich trainiert, daß er solche Dinge so machte, daß das Kind sie nachmachen konnte. Das war nicht der orientalische Pädagoge, sondern der orientalische Dātā. Da lag etwas Instinktives noch zugrunde. Wir können es aber auch heute sehen: Was ich gelernt habe, hat gar keine Bedeutung für das, was ich dem Kinde bis zum Zahnwechsel als Erzieher bin. Nach dem Zahnwechsel beginnt es schon eine gewisse Bedeutung zu haben. Aber es verliert alle Bedeutung, wenn ich es so beibringe, wie ich es in mir trage. Man muß es künstlerisch umsetzen, alles ins Bild bringen, wie wir noch sehen werden. Ich muß wiederum imponderable Kräfte zwischen mir und dem Kinde wachrufen. Und für die zweite Lebensepoche, für die Lebensepoche vom Zahnwechsel bis zur Geschlechtsreife, hat viel mehr als die Fülle des Stoffes, die ich gelernt habe, viel mehr als das, was ich in mir, in meinem Kopfe trage, Bedeutung, ob ich in anschauliche Bildlichkeit, in lebendiges Gestalten umsetzen kann, was ich um das Kind entwickle und in das Kind hineinwellen lassen soll. Und erst für diejenigen, die schon durch die Geschlechtsreife gegangen sind, und für diese dann bis zum Anfang der zwanziger Jahre, bekommt eine Bedeutung, was man selber gelernt hat. Für das kleine Kind bis zum Zahnwechsel ist das Wichtigste im Erziehen der Mensch. Für das Kind vom Zahnwechsel bis zur Geschlechtsreife ist das Wichtigste im Erziehen der in lebendige Lebenskünstlerschaft übergehende Mensch. Und erst mit dem vierzehnten, fünfzehnten Lebensjahre fordert das Kind für den erziehenden Unterricht und das unterrichtende Erziehen dasjenige, was man selber gelernt hat, und das dauert so bis über das zwanzigste, einundzwanzigste Jahr hin, wo dann das Kind ganz erwachsen ist – es ist ja schon vorher eine junge Dame und ein junger Mann –, und wo eben der Zwanzigjährige dann als Gleichberechtigter dem anderen Menschen, auch wenn er älter ist, gegenübersteht.

Wiederum läßt uns – wir werden sehen, wie solche Erkenntnisse sich vertiefen gegenüber einer wirklichen Menschenweisheit – so etwas tief hineinblicken in das Menschenwesen. Wir lernen erkennen, daß – was man oftmals geglaubt hat – man den Lehrer nicht erkennt, indem man ihn, nachdem er die Seminarbildung durchgemacht hat, examiniert, ob er etwas weiß; da lernt man nur erkennen, ob er vortragen kann in einer solchen Weise, wie man vorträgt, wenn man die Sache selber kann, ob er vortragen kann für das Lebensalter vom vierzehnten, fünfzehnten bis zum zwanzigsten Lebensjahre. Für frühere Lebensalter kommt das gar nicht in Betracht, was der Lehrer zeigen kann. Da muß die Qualität nach ganz anderen Grundlagen beurteilt werden. Und so handelt es sich darum, daß als eine Grundlage der Pädagogik und Didaktik auftritt die Lehrerfrage. Und was eigentlich leben muß in einer Kinderschar, fortvibrieren, fortwellen bis in das Herz, bis in die Willensregungen und zuletzt in den Verstand, das ist dasjenige, was zunächst im Lehrer lebt, zunächst in ihm lebt einfach dadurch, daß er mit einer bestimmten Menschennatur, mit einem bestimmten Temperamente, einem bestimmten Charakter, mit einer bestimmten Seelenverfassung vor dem Kinde steht; dann erst, daß er sich selber in einer gewissen Weise gebildet hat und daß er das in sich Erbildete wieder an die Kinder heranbringen kann.

So sehen wir, wie Menschenerkenntnis, umfassend betrieben, einzig und allein sein kann die Grundlage zum Erfassen einer wirklichen Didaktik des Lehrens und der Lebensbedingungen des Erziehens. Und über diese beiden, über die Didaktik des Lehrens und die Lebensbedingungen des Erziehens, möchte ich gerne in diesen Vorträgen weiter sprechen.

Die Erziehung des Kindes im Reifealter

Stuttgart, 17. Juni 1921

Gerade die Betrachtungen, die wir anstellen müssen bei der Aussicht, nun auch die älteren Schüler und Schülerinnen unterrichten und erziehen zu wollen, die müssen uns wenigstens für die heutige Stunde in etwas tiefere Gebiete der Menschen- und Weltkunde hineinführen. Ohne solche tiefere Begründungen für das Leben können wir eigentlich gar nicht mit wirklich gutem Gewissen uns einer solchen Aufgabe unterziehen, wie diejenige wird, die sich ergibt, wenn wir die Waldorfschule nach oben hin ausbauen wollen.

Wir müssen uns ja klar sein darüber, daß das Leben in Wirklichkeit doch ein einheitliches ist, daß wir aus dem Leben nur zum Schaden dieses Lebens selbst ein Stück herausnehmen können. Das Leben bietet uns zunächst dasjenige dar, in das wir als Menschen von Kindheit auf hineinwachsen. Wir werden so hereingestellt in die Welt, daß wir in sie zunächst hereinschlafen. Bedenken Sie nur, wie das Kind in den ersten Lebensjahren in völliger Unbewußtheit der Welt gegenübersteht. Dann wird es immer mehr und mehr bewußt. Was heißt das aber: Es wird bewußt? Das heißt, es lernt sich mit seinem inneren Leben an die äußere Welt anpassen. Es lernt die äußere Welt auf sich beziehen, sich auf die äußere Welt beziehen. Es lernt eben die äußeren Dinge bewußt kennen, sich von ihnen unterscheiden. Das tritt ihm dann immer mehr und mehr, je mehr es heranwächst, entgegen. Es schaut hinauf in den Umkreis des Erdenlebens, sieht die kosmische Welt, ahnt ja wohl, daß in dieser kosmischen Welt eine Gesetzmäßigkeit ist; aber es wächst doch in das Ganze hinein wie in etwas, in das es aufgenommen wird, ohne irgendwie völlig fertig zu werden mit dem Geheimnis, das besteht zwischen dem Menschen und der kosmischen Welt. Dann wächst das Kind heran, wird immer mehr und mehr in die bewußte Sorgfalt der übrigen Menschen aufgenommen. Es wird erzogen, es wird unterrichtet. Es wächst so heran, daß aus seiner ganzen Individualität das hervorgeht, daß es selbst in irgendeiner Weise in das Weltgetriebe eingreifen muß.

Wir erziehen es dadurch für das Weltgetriebe heran, daß wir es zunächst spielen lassen, daß wir dadurch also seine Tätigkeit wekken. Wir bemühen uns in irgendeiner Weise, alles dasjenige, was wir mit dem Kinde tun, auf der einen Seite so zu vollbringen, daß den Anforderungen der Menschenwesenheit Genüge getan wird; daß wir also hygienisch, gesund erziehen, daß wir also den Unterricht in leiblicher, seelischer und geistiger Beziehung pflegen. Wir suchen ein zweites. Wir versuchen uns hineinzuleben in die Anforderungen des sozialen und technischen Lebens. Da wurde versucht, das Kind so zu erziehen und zu unterrichten, daß es später arbeiten, eingreifen kann in das Getriebe, daß es sich sozial hineinstellen kann in das Menschenleben, mit den übrigen Menschen auskommt. Wie versuchen, ihm Geschicklichkeiten und Kenntnisse beizubringen, wodurch es in das technische Leben hineinwächst, so daß seine Arbeit für die Gesellschaft wie für das menschliche Leben etwas bedeuten kann und daß es selbst einen Lebensweg findet im Zusammenhang mit dem übrigen sozialen Leben der Menschheit. Alles das vollbringen wir. Und daß wir es in der richtigen Weise vollbringen, daß wir tatsächlich auf der einen Seite den Anforderungen der menschlichen Natur Rechnung tragen können, so daß wir den Menschen nicht hineinstellen in die Welt als einen geistig, seelisch und physisch kranken oder verkümmerten Organismus, müssen wir auf der anderen Seite uns sagen können, daß der Mensch so in die Gesellschaft hineinwächst, daß er irgend etwas anfassen kann, wodurch er sich und die Welt vorwärtsbringen kann. Daß beidem auf diese Weise genügt wird, das muß unsere Sorge sein.

Aber wir müssen uns doch sagen: Es verursacht uns heute eine gewisse Mühe, in dieser zweifachen Sorge irgendwie etwas dem Kinde entgegenzubringen. Und es verursacht uns eigentlich, wie ein unbefangener Blick in die ganze Lage, in der wir als Unterrichtende und Erziehende sind, uns lehrt, nicht nur eine gewisse Mühe, sondern sogar eine gewisse Skepsis, einen gewissen Zweifel. Es ist ja leicht einzusehen, daß in unserer Zeit in der mannigfaltigsten Weise debattiert wird: Wie soll man eigentlich die Jugend erziehen, was soll man machen? – Das sind im Grunde genommen alles Fragen, die in dieser Schärfe, in dieser Ausgeprägtheit, wie sie heute auftreten, mit diesem Extrem in älteren Kulturen eigentlich durchaus unmöglich gewesen wären. Wenn Sie nun unbefangen die geschichtliche Entwickelung betrachten, werden Sie sich sagen müssen: In älteren Kulturen herrschte natürlich außerordentlich viel, was uns heute unfaßbar erscheint. Wir brauchen nur auf die Stellung der leitenden Klassen und der Sklaven- und Helotenklassen im alten Griechenland zu sehen, so bietet sich uns ein Bild dar, das wir von unserem heutigen Gesichtspunkte aus mit Recht nicht billigen. Wenn wir uns aber bekanntmachen mit den Anschauungen, welche die Griechen gehabt haben über die Jugenderziehung, so wäre es undenkbar, daß unter ihnen solche Debatten stattgefunden hätten, wie wir sie heute über die Erziehung der Jugend erleben, wo der eine das vollständige Gegenteil von dem anderen meint mit Bezug auf die Art und Weise, wie man das Kind, den Jüngling und die Jungfrau heranziehen und der sozialen Ordnung einverleiben soll. Es ist also nicht nur, daß uns das Unterrichten und Erziehen Mühe macht, wir müssen eine Pädagogik, eine Didaktik haben. Wir glauben, daß wir uns durch so etwas wie Pädagogik und Didaktik dasjenige aneignen können, was uns als Erziehenden und

Unterrichtenden notwendig ist. Aber wenn wir wiederum sehen, wie die Debatten sich gegenseitig entladen, wie durchaus nicht irgendwie Aussicht ist auf eine Verständigung von der einen oder anderen Seite, wie diejenigen, die mehr die körperliche Erziehung betonen, und die anderen, die mehr das Geistig-Seelische betonen, sich nicht miteinander verständigen können, so kommen wir gerade über die Erziehungsaufgaben – und dann beim Spezialisieren in die Didaktik hinein – nicht nur dazu, zu sagen: Es ist mühevoll, zu erziehen, sondern es ist so, daß wir gar nicht über ein gewisses Ignorabimus in bezug auf unsere Stellung als Erziehende und Unterrichtende hinauskommen können.

Das müßten wir eigentlich durchaus fühlen in der Gegenwart, und es wird sich, glaube ich, diese Empfindung noch verschärfen, wenn wir die Sache mit einem etwas weiteren Blick betrachten. Dieser weitere Blick wird sich Ihnen ergeben, wenn Sie zum Beispiel, sagen wir, so einen richtigen Ausfluß von Erziehungsprinzipien, Erziehungsideen sehen und durchstudieren, wie so etwas hervorgegangen ist aus, sagen wir, der mitteleuropäischen Welt. Ich möchte Sie hinweisen darauf, einfach einmal zur Probe sich mit allem bekanntzumachen, was über geistige, seelische, physische Erziehung gesagt worden ist von Leuten, die ganz herausgewachsen sind mit ihrer Bildung aus Mitteleuropa. Nehmen Sie das Buch des Dittes oder des Diesterweg und lesen Sie sich durch, was da für Ansichten entwickelt werden über das Erziehungswesen. Ich weise Sie zum Beispiel auf den interessanten Aufsatz hin, der sich in Karl Julius Schröers Büchlein *Unterrichtsfragen* findet, das, wie ich glaube, in richtiger Weise die Frage behandelt über die Stellung des Turnens im Unterricht, wo bis ins einzelne hinein dieser Abschnitt «physische Erziehung» entwickelt wird. Ich möchte, daß Sie dabei, indem Sie so etwas auf sich wirken lassen, Rücksicht nehmen, aus welcher Denkweise und Gesinnung so etwas hervorgegangen ist. Wie da durchaus, trotzdem

ein wirkliches, inneres Verständnis für die physische Menschennatur vorhanden ist und überall darauf Rücksicht genommen
wird, daß der Mensch als physisches Wesen tüchtig in die Welt
hineinwachsen muß, wie dennoch ein starkes, ich möchte sagen,
ein durchdringendes Bewußtsein vorhanden ist, daß der Mensch
ein seelisches Wesen ist, daß man überall auf seine Seele Rücksicht zu nehmen hat. Und ich möchte bitten, lesen Sie verglei-
chend – nicht nach Äußerlichkeiten, über solche Dinge sollen
Sie hinaus sein, da Sie auf anthroposophischem Boden stehen –,
lesen Sie, indem Sie die grundlegende Gesinnung verfolgen, das
heißt das Untergründliche der Seele überhaupt, irgendeine der
zahlreichen Abhandlungen über – man muß schon sagen, nicht
Erziehung, sondern eben – Education aus der anglo-amerikani-
schen Literatur. Sie werden da überall Kapitel über intellektuelle
Erziehung und ästhetische Erziehung, über physische Erziehung
finden. Aber nehmen Sie Rücksicht auf das Untergründliche, aus
dem das herauswächst. Sie werden geradezu das Gefühl haben,
Sie können gar nicht das Wort Erziehung in eine Beziehung bringen mit dem, was da Education bedeutet, denn es liegt überall,
selbst da, wo vom Geist, daß wir Geist in unserer Kultur haben,
wo von intellektueller Erziehung die Rede ist, zugrunde, daß der
Mensch eine Art Mechanismus ist, daß man seinen leiblich-physischen Mechanismus pflegen und ausgestalten muß und daß
sich, wenn wir diesen leiblich-physischen Organismus oder Mechanismus nur richtig ausgestalten, schon alles Moralische und
alles Intellektuelle wie von selbst ergibt. Es ist ein viel stärkeres
Hinneigen zu diesem Leiblich-Physischen. Man möchte sagen,
in den Erziehungs- und Unterrichtswerken der ersten Art wird
die Voraussetzung gemacht, daß man doch dem Menschen geistig-seelisch beikommen kann. Und wenn man ihm eben richtig
geistig-seelisch beikommen kann, dann ergibt sich durch dieses
geistig-seelische Beikommen auch ein richtiges Behandeln der

Physis des Menschen. Bei den Werken über Education ist dagegen überall die Voraussetzung, daß man in leiblich-physischer Beziehung erziehen muß, wenn man richtig erzieht; dann ist in dem Menschen drinnen noch so irgendein kleines Kämmerchen, um das man sich eigentlich nicht recht kümmern soll. Man erzieht an der Peripherie der Physis herum und setzt nur immer voraus: Es ist da so ein Kämmerchen, um das man sich nicht kümmern soll, da ist eingesperrt der Intellekt, die Moral, die Religion; da ist noch eine Art instinktiver Moral, Religion, instinktiver Logik drinnen. Und wenn man die Physis genügend rundherum erzogen hat, dann gehen die Kräfte nach dem Inneren; sie lösen die Umwandungen dieses Kästchens auf und dann sprüht der Intellekt, die Moral und die Religion heraus, und das kommt dann schon von selber. Man muß dieses eben so lesen, daß man überall zwischen den Zeilen liest und auf das, was da eigentlich zugrunde liegt, Rücksicht nimmt.

Es ist eben durchaus notwendig, daß man heute auf solche Differenzierungen über die Welt hin Rücksicht nimmt. Es ist durchaus viel wichtiger als das, was man heute gewöhnt ist, obenhin zu beobachten, wenn man diese Symptome, die sich unter der Oberfläche beobachten lassen, in Erwägung zieht. Denken Sie doch nur einmal, das Symptom in unserer Übergangskultur in der Weise zu erfassen, daß Sie etwa die außerordentlich wichtigen Debatten verfolgen, die sich in den letzten Wochen in England abgespielt haben unter dem Einfluß der allerschlimmsten sozialen Verhältnisse, der hereinbrechenden umfassenden Streiks, die das ganze soziale Leben aufwühlten. Da haben Debatten stattgefunden, die die Zeitungen füllten. Und da sehen wir plötzlich in den letzten Wochen in dieser ganzen Journalistik, die mit diesen wichtigen Angelegenheiten beschäftigt ist, einen ganz anderen Ton hereinbrechen. Es ist auf einmal so: Alles erklingt in dieser Journalistik aus einer ganz anderen Ecke. Und was ist denn das eigentlich? Es beginnen die verschiedenen – ich weiß schon wirklich gar nicht, wie sie alle heißen – Ballspiele und Tennisspiele. Das ist etwas, was anfängt, die Leute so viel zu interessieren, und was das ganze Interesse hinweghebt über die allerwichtigsten sozialen Angelegenheiten. Die Debatten nehmen plötzlich den Charakter an: Sehen wir nur, daß wir möglichst bald hinauskommen, wo die großen Plätze sind, wo die großen Spiele aufgeführt werden, wo wir uns so bewegen als Menschen, daß unsere Muskeln möglichst stark werden und daß wir unser Interesse auf diese wichtigen Tatsachen werfen, daß man – ich schildere vielleicht etwas dilettantisch, aber ich kann mich schon nicht auf genaue detaillierte sachgemäße Schilderungen dieser Kulturerscheinungen einlassen –, daß man seine besondere Aufmerksamkeit darauf wendet, daß, wenn einer vielleicht irgendwo so etwas wie eine Kugelgestalt wirft, der andere sie in der richtigen Weise mit der großen Zehe auffängt oder irgendwie.

Es ist tatsächlich etwas ganz Merkwürdiges, was man da als Anschauung bekommt, wenn man gar auf Differenzierungen eingeht. Es nützt einem heute gar nichts, wenn man das Eigenartige unserer zeitgenössischen Journalistik liest. Was sie sagen wollen, das ist unbedeutend; das, was sie charakterisiert, ist, warum sie dazu kommen, dies oder jenes zu sagen. Das ist heute unendlich viel wichtiger. Aber mit den Leuten sich über dasjenige zu unterhalten, was sie meinen, das ist eine Sache, die heute von keiner Wichtigkeit ist; viel wichtiger ist, heute überall darauf zu sehen, aus welchen Untergründen die Leute dieses oder jenes tun, wie sie da dazu kommen, dieses oder jenes zu behaupten, warum dieses oder jenes da ist. Das ist es, worum es sich heute handelt. Was für ein Unterschied ist zwischen dem deutschen Aufbauminister und dem französischen Minister, wie man den Argumenten des einen oder anderen Recht gibt, das ist alles Wischiwaschi. Darum kann es sich nicht handeln für diejenigen, die an dem Fortschritt der heutigen Zivilisation teilnehmen wollen, sondern allein darum, daß man ergründet, warum der eine in einer ganz besonderen Weise unwahrhaftig ist und warum die Unwahrhaftigkeit des anderen einen ganz anderen Charakter hat. Das, was sich durch die beiden Unwahrhaftigkeiten ankündigt, diese Verschiedenheit, das ist dasjenige, was wir ins Auge fassen müssen.

Wir müssen uns schon klar sein darüber, daß wir in einem Zeitalter leben, in dem die Worte, die die Leute sprechen, keine Bedeutung haben in ihrem Inhalt, sondern allein die Kräfte, die drinnen walten und wirken. In einer solchen Art muß derjenige, der Jünglinge und Jungfrauen zu unterrichten hat, in sein Zeitalter hineinwachsen. Und er muß in einer noch tieferen Weise in sein Zeitalter hineinwachsen: er darf nicht jenen Grundcharakter behalten, den das Denken und die ganze Gesinnung des Menschen in der Gegenwart hat. Wenn man heute herumgeht und hat sich etwas durchdrungen mit anthroposophischem Bewußtsein – man findet nicht mehr Menschen, man findet Maulwürfe, die sich im engsten Kreise desjenigen bewegen, worin sie hereingestreckt sind, die sich so benehmen, daß sie in dem allerengsten Kreise denken und nicht hinausdenken über diesen Kreis, auch gar kein Interesse haben, sich zu bekümmern um dasjenige, was außerhalb dieses Kreises vorgeht. Wenn wir nicht die Möglichkeit finden, aus diesem Maulwurfdasein gründlich herauszuwachsen, wenn wir nur immer dieselben Urteile von einem anderen Standpunkt zustandebringen, die uns anerzogen sind durch die Vorgänge vom Ende des 19. und Beginn des 20. Jahrhunderts, dann können wir nicht fruchtbar teilnehmen an demjenigen, was gemacht werden soll, um aus der Misere herauszukommen.

Und wenn einer ganz durchdrungen sein soll von einer solchen Sache, wie ich sie jetzt geltend gemacht habe, so ist es der Lehrer, so ist es derjenige, der die Jugend erziehen will, so ist es besonders derjenige, welcher das Kind hinaufführen will in das mehr reifere Alter des Knaben und Mädchens, die da sind, wenn wir von der 9. in die 10. Klasse hinüberkommen. Wir müssen die ganze Schule so einrichten, daß so etwas in der Schule drinnen sein kann, und dazu ist es notwendig, daß Sie die Sache noch tiefer auffassen, daß Sie vor allen Dingen jetzt bei diesem wichtigen Wendepunkt unserer Schule – das betrifft nicht bloß diejenigen, die in den höheren Klassen unterrichten, sondern das betrifft die ganze Lehrerschaft – sich klarmachen: Es handelt sich darum, die ganze Pädagogik und die ganze Didaktik in ein elementares Gefühl zusammenzufassen, so daß Sie gewissermaßen in Ihrer Seele die ganze Schwere und Wucht der Aufgabe empfinden: Menschen hineinzustellen in diese Welt. Ohne das wird unsere Waldorfschule nur eine Phrase bleiben. Wir werden alles Schöne sagen über die Waldorfschule, aber wir werden auf einem durchlöcherten Boden stehen, bis solche Löcher so groß sein werden, daß wir gar keinen Boden mehr haben, auf dem wir herumgehen können. Wir müssen die Sache innerlich wahrmachen. Das können wir nur, wenn wir ganz tief und gründlich in der Lage sind, den Erzieherberuf zu erfassen.

Und da müssen wir uns doch sagen: Was sind wir denn eigentlich als Menschen der Gegenwart? – Wir sind hingestellt worden in diese Gegenwart durch dasjenige, was an uns heranerzogen worden ist durch die Ereignisse der Zivilisation im letzten Drittel des 19. Jahrhunderts. Und, meine lieben Freunde, was sind Sie heute? Die einen haben Philologie, Geschichte gelernt, so wie man es gelernt hat in den Mittel- und Hochschulen vom Ende des 19. und im Beginne des 20. Jahrhunderts. Die anderen haben mathematisch-realistische Fächer gelernt. Der eine ist durch diese oder jene Methode des Singens und Turnens hineingewachsen in dasjenige, was er ist, der andere durch eine andere Methode. Der eine hat durch die besondere Vorliebe seiner Lehrerschaft mehr sich hineingefunden in ein aber mehr physisch-körperliches Auffassen des Gentleman, der andere hat sich mehr hineingefunden in dasjenige, was man nennen könnte den verinnerlichten Menschen, aber verinnerlicht durch den Intellektualismus. Dasjenige alles, was da an uns heranerzogen ist, das ist ja bis in die Fingerspitzen hinein unsere Menschheit geworden. Und wir müssen uns klar sein darüber, daß dasjenige, was da an uns heranerzogen ist, jetzt in unserer Zeit wirklich sich erfassen muß, daß sich das gründlich selber in die Hand nehmen muß. Und das kann nur durch eine über das Individuelle hinausgehende, zeitgemäße Gewissenserforschung geschehen. Ohne diese zeitgemäße Gewissenserforschung können wir nicht über dasjenige hinauswachsen, was uns die Zeit geben kann. Und wir müssen hinauswachsen über dasjenige, was uns die Zeit geben kann. Wir dürfen nicht Hampelmänner der Zeitrichtung sein, die sich am Ende des 19. und am Anfang des 20. Jahrhunderts herausgebildet hat. Wir müssen vor allen Dingen durch ein Geständnis dessen, was wir aus der Zeitbildung heraus sein können, durch eine universelle Gewissenserforschung uns in richtiger Erkenntnis auf unseren Platz hinstellen.

Und da fragen wir uns: Ist denn nicht alles, was wir geworden sind, infiziert von der materialistischen Gesinnung, die heraufgekommen ist? – Gewiß, guter Wille ist in mannigfaltiger Weise vorhanden. Aber dieser gute Wille ist infiziert worden von der Anschauung, die aus der naturwissenschaftlichen Weltanschauung hervorgegangen ist. Und aus dieser Anschauung ist dann auch dasjenige hervorgegangen, was wir über körperliche Erziehung kennengelernt haben.

Im Grunde genommen wollte es die Menschheit immer vor sich selber verhüllen, daß sie eine große Gewissenserforschung notwendig hat, etwas, was gründlich aufwühlen sollte alles Innerliche mit der Frage: Wie stehen wir denn heute eigentlich als Ältere da vor der Jugend? – Und da kann sich keine andere Antwort als diese ergeben, wenn wir den Knaben und das Mädchen in dem Lebensalter betrachten, in dem sie sind, wenn sie in sexueller Beziehung reif werden, wenn wir sie uns entgegenkommen sehen nach diesem Reifwerden, dann müssen wir uns sagen, wenn wir tief innerlich ehrlich sein wollen: Wir wissen nichts mit ihnen anzufangen, wenn wir die Erziehung und den Unterricht nicht aus neuen Grundelementen heraus in die Hand nehmen. Wir stehen so da, daß wir eine Kluft aufgerichtet haben zwischen uns und dieser Jugend.

Das ist die große Frage, die auch heute praktisch wird. Sehen Sie sich die heutige Jugendbewegung an, wie sie sich herausgebildet hat. Was ist sie anderes als das Lebensdokument dafür, daß die Führung durch Erziehung und Unterricht, durch alles Experimentieren völlig verlorengegangen ist. Sehen Sie sich an, was geworden ist: Mit einer rapiden Schnelligkeit hat sich in diesem Zeitmoment gerade diese Jugend, von der wir hier sprechen, innerlich gedrängt gefühlt, sich loszusagen von der Führung der Alten, um in einer gewissen Weise die Führung in die eigene Hand zu nehmen. Ja, daß das einmal heraufgekommen ist, daß in der Jugend dieser Trieb sich entfacht, das müssen wir nicht der Jugend zuschreiben. Zu diskutieren, wie das in der Jugend heraufgekommen ist, hat ein großes geisteswissenschaftliches Interesse, aber es hat zunächst nicht ein pädagogisches Interesse. Das pädagogische Interesse kann nur an der Tatsache haften, daß die Alten schuld gewesen sind, daß sie die Führerzügel verloren haben, daß sie das Verständnis verloren haben für die heranwachsende Jugend. Und da die Alten im Hause die Jungen nicht mehr aufhalten konnten, wurde die Jugend Wandervögel, suchte in einem Unbestimmten dasjenige, was die Alten nicht mehr geben konnten. Die Gedanken, die Worte waren stumpf geworden; man hatte für die heranwachsende Jugend nichts mehr, und so wanderte sie hinaus und suchte in den Wäldern, suchte im Zusammensein mit sich selbst dasjenige, was sie nicht finden konnten in den Worten, in den Vorbildern der Alten. Das ist eine der allerbedeutsamsten Erscheinungen unserer Gegenwart: Die Jugend stand auf einmal vor einer großen Frage, die in allen vergangenen Zeitaltern doch in einer Weise von den Alten beantwortet worden ist und die jetzt von den Alten nicht mehr beantwortet werden konnte, weil die Sprache, die die Alten führten, von der Jugend nicht mehr verstanden wurde.

Sehen Sie auf Ihre eigene Jugend zurück. Sie waren vielleicht bräver als die Wandervögel, Sie waren vielleicht ein bißchen weniger aufs Wandern aus. Damit ich nicht ein besonderes Wort gebrauche: Sie haben sich gehalten, Sie haben so getan, als ob Sie auf die Alten hinhören würden, Sie sind geblieben. Und die anderen haben nicht mehr so getan, als ob sie auf die Alten hinhören würden; sie haben sich den Alten entrissen und sind hinausgewandert. Das haben wir gesehen. Wir haben auch das ganze Ergebnis der Jugendbewegung gesehen. Es entstand vor gar nicht langer Zeit in dieser Jugendbewegung ein Anschlußbedürfnis an sich selbst. Sie wollten durch sich, für sich selbst dasjenige finden, was die Alten nicht geben konnten. Sie wollten fort in die Natur. In einem Unbestimmten wollten sie dasjenige finden, was ihnen die Alten nicht mehr geben konnten. Und da haben sie den Anschluß gefunden, der eine an den anderen. Sie haben kleine Cliquen gebildet. Im Grunde genommen ist da eine merkwürdige Einzelerscheinung aufgetreten, die eigentlich ungeheuer lehrreich ist: die Alten haben die Führung verloren, sie sind Philister geworden. Die Alten haben es nicht geglaubt: in der Jugend ist die große Sehnsucht erwacht, die im Wandervogel da ist. Und was haben die Alten dazu gesagt, die nun selber etwas angestochen waren von der neuen Zeit? Die haben nicht gesagt, wir müssen jetzt suchen, in uns die Möglichkeit zu finden, in uns selbst den Anschluß zu gewinnen; wir müssen zu einer großen

Gewissenserforschung vorrücken; wir müssen vom Alter her den Weg finden zur Jugend. – Sie haben etwas ganz anderes gesagt: Nun, da die Jugend nichts mehr von uns lernen will, wollen wir von der Jugend lernen. Und da sehen wir von den Landerziehungsheimen bis zu den anderen Dingen die Alten sich dem anpassen, was die Jugend will und fordert. Wenn Sie unbefangen die Sache, die entstanden ist, ins Auge fassen, so ist es doch nichts anderes, als daß die Alten geführt sein wollten von der Jugend, daß sie immer mehr und mehr kapituliert haben, daß sie mehr und mehr von ihrer Führung abgegeben haben, bis in einer besonders aufgeregten Zeit nicht aus der Lehrerschaft, sondern aus der Schülerschaft heraus gewählte Betriebsräte in den einzelnen Unterrichtsanstalten kamen.

Jugendgruppe

Nun, diese Phase, die die Sache der Alten angenommen hat, die ist wirklich in einer tiefen Weise zu bedenken. Aber, was ist bei der Jugend selber geworden? Die Jugend ist übergegangen vom Anschlußbedürfnis, von dem Sich-selber-Finden in der Clique zum seelischen Sich-Finden im Eremitentum. Die letzte Phase ist, daß sich jeder auf sich selbst zurückgewiesen fühlt, daß jeder einzelne eine gewisse Furcht hat vor dem Anschluß. Es ist eine atomisierende Sehnsucht eigentlich dasjenige, worinnen man noch mit einer Gewißheit gefühlt, gesucht und geglaubt hat, man finde nun etwas in der Welt. Das hat sich verwandelt in ein Brüten darüber: Wie kann es sein, daß man mit sich als Mensch nicht zurechtkommt? – Und das letztere Gefühl sehen Sie heute immer mehr und mehr heraufziehen, wenn Sie mit wachem Sinn auf dasjenige hinsehen, was heute überall geschieht. Sie sehen als heranwachsende Ungewißheit überall eine Zersplitterung der menschlichen Seelenkräfte. Sie sehen überall eine besondere Furcht, einen Horror vacui, so daß der Jugend graut, schaudert vor dem, was werden soll, wenn sie immer mehr und mehr heranwächst. Sie hat einen Horror vor dem Leben, in das sie hin-

Indivi-duum

237

einwachsen soll. Und demgegenüber gibt es im Grunde genommen nur eins, eben dasjenige, was ich nennen möchte: die große Gewissenserforschung. Und die kann nicht an Äußerlichkeiten hängen, sondern die kann doch nur auf das abzielen, daß man sich fragt: Ja, wie ist es eigentlich gekommen, daß wir, wenn wir die Führung haben wollen, mit den Kräften des Alters die Jugend gar nicht mehr verstehen?

Wir können da auf ein ferneres Zeitalter zurückblicken, sagen wir auf die Griechen. Bei den Menschen von Griechenland, von denen uns die Geschichte erzählt, finden wir noch ein gewisses Verstehen der älteren Leute mit den jüngeren Leuten. Insbesondere können Sie im griechischen Leben, wenn Sie es suchen so recht zu begreifen, ein merkwürdiges Verstehen finden zwischen den Menschen, die so zwischen 14, 15 und am Anfange der Zwanzigerjahre sind, also im 3. Lebensalter, und den Menschen in demjenigen Lebensalter, das ich als das 5. bezeichnet habe, das so zwischen den Achtundzwanziger- und Fünfunddreißigerjahren liegt. Das ist das Eigentümliche in der Griechenzeit und auch in der älteren römischen Kultur, daß sich die Leute, die 35, 36, 37 Jahre alt waren, mit denjenigen verstanden haben, die so alt waren wie heute unsere Volksschüler alt sind, und daß sich diejenigen, die in das reifere Alter eingetreten sind, besser verstanden haben mit denen, die in den Anfang der Dreißigerjahre eingetreten sind. Es war ein Verstehen zwischen den Älteren und der Jugend gerade nach Altersstufen. Es ist gar nicht leicht, hinter die Geheimnisse der Menschheitsentwickelung zu kommen; es ist tatsächlich so, daß wir im Griechen noch deutlich spüren können: Wenn der Jüngling, das Mädchen in das sexuell reife Alter kommen, schauen sie hin auf diejenigen, die so 28, 29 Jahre alt geworden sind. Sie wählen sich von da aus diejenigen, die ihnen besser gefallen, denen sie nun frei nachstreben. Sie können nicht mehr einer selbstverständlichen Autorität folgen, aber gerade diesem Alter nach-

streben. Und wir sehen das, indem die Menschheit sich heraufentwickelt durch das Mittelalter bis zur Gegenwart, immer mehr
und mehr verschwinden. Die Menschen werden gewissermaßen
durcheinandergewürfelt. Man möchte sagen: Ein Chaos entsteht
aus der geistgegebenen natürlichen Ordnung. Und da in der Welt
ist das dann eine soziale Frage, innerhalb unserer Welt der Erziehung und des Unterrichtes eine pädagogisch-didaktische Frage.
Ohne da auf die ganzen Weltverhältnisse zu sehen, kommen wir
wirklich nicht vorwärts.

Ich möchte Sie nun auf eine ganz konkrete Tatsache hinweisen,
die Ihnen zeigen soll, worin es liegt: Sie müssen nur dann diese
konkrete Tatsache universalisieren, um zu sehen, worin es liegt,
daß dieses Nichtverstehen zwischen dem Alter und der Jugend
eingetreten ist. Sehen Sie, wenn wir heute so lebendig durch unsere Schule in das Leben hineinwachsen, lernen wir zum Beispiel:
Es gibt so etliche 70 chemische Elemente. Wir lernen das, und
wenn wir Lehrer werden, haben wir in der Regel ein Bewußtsein
von diesen chemischen Elementen, daß das einfach so ist, wenn
das auch in der neueren Zeit etwas durchlöchert worden ist; aber
es ruht in unserem Inneren, daß wir es da mit etlichen 70 chemischen Elementen zu tun haben, daß durch ihre Synthese und
Analyse alle Dinge, die in der Außenwelt sind, bewirkt werden.
Wir bilden uns sogar eine Weltanschauung. Und das war die Farce, daß man auf diese 70 chemischen Elemente im letzten Drittel
des 19. Jahrhunderts eine Weltanschauung gebaut hat. Man hat
nur so nachgedacht über die Welt, daß man sich gefragt hat: Ja,
wie konnte denn dasjenige, was die Weltkörper sind, was sich
dann verfestigt hat, durch chemische und physikalische Veränderungen entstehen; wie ist die Urzeugung aufgetreten durch eine
besondere komplizierte chemische Synthese? Man hat die ganze
Welt mit Gedanken erfassen wollen, die aus solchen Elementen
hervorgegangen sind.

Alle Dinge der Welt als Synthese und
Analyse der chem. Elemente
→
Welt als Retorte?

Aber diese ganze Art, sich mit dem Kopf zur Welt zu stellen, wäre einem Griechen als eine Torheit erschienen, als etwas Unmenschliches. Der Grieche hätte, wenn man ihm zugemutet hätte, aus etlichen 70 Elementen, die sich synthetisieren und analysieren, die Welt sich vorzustellen, ungefähr in seinem tieferen Inneren so gefühlt, daß ihm der Mensch dabei vorgekommen wäre wie irgend etwas, was dadurch in Staub zerfallen muß. Er hätte gar nichts begriffen davon; was soll denn der Mensch machen mit einer solchen Welt, die aus 70 Elementen besteht, die sich analysieren und synthetisieren? Was will das alles? Die Welt möchte ganz gut bestehen, sie möchte eine riesige Weltretorte bilden, aber wie nimmt sich der Mensch da drinnen aus? Wie wenn man eine große Retorte ins Zimmer hereinstellte und da drinnen allerlei Elemente kochen ließe und eine Türe aufmachte und durch diese Retortentüre den Menschen hineinschieben würde in dasjenige, was da aus Salzen und Säuren zusammenbrodeln gelassen wird. So ungefähr wäre der Gedanke einem Griechen aufgestiegen, wenn man ihm zugemutet hätte, er solle die Welt aus etlichen 70 Elementen aufgebaut denken. Das hätte er nicht geglaubt. Das hätte seinem Empfinden widersprochen. Er hätte sich unwillkürlich zu einer solchen Empfindung hingerissen gefühlt, wie ich sie charakterisiert habe.

Aber der Mensch ist gar nicht bloß ein Kopf. Das war bloß auf den Dörfern üblich, das war nur eine Farce, wenn man zu Buden gekommen ist, wo einer davorgestanden hat und gesagt hat: Hereinspaziert meine Herrschaften! Hier können Sie einen lebenden, sprechenden Menschenkopf sehen! – Und wenn man hineingegangen ist, dann hat man bloß einen Kopf gesehen, der keinen Körper hatte. Der Mensch ist nicht bloß ein Kopf, sondern ein ganzer Mensch. Und wenn er mit seinem Kopf solche Anschauungen entwickeln will, wo er seinem ganzen Willens- und Gefühlsleben, seiner Physis nach so beschaffen sein sollte, daß er denken kann, die Welt bestehe nur aus solchem Zeug, dann muß der Mensch anders fühlen, er muß etwas anderes in den Fingerspitzen haben, als der Grieche in den Fingerspitzen hatte, dem das für eine Torheit gegolten hätte. Man fühlt anders, man stellt sich in die Welt anders hinein, indem man glaubt, sie sei bloß irgend etwas, was für eine Retorte paßt, aber nicht für ein Universum. Und so war es natürlich auch mit den soziologischen Dingen, die dem Griechen erschienen. Diese Dinge müssen bedacht werden. Man muß sich sagen: Wir denken nicht bloß, daß die Welt aus 74 Elementen bestehe, sondern wir gehen so herum, wir waschen uns am Morgen die Hände und trocknen uns ab, daß wir das auch im Gefühl haben. Daß das möglich ist, daß unser Kopf, wenn wir uns waschen, solch eine unmenschliche Weltanschauung als eine Wirklichkeit hinnimmt, daß wir so denken können, das prägt unserem Fühlen, unserem Empfinden einen ganz bestimmten Charakter auf. Ja, und wenn wir so fühlen, empfinden, denken können, daß der Mensch eigentlich ganz herausfällt, dann ist es eben so, daß wir mit diesem Empfinden und Gefühl, wenn wir vor den fünfzehnjährigen Knaben und Mädchen stehen, keinen Zugang finden, daß wir nicht wissen, was wir damit anfangen sollen. Mit unserer Weltanschauung lassen sich Universitätskollegien machen, man kann da dasjenige auseinandersetzen, was man glaubt als das Richtige zu erkennen, aber es läßt sich nicht leben damit. Wir schicken dann die Leute, die erziehen sollen, von unseren Hochschulen hinaus, und sie haben überhaupt nichts mehr, was ein Zusammenhang mit der Jugend ist. Das ist der furchtbare Abgrund, der sich vor uns aufgetan hat.

Sehen Sie, für uns Menschen kommt ein gewisser Anklang an dasjenige, was wir heute als Chemie und Physik lehren, dann, wenn wir uns nicht recht gehalten haben, wenn wir 50 oder 55 Jahre alt geworden sind. Da sind wir so weit sklerotisiert, daß ein leiser Anklang in unserem Inneren selber ist von der Welt, die da draußen ist. Mit uns Menschen wird ja langsam im Laufe unseres physischen Lebens von den Weltmächten etwas Merkwürdiges gemacht: wir verhärten ja auch in unserem Organismus, indem wir älter werden. Wir werden dissoziiert, wir verstauben gewissermaßen innerlich, wenn wir so um die 50 Jahre hinaufkommen. Aber da werden wir aufgelöst, langsam, nicht gleich so grausam, als wenn wir in eine Retorte geschlossen würden. Es wird nicht so weit gebracht, aber langsamer wird es schon so; es geht etwas humaner vor sich. Aber in diesem Lebensalter, wo der Mensch seinem Tod entgegengeht, da fängt in ihm an, so etwas tätig zu sein wie dasjenige, was wir mit unserer heutigen Wissenschaft beschreiben. Wir fassen die Welt so auf, daß höchstens die Greise dafür ein Verständnis haben können. Die Natur ist gütig, sie läßt sie dafür etwas kindisch werden.

Wenn man solche Dinge redet, so sieht es so aus, als ob man sich lustig machen wollte über die Welt. Kein Humor ist es, es ist tiefe Tragik, Wahrheit: Wir beschreiben heute nur dasjenige von der Welt, was sich vollzieht, wenn wir gestorben sind, gar nichts anderes. Wenn wir erst gestorben sind, dann geht etwas Ähnliches vor, und wir haben ein Vorgefühl, wenn wir alt werden, was da vorgeht in unserem physischen Leib, wenn wir gestorben sind. Nichts anderes beschreiben wir. Wir haben alle unsere Bildungsanstalten angefüllt mit einer solchen Erkenntnis, die sich auf den physischen Menschen bezieht, wenn er sich auflöst, wenn er gestorben ist. Aber das lebt nicht in unseren Gliedern. So empfinden wir durch die Gedanken, die wir in uns aufnehmen. – Und die Dinge, die von altersher gebildet sind, die theologischen Dinge, die leben überhaupt nur noch in Worten, weil gar nicht zusammenpaßt dasjenige, was die Theologie sagt, und dasjenige, was als Naturgeschichte des menschlichen Leichnams gelehrt wird. Solange man diese Dinge bloß erkenntnistheoretisch ins Auge faßt, ist die Sache nicht besonders schlimm; aber in dem

Theologie + Naturwissenschaft passt nicht zusammen

Augenblick, wo man sie in das Leben eingliedern will, dann sind sie schlimm. Wenn man den Menschen als ganzen nimmt und sich fragt: Wie werden die Menschen unter dem Einfluß eines solchen Lebens? – dann gewinnt die Frage eine große Bedeutung, dann wird sie eine Lebensfrage. Um diese Lebensfrage dürfen wir nicht herumkommen, wir dürfen uns nicht, besser gesagt, herumdrücken. Wir werden im Unterricht entgegengestellt dem Kinde, in dem ganz andere Kräfte wirken als diejenigen, von denen wir etwas lernen. Und wir wissen gar nichts mehr von dem, was eigentlich im Kinde wirkt; wir sind durch einen Abgrund vom Kinde getrennt.

Dem Griechen hätte es als eine Torheit geschienen, so von etlichen 70 Elementen zu reden, wie wir heute reden. Was haben sie geredet? Sie haben geredet, daß das Gefüge, das da ist, nicht aus etlichen 70 Elementen besteht, sondern daß da eine Vierheit durcheinander wirkt: Feuer, Wasser, Erde, Luft. Wenn wir heute an unsere Gelehrten herankommen, an die Führung unserer Bildung mit der erhobenen Nase, dann bekommen wir natürlich zur Auskunft: Das ist eine kindische Weltanschauung, über die man hinausgekommen ist; das ist etwas, was man nicht mehr zu berücksichtigen hat. – Und wenn es einer ist, der ein bißchen anfängt zu denken, dann sagt er: Nun ja, wir haben das heute auch. Heute sind das die vier Aggregatzustände, fest, flüssig, luftförmig, und die Wärme sollte man nicht mehr so anschauen; das ist wieder eine Kinderei gewesen. Wir haben das noch, aber wir haben es auf das Richtige gebracht. Und wir müssen mit einem gewissen Wohlwollen auf dasjenige hinschauen, was da die Griechen gehabt haben. Nun, es ist ein Glück, daß wir es so herrlich weit gebracht haben, daß wir jetzt etliche 70 Elemente haben, während die Menschen früher allerlei Animismus getrieben haben, während sie von Feuer, Wasser, Luft, Erde gesprochen haben.

Aber so ist die Sache nicht. Die Sache liegt nämlich viel tiefer noch. Die Griechen haben von Feuer, Wasser, Erde, Luft gesprochen und haben dabei nicht etwa die Vorstellung gehabt, die man heute von diesen Dingen hat, sondern wenn Sie einen Griechen gefragt haben würden, der in dieser griechischen Weltanschauung gelebt hat – es hat noch zahlreiche Menschen gegeben, die in dieser griechischen Weltanschauung gelebt haben, noch bis ins 15. Jahrhundert, die späteren haben das dann noch in den nachgelassenen Büchern aufgeschrieben gesehen, die heutigen sehen es auch manchmal, verstehen aber gar nichts mehr davon –, ja, da war es so, wenn man ihn gefragt hat: Was stellst du dir unter der Wärme vor, was stellst du dir unter dem Feuer vor? – Unter dem Feuer stelle ich mir vor, was warm und trocken ist. – Was stellst du dir unter der Luft vor? – Unter der Luft stelle ich mir vor, was warm und feucht ist. – Er stellt sich nicht die äußere physische Luft vor, sondern er bildet sich eine Idee. Er stellt sich nicht ein äußeres physisches Feuer vor; er bildet sich eine Idee. In dieser war die Unteridee drinnen: warm und trocken. Es war nicht das grobe Haften an dem Sinnlichen; es waren gewisse innere Qualitäten, unter denen er sich das vorstellte. Man mußte sich aufschwingen zu etwas, was man nicht mit Augen sieht, sondern mit Gedanken erfaßt, um zu diesen Elementen zu kommen, zu dem, was man damals Element nannte.

Ja, zu was kam man da eigentlich? Sehen Sie, da kam man zu einer Auffassung, die dem entspricht in seiner Wirksamkeit, was das Ätherische im Menschen, der Ätherleib ist. Da kam man heran an den Ätherleib. Man war nicht in dem Ätherleib drinnen, aber man war in der Art, wie der Ätherleib das Physische bearbeitet. Niemals kann ein Mensch eine Vorstellung bekommen davon, wie der Ätherleib das Physische bearbeitet, wenn er irgendeine Konfiguration aufsuchen will, wie etwa Sauerstoff und Kohlenstoff miteinander ins Spielen kommen. Niemals kann man das Wirken des Ätherleibes mit der Physis irgendwie ins Auge fassen, wenn man solche Ideen anwendet, daß Kohlenstoff, Wasserstoff, Sauerstoff oder Schwefel miteinander ins Spielen kommen. Da wirft man sich ganz heraus aus dem ätherischen Wirken und bleibt innerhalb der Physis drinnen, das heißt, man bleibt in demjenigen drinnen, was mit dem Menschen vorgeht, nachdem er gestorben ist. Mit dem, was im Leben immer vorgeht, indem der Ätherleib die Physis bearbeitet, mit dem kommt man nur zurecht, wenn man denkt: warm und trocken, kalt und feucht, warm und feucht; wenn man also diese Qualitäten, mit denen der Ätherleib das Physische erfaßt, sich innerlich vergegenwärtigt, wenn man diese lebendige Naturauffassung in den vier Elementen hat. Diese vier Elemente sind nicht eine kindische Vorstellung, die bloß auf das äußere Physische sieht, sondern die auf das ätherische Wirken sieht. Und diese Vorstellung ist überhaupt verlorengegangen in der späteren Zeit.

Aber das hat seine Wirkung auf den ganzen Menschen. Denken Sie, man wächst auf, man lernt nur, daß die Welt aus etlichen 70 Elementen bestehe, aus Jod, Schwefel, Selen, Tellur und so weiter, und die wirbeln da durcheinander. Das übt auf die Empfindungsweit eine solche Wirkung aus, daß man sich als Mensch ganz herausstellt. Das ist dort, und wir haben nichts zu tun mit dem Ganzen.

Man kann sich die berechtigte Vorstellung machen, daß man etwas zu tun hat damit, wenn man sich vorstellt, die Welt besteht aus diesen vier Elementen: Feuer, Wasser, Luft und Erde. Man stellt sich das so vor, wie der Grieche es sich vorgestellt hat: im Feuer das Warme und Trockene, in der Luft das Warme und Feuchte, im Wasser das Kalte und Feuchte, in der Erde das Kalte und Trockene. Wenn man sich diese Qualitäten vorstellt und in sich lebendig macht, dann sind das Vorstellungen, die einen qualitativ erfassen. Man wird durchdrungen von ihnen. Sie gehen in die Glieder; sie erfassen einen. Man wird etwas ganz anderes, wenn man solche Vorstellungen erfaßt, die in die Glieder gehen, als wenn man eine Vorstellung erfaßt, die eigentlich erst in die Glieder geht, wenn man als physischer Mensch gestorben ist. Die Leichname in den Gräbern, die konnten sich ja so fühlen, wie es geschieht, wenn sich die etlichen 70 Elemente nach chemischen Gesetzen gruppieren. Aber die lebendigen Menschen haben gar nichts für ihr Leben von einer solchen Vorstellung. Dagegen sind sie sich in ihrem Ätherleib erfassend, wenn sie diese Vorstellung von den vier Elementen haben.

Das ist dasjenige, sehen Sie, daß eigentlich für uns als Menschen unsere Bildung nachderhand ganz unnötig geworden ist; für uns Menschen ist sie ganz unnötig geworden. Wir haben heute eine Bildung, die uns höchstens so vorbereitet, um den äußeren Menschen in Ordnung zu bringen, um dasjenige zu machen, was mechanisch äußerlich am Menschen ist. Dazu werden wir vorbereitet. Für unseren Menschen haben wir gar nichts. Es geht nicht in die Glieder. Es bleibt im Intellekt. Es hat gar keine Wirkung für das Gefühl und für den Willen. Wir müssen heute, wenn wir überhaupt auf jemanden noch wirken wollen, ganz äußerlich durch allerlei Predigten ihm beikommen. Wir müssen ihm etwas von außen sagen, aber wir geben ihm nichts, was innerlich hineinwirkt. Es ist eine furchtbare Unwahrhaftigkeit, wie wir heute so zu der aufwachsenden Jugend stehen. Wir sagen, sie soll gut sein, aber wir geben ihr nichts, wodurch sie gut sein kann. Da kann sie uns nur folgen auf Autorität hin. Wenn wir imstande sind, dem Menschen bis zum hohen Lebensalter hinauf mit dem Säbel zu kommen, wenn er nicht folgt, dann geht es; und hinterher müssen wir die Macht des Polizeifeldwebels haben, der dafür sorgt, daß dasjenige, was wir sagen, von dem Menschen ausgeführt wird. – Eine für den Menschen ganz bedeutungslose Erkenntnis des Kopfes gibt besonders den Menschen für ihr Inneres gar nichts. Hier liegt der Grund, warum wir nicht herankommen können an die Menschen, die gerade in diesem wichtigen Moment stehen, daß sie das Geistig-Seelische in ein Wechselverhältnis bringen sollen zum Leiblich-Physischen. Was sollen die Menschen anfangen mit der Jugend, die aus dem Leben heraus das Geistig-Seelische mit dem Physischen in Beziehung bringen will?

Das ist dasjenige, wo wir morgen einsetzen wollen, um uns hineinarbeiten zu können in das Problem. Ich habe heute hauptsächlich eine Empfindung davon hervorrufen wollen, wie es eine ganze Weltanschauungsfrage ist, die einen beschäftigt in dem großen Moment, wo man den Zugang finden soll zu den Kinderseelen in einem ganz bestimmten wichtigen Lebensalter.

Heutige Erziehung nur am äußeren
Menschen (Intellekt)
→ keine Wirkung für Gefühl + Willen
→ Folge nur durch Predigten +
Autorität

Das Verhältnis der Menschen verschiedener Lebensalter

Stuttgart, 18. Juni 1921

Wir haben gestern mit einer Betrachtung begonnen, die von mir genannt wurde eine Art zeitentsprechender Gewissenserforschung, wie sie eigentlich dem Lehrer und Erzieher notwendig ist, wenn er sich gegenübergestellt fühlt gerade demjenigen kindlichen Lebensalter, das dem 14., 15. Lebensjahr entspricht, das nach außen hin die Geschlechtsreife darstellt und das eigentlich berücksichtigt werden sollte, nicht nur, wenn man es in der Erziehung und im Unterricht zu tun hat mit diesem Zeitpunkt des menschlichen Werdens, sondern das die ganze Schul- und Erziehungszeit hindurch berücksichtigt werden sollte. Es ist deshalb als notwendig bezeichnet worden, daß der Lehrer und Erzieher diesem Lebensalter gegenüber in unserer Gegenwart eine Art höherer Gewissenserforschung vornimmt, weil wir durch die ganze Art und Weise, wie wir selbst im abgelaufenen Zeitalter erzogen und unterrichtet worden sind, eigentlich ohne Verständnis dastehen müssen vor dem, was uns im Menschen gerade in diesem Lebensalter entgegentritt.

Wir werden uns von dem, was da eigentlich vorliegt, ein Bild machen können, wenn wir in der folgenden Weise vorgehen: Betrachten Sie zunächst den Menschen in den Zwanzigerjahren, so vom 21. bis zum 28. Jahr. Wir bezeichnen in der Geisteswissenschaft diese Zeit als die Geburt des Ich, als die Zeit, in der das Ich eigentlich im Leben zu seiner vollständigen Geltung kommt. Wir haben hervorgehoben, daß für das Mädchen so um das 14., 15. Jahr dieses Ich gewissermaßen sich auflöst in dem astralischen

Leib und so noch unselbständig ist, während der astralische Leib eine gewisse Selbständigkeit schon im 14., 15. Jahr erhält. Beim Knaben haben wir gesagt, daß das Ich sich nicht auflöst im Astralischen, sondern eine Art zurückgezogenes Leben führt, und wir haben auseinandergesetzt, wie dasjenige, was uns auf der einen Seite beim Mädchen, auf der anderen Seite beim Knaben von 14 bis 21 Jahren entgegentritt, durchaus als ein Ergebnis dieser inneren Tatsache des Menschenwesens erscheint. Wenn aber mit dem 21. Jahre etwa das Ich voll zu seiner Geltung kommt, dann ist es so, daß der Mensch den Menschen sucht und findet, und zwar in diesem Lebensalter eigentlich im vollsten Sinne: der Mensch den Menschen. Das ist deshalb eigentümlich, weil, wenn, sagen wir, ein Vierundzwanzigjähriger oder auch ein etwas Jüngerer, aber nicht jünger als 21 Jahre, einen anderen, aber nicht älter als Achtundzwanzigjährigen findet, dann stehen sich die beiden so gegenüber, daß völlig gleich im Wechselverhältnis aufeinanderwirken: Geist, Seele, Leib. In diesem Lebensalter stehen eigentlich die Menschen einander als völlig gleich gegenüber im wechselseitigen Verkehr. Dieses im Leben zu beobachten, ist insbesondere für den, der pädagogisch tätig sein will, von einer großen Bedeutung. All der psychologische Firlefanz, der oftmals getrieben wird, setzt sich heute nur aus allerlei Wortweisheiten zusammen. Studieren muß man, wenn man heute wirklich das Leben kennenlernen will, so etwas wie diese besondere Nuance, die in Menschen lebt, wenn sie sich so gegenübertreten, daß sie beide zwischen dem 21. und 28. Jahr stehen.

Nehmen wir das andere: Wir haben sich gegenüberstehen einen jungen Menschen zwischen dem 14. und 21. Jahr und einen älteren zwischen dem 28. und 35. Jahr. Diese beiden Menschen, ganz gleichgültig wie sonst die Geschlechter liegen, sind in einer gewissen Beziehung so, daß ein Verhältnis auf völliger Gleichheit sich nicht herausbilden kann, und dennoch ist wiederum oder kann wenigstens wiederum, wenn gewisse Bedingungen erfüllt sind, von denen wir gleich sprechen werden, ein sehr bedeutsames Verständnis herbeigeführt werden. Wenn der Vierzehn-, Fünfzehn-, Sechzehnjährige dem Achtundzwanzig-, Neunundzwanzig-, Dreißigjährigen entgegentritt, dann ist es nämlich so: Dasjenige, was sich mehr leiblich, durch den astralischen Leib bei dem Vierzehn- bis Einundzwanzigjährigen herausbildet, mehr im äußeren Gebaren in der Art und Weise, wie die jungen, noch kindlichen Menschen sich ins Leben hineinfinden, durch das Geschickter-Werden oder durch das Ideale-Haben – dieses ganze mit der Außenwelt in Beziehung-Treten, was sich da herausbildet –, das ist mehr, ich möchte sagen, mit der Unbewußtheit behaftet, mit der eben das Leibliche nach außen behaftet ist, wenn es sich nach außen entwickelt, und das tritt in einer seelischen Form mehr innerlich beim Menschen zwischen dem 28. und 35. Jahre auf. Daher ist es so, daß der Mensch zwischen dem 28. und 35. Jahre am besten prädestiniert ist, zu fühlen und zu empfinden, seelisch wahrzunehmen dasjenige, was in einem 14 bis 21 Jahre alten Menschen vorgeht. Und wiederum die letzteren sind besonders dazu geeignet, aufzuschauen zu denen, die 28 bis 35 Jahre alt sind, weil sie gewissermaßen dasjenige in Betätigung, in innerer Aktivität sehen, was bei ihnen mehr in Unbewußtheit sich nach außen leiblich gestaltet.

Dieses Verhältnis ist bei den Griechen noch in einem sehr hohen Maße vorhanden gewesen, das Verhältnis zwischen den Menschen von 28 bis 35 Jahren zu den werdenden Menschen, zu den Kindern von 14 bis 21 Jahren. Es wurde einfach dieses Verhältnis instinktiv erlebt. Die griechischen Kinder sahen so zu den Älteren hinauf, daß sie natürlich nicht vollkommen bewußt, sondern mehr instinktiv sagten: Die haben seelisch dasjenige, was wir im äußeren Leibe haben; da tritt uns in verfeinerter Gestalt entgegen, was wir außen haben. Und der Grieche, wenn er in das

28., 29. Jahr hineinkam, er hatte ein ungeheures Wohlgefallen an demjenigen, was sich herausbildete und offenbarte in den Vierzehn-, Fünfzehn-, Sechzehnjährigen. Dieses instinktive Leben des Menschen, wo nicht nur, wie es bei uns ist, abstrakt Mensch zu Mensch in ein Verhältnis tritt, sondern wo die Lebensalter in ein Verhältnis treten, dieses Instinktleben, wo man dem anderen etwas ist dadurch, daß man jünger oder älter ist, dieses instinktive Verhältnis, das ist dasjenige, was bei den Griechen noch außerordentlich stark vorhanden war, das wirklich wirkte zwischen den Menschen.

Und nun bedenken Sie, wie es eigentlich da war in diesem Griechenland. Da war es so, daß das Kind heranwuchs in der Verehrung des Dreißigjährigen, daß es aber stark fühlte: Du mußt jetzt deine Gleichjährigen aufsuchen, wenn es über die Zwanzigerjahre hinausging. Das gab Mannigfaltigkeit, Innerlichkeit. Das gab auch dem sozialen Leben eine gewisse Struktur. Und das ist dasjenige, was eigentlich betont werden muß, weil wir heute, wo dieses Instinktleben nicht in dem Menschen ist, gerade als Lehrer und Erzieher im Grunde genommen verständnislos gegenüberstehen hauptsächlich dem Alter, das mit dem 14., 15. Lebensjahr beginnt. Es enträtselt sich uns nicht, denn wir haben, wie ich es schon gestern betonte, niemals Vorstellungen und Begriffe aufgenommen, die so wirken können in unserem Empfindungs- und Gefühlsleben, daß diese Instinkte, die uns durch die Naturentwickelung abhanden gekommen sind, wiederum in einer bewußteren Weise aufleben können. Und wir werden, wenn wir nicht eintreten auch auf dem Gebiet der Pädagogik und Didaktik in anthroposophische Geisteswissenschaft und dadurch solche Empfindungs-, solche Gefühlsverfeinerungen wiederum in uns anregen, allmählich immer mehr und mehr Klüfte aufrichten zwischen den älteren Menschen, also auch den Lehrern und Erziehern, und namentlich diesen älteren Kindern. Diese

Klüfte werden wir aufrichten, so daß wir uns zuletzt einzig und allein darauf zurückziehen können, durch das Wort zu befehlen, das oder jenes muß geschehen. Wir werden darauf rechnen, daß, wenn wir selber in der Schule nicht mehr befehlen können, dann der Polizeifeldwebel da ist, von dem die Menschen wissen, der ist da, wenn sie nicht folgen, wenn sie sich nicht so verhalten, wie man ihnen befohlen hat. Aber das Innerliche des Verhältnisses von Lehrer zu Schüler, das können wir nicht erreichen, wenn wir nicht, so scheinbar theoretisch das auch klingen sollte, unseren ganzen Menschen anregen durch solche Gedanken, die wiederum, und jetzt bewußt, dasjenige in uns wachrufen, was einstmals das Instinktleben den Menschen gegeben hat.

Deshalb sagte ich Ihnen gestern: Was wir heute lernen, daß die einzelnen Stoffe und Wesenheiten des Naturdaseins aus etlichen 70 Elementen zusammengesetzt sind, das gilt nur für uns, wenn wir einmal gestorben sind und als Leichname im Grabe liegen, für unsere Leichname. Es hat gar nichts zu tun mit dem Menschlichen, was da demonstriert wird durch Chemie und Physik. Es hat nur insofern auf den Menschen einen Bezug, als sein Leichnam nach denselben Gesetzen verfault, verwest, nach denen sich diese 72 oder 74 Elemente verhalten. Dagegen hatte man noch im 4. nachatlantischen Zeitraum und insbesondere bei den Griechen jene Anschauung ausgebildet, auf die wie auf etwas Kindliches herabgesehen wird, wie ich das gestern auseinandergesetzt habe, die aber eben, wenn sie richtig erfaßt wird, den Menschen etwas ganz anderes gibt, die Anschauung, daß man es mit den Elementen zu tun hat: Feuer, Wasser, Luft, Erde. Und ich habe Ihnen gesagt, nicht unter dem Bild grober Sinneseindrücke, grober Sinnesmaterie dachten sich etwa die Griechen diese 4 Elemente, sondern sie dachten sich das Feuer als dasjenige, was zugleich die Qualität warm und trocken enthält, das Wasser dachten sie sich kalt und feucht. Aber diese lebendigen Begriffe, die sie damit verknüpfen, konnten sie auf mancherlei anwenden. Sie konnten sie erstens anwenden, indem sie lebendig dasjenige durchdachten, was für sie Wärme, was für sie Luft war, was für sie Feuer, Wasser und Erde war, worin sie Bilder sahen, ganz bestimmte Bilder. Sie konnten sie anwenden auf die Art und Weise, wie im Menschen von seiten des Ätherleibes aus die Mischung und Entmischung, die Synthese und Analyse der Stoffe stattfindet; wie da der Ätherleib arbeitet am physischen Leib, wie er von der Geburt bis zum Tode am physischen Leib arbeitet, das konnten sie da durchdenken; während wir eigentlich nur denken können, was der physische Leichnam im Grabe macht nach unseren physikalischen und chemischen Gesetzen. Das konnten die Griechen und ihre Nachfolger bis ins 15. Jahrhundert herein denken, wie der Ätherleib arbeitet an dem physischen Leib, indem er nach Art des Feuers das Warme und Trockne qualitativ entwickelt, indem er nach Art des Wassers das Kalte und Feuchte entwickelt, nach Art der Erde das Kalte und Trockne und so fort.

Das ist aber ein viel lebendigeres, inneres Arbeiten, wenn man mit diesen 4 Elementen nun den Menschen anschaut; denn man ist dadurch imstande, das Betätigen seines Ätherleibes mit den physischen Substanzen vorzustellen. Und man wird innerlich viel lebendiger, wenn man das so vorstellt als Lebendiges, insbesondere wenn man das andere hinzufügt, was die Griechen auch noch lebendig vorgestellt haben.

Sie haben sich folgendes vorgestellt (es wird gezeichnet): Sehen Sie, heute hat man die Erdoberfläche, darauf grünende Pflanzen. Ja, wie stellt man sich dasjenige vor, was da geschieht in der Pflanzenwelt? Ja, man kommt natürlich auch nur so weit, als man es erklärbar hält nach den chemischen Analysen und Synthesen, die man an den etlichen 70 Elementen sich aneignet. Das andere, das leugnet man entweder hinweg, oder aber man versucht es nach Analogie des mineralischen Wechselspiels vorzustellen. Was eben im Durcheinanderspiel des Chlorophylls, des Pflanzengrüns, mit irgendwelchen äußeren Entitäten stattfindet, wenn die Pflanze nach oben schießt, das möchte man sich auch so vorstellen wie dasjenige, was in der Retorte vor sich geht. Man sagt es nicht, aber es bricht eine solche Betrachtungsweise überall durch. Man betrachtet es als eine Art Mineralisches. Die Griechen haben, wenn sie es auch nicht deutlich ausgesprochen haben, sich gesagt: Da wirkt aus der Erde herauf von unten nach oben dasjenige, was Erde ist, was das Kalte und Trockene ist, das wirkt da von unten herauf, und sobald die Pflanzen herausbrechen über die Erdoberfläche, dann wirkt, in freier Tätigkeit herausquellend, die Pflanze mit ihrer Grünheit, mit ihrer Blütenfarbigkeit, da wirken Wasser, Luft – aber so, wie es sich die Griechen vorstellten –, und da wirkt, alles in sich einfassend, das Feuer. Da draußen wirken durcheinander das Warme und Trockene, das Kalte und Feuchte, das Warme und Feuchte, und dasjenige, was da durcheinander-wirkt, feucht und trocken und warm und kalt, dieses Qualitative, das da ineinander webt und ineinander wirbelt, das wirkt über der Oberfläche der Erde in der Pflanzenwelt. – Das muß man anschauen. Schaut man es an und schaut dann weg auf den Menschen hin, wie sein Ätherleib da drinnen arbeitet, da hat man etwas Ähnliches. Aber man fühlt sich drinnen, indem man das ganze Leben der Pflanze ansieht, angeregt durch eine solche Anschauung, ich möchte sagen, in sich selber hereinzuleben dieses Pflanzenleben, dieses objektive Leben. So ein Grieche hatte die Empfindung: da draußen blüht und gedeiht und wächst alles und verändert sich. Das wirkt auch in mir. Es war ja nicht so etwas Fernes, was er sich unter dem Wirken seines eigenen Ätherleibes vorstellte. Er sagte sich: Dasjenige, was da in mir als Ätherleib ist, bleibt mir nichts Unbekanntes. Gewiß, in mir sehe ich es nicht, aber wenn ich den Blick auf alles richte, was da grünt, was um mich ist, bietet sich mir dar, was in mir selber ist.

Und wenn ein solcher Grieche, nicht in seiner jetzigen Inkarnation, sondern als alter Grieche, wieder aufstehen würde und ein Chemiker von heute käme zu ihm und sagte: Das ist alles Unsinn, was ihr da sagt. Wir sind längst über die 4 Elemente, Feuer, Wasser, Luft und Erde hinaus, das ist alles eine kindische Vorstellung, es gibt Wasserstoff, Sauerstoff, Chlor, Brom, Jod und so weiter – und zählte ihm diese 76 Elemente auf, da würde der Grieche sagen: Dagegen habe ich nichts, das kannst du schon machen, das ist nur dasjenige spezialisiert angesehen, was ich da unten in dem Kalten, Trockenen als Erdenwirkung habe. Aber weiter bist du nicht gekommen als bis zur Spezialisierung des Kalten und Trockenen. Von Wasser, Feuer und Luft verstehst du überhaupt nichts. Du hast keine Ahnung, was da draußen wirbelt in der Pflanzenwelt. Von dem Ätherischen, das du selber in dir trägst, hast du keine Ahnung. Du kannst gar nicht reden über die Pflanzenwelt. Denn mit demjenigen, was du da in deinen 76 Elementen aufzählst, hast du noch keinen Begriff von demjenigen, was in der Pflanze wirkt.

Sie müssen nur fühlen, wie unsere Worte lebendig werden, wenn wir so dasselbe in dem Menschen drinnen fühlen wie in diesem ganzen Grünenden der Welt, wenn das uns nicht etwas ist, was wir nicht durchschauen. Und Sie können ganz sicher sein, daß, wenn es einmal wiederum so lebendig wird, daß es in die Erziehung aufgenommen wird, das wird nicht bloß, indem es als eine innerliche, seelische Nuance unsere Worte durchzieht, wirken in abstrakten Beziehungen zur Seele, das wird den Gesichtern wiederum Farbe geben. Das wird die ganzen Menschen verwandeln, das wird eine wesentlich harmonische Wirkung haben. Die Stimme der Lehrer wird viel gesünder klingen. Sie wird ganz anders wirken, ohne daß Sie auf irgend etwas anderes Rücksicht nehmen. Denn alle diese Kunstpädagogiken, wo man sagt, wir müssen das so machen und so machen, es muß so und so sein, sind

im Grunde genommen Treibhauspflanzen von einem Gewächs-
haus. Gewachsen muß das sein, was wirkliche Pädagogik ist. Das
muß mit unserem Vorstellungen-Bilden, mit unserem Empfinden
so aufgenommen werden, wie naturgemäß die Dinge von uns aufgenommen werden, die im Blut wirken, in die Nerven wirken, die
mit uns heranwachsen durch unsere Organisation.

Im Grunde genommen ist es schon der Beginn des Unfugs,
wenn man jemandem zumutet, man soll ihm sagen: Das muß so
und so gemacht werden. Das ist schon der Anfang von dem, daß
man zum Ofen sagt: Du bist doch eigentlich hingestellt in die
Ecke des Zimmers, und es ist deine Ofenpflicht, du sollst warm
machen –, davon ist es schon der Anfang, wenn man so eine
Kunstpädagogik hat, in den Ofen wirft man Holz hinein und
zündet es an. Eine Pädagogik braucht eine richtige Menschenerkenntnis, die auch lebendig wird in dem ganzen Menschen,
die in unser Empfinden, die aber auch in den Willen geht. Es ist
nötig, daß wir eine solche Menschenerkenntnis ausbilden.

Und nun hat der Grieche ja nicht nur angeschaut, was da draußen in der Vegetation lebt, sondern er hat hinaufgeschaut in die
Weltenweiten und hat da zuerst wahrgenommen die kreisenden
Planeten, wie er sagt, von dem Monde bis zum Saturn. Er hat
dann den Blick weiter hinausgerichtet in die Sternenwelt, und
da hatte er das Gefühl: Stehe ich hier auf der Erde mit der um-
gebenden Pflanzenwelt, so durchdringt mich Feuer-, Luft-, Was-
serwirkung. Die Pflanzenwelt durchdringt Feuer-, Luft-, Wasser-
wirkung. Dasjenige, was ich in Wirksamkeit anschaue, das rhyth-
misiert auch in mir selber. Ich trage eigentlich das ganze Jahr in
mir, denn so wie da draußen mit der Pflanzenwelt im Grünenden
und Verwesenden das Trockene und Feuchte harmonisiert, wie
da das Kalte und Warme verfährt, so verfährt auch mein Ätherleib mit mir, nur daß ich eine ganze Welt in mir trage, so daß das,
was draußen in einem langen Zeitraum sich abspielt, sich nach

kürzeren Rhythmen in mir selber abspielt. Er fühlt sich in dieser Welt als lebendiges Wesen. Dazugehörig zu diesem Erdenwesen fühlt er sich. Er sagt sich: Wo die Pflanzen sind, da fängt es an, Wasser, Luft, Feuer, Erde, die einander durchdringen. Da geht hinauf das Ätherische mit seiner Wirksamkeit; aber nun kommt ihm entgegen von dem Weltenall, strahlt von außen herein entgegenkommend im Feuer, in der Luft, im Wasser dasjenige, was Sternenwirkung ist, was zunächst die planetarische Wirkung ist, Ich würde zwar einen Ätherleib in mir haben, wenn diese planetarische Wirkung nicht da wäre, Pflanzen wären da, aber es könnte sich in mir zum Beispiel nicht formen, sagen wir, das Vorderhirn, wenn nicht die Kräfte des Saturn von außen hereinwirkten; es könnte sich in mir nicht der Kehlkopf ausbilden, wenn nicht der Mars von außen wirkte, es könnte sich das Herz nicht ausbilden, wenn nicht die Kräfte von draußen hereinstrahlten. Und so dachte sich der Grieche: Von draußen strahlen nur die Kräfte herein; hinaus strahlt das Ätherische und von unbestimmten Weltenweiten herein strahlen, modifiziert durch die Planeten, die Kräfte, die dasjenige, was über das Pflanzenhafte hinausgeht, in mir konstituieren. Und der Grieche fühlt: Ich hätte kein Vorderhirn, ich hätte keinen Kehlkopf, kein Herz, keinen Magen, wenn da draußen nicht wären der Saturn, der Mars, die Sonne, der Merkur. So fühlt er sich in diesen seinen Organen so zusammengehörig mit den Weltenweiten, wie er sich in seinem Ätherleib zusammengehörig fühlt mit Feuer, Wasser, Erde, Luft. Gewissermaßen sah er Feuer, Wasser, Erde, Luft als das ihm nächste. Und er sah die Kräfte, die in Feuer, Wasser, Luft und Erde so durcheinanderwirbelten, daß da auch Herz, Lunge und so weiter möglich wurden.

Ja, das brachte es dahin, daß der Grieche sich schon einfach mit seiner Leiblichkeit nicht nur als ein Ergebnis der Erde fühlte, sondern als ein Ergebnis des äußeren Kosmos so, daß er sagte: Ich stehe neben der Pflanze, aber in mir wirken die

Kräfte des Kosmos. Sie dringen auch bis zur Pflanze, aber bei der Pflanze wirken sie von außen; sie können nicht hinein, können sie nicht bis zu Organen durchorganisieren. In mir dringen sie in alles dasjenige hinein, was ich mit dem Tier gemeinschaftlich habe. Und ich kann in der Organisierung desjenigen, was da vom Weltenraum hereindringt, bis zum Tierkreis gehen. Da habe ich die Sphäre abgeschlossen, in der ich alles dasjenige beobachten kann, was in mein Tierisches und in das Tierische der umliegenden Tiere hereindringt. Ich beobachte die Tiere, ich beobachte sie in ihren verschiedenen Formen, zum Beispiel den Löwen. Ja, da habe ich in der Gestalt des Löwen ein bestimmtes Zusammenwirken der Planeten mit dem, was Fixsternwesen ist, das durcheinander wirkt. Da lerne ich verstehen, warum der Löwe so und so gebaut ist, wie er ausschaut. Ich lerne verstehen, warum ein anderes Tier so und so aussieht. Ich lerne das Tierische um mich herum kennen, lerne den astralischen Leib kennen. Ich fühle es in mir, wie ich früher das Pflanzenhafte und Ätherische in mir gefühlt habe. Ich bin mit der Tierheit der Erde zusammen ein Bewohner nicht bloß der Erde, sondern desjenigen, was im Weltenraum pulsiert, dadurch, daß Sterne da sind.

Ja, das gibt in der Tat wiederum empfindungsgemäß etwas, was den Menschen durchdringt damit, daß er sagt: Ich sehe ja allerdings um mich herum Wesenheiten, die nach mineralischen Gesetzen geformt sind; aber dazu gehöre ich nicht, auch alles das, was Pflanze ist, nicht, das Tier schon erst recht nicht. Ich kann nicht auf der Erde sein durch die Kräfte, die bloß aus der Erde herauskommen. Dieses Sich-Fühlen im ganzen Weltenraum, das macht im wesentlichen das aus, was gerade im Griechen lebte, das war bei ihm noch instinktiv.

Das Ich wurde dann ebenso gesucht außerhalb des Tierkreises wirkend, außerhalb der Sphäre, durch die nur der Tierkreis ausgespart ist, als etwas durch und durch Geistiges, für das man überhaupt kein sinnliches Korrelat findet außer dem Abbild dieser ganzen Sphäre: der Sonne. Da kommen wir zur Sonnenvorstellung, die man gehabt hat, die eigentlich auch schon in Griechenland etwas dekadent geworden ist, die aber durchaus noch in älteren Zeiten vorhanden war.

Unsere Physiker und unsere Astronomen, ja, die stellen sich vor, daß da draußen irgendwo im Weltenraum 20 Millionen Meilen von uns entfernt, irgendeine große Kugel ist aus Gas. Das brennt, und aus diesem riesigen kosmischen Ofen, Gasofen, der noch dazu keine Wände hat, strahlt das Licht und die Wärme nach allen Seiten hin. Das ist diejenige Vorstellung, die heute einzig und allein dem Menschen zukommt, der kein Dilettant ist, der ein Fachmann ist, selbstverständlich. Aber man muß eben heute ein Fachmann sein, um eine solche Vorstellung zu haben. Sie werden der Wahrheit auf diesem Gebiet schon näher kommen, wenn Sie das Folgende vorstellen: Denken Sie sich einmal, Sie stünden in lauter Licht. Überall wäre Licht. Aber es wäre nirgends ein Gegenstand, der Ihnen das Licht zurückstrahlte. Es käme Ihnen dann das Licht von nirgends her zurück: es wäre ganz finster in diesem lichterfüllten Raum. Sie sähen drinnen nichts, und es wäre total finster. Wenn nur Licht da wäre, wäre es total finster. Das Licht kommt nur zurück, wenn es irgendwo aufgefangen wird, sonst können Sie es nirgends sehen. Im lichterfüllten Raum ist es total finster. Das stellte man sich in einer besseren Zeit durchaus so vor – man wußte, daß da oben nicht der riesige Gasofen ist –, da ist nicht bloß leerer Raum, sondern da ist weniger als Raum, vom Raum noch ins Negative gehend. Unsere Physiker würden höchst erstaunt sein, wenn sie hinauffahren könnten: wo sie den Gasball hinversetzen, da ist gar kein Gasball, da ist ja gar kein Raum, es ist ausgesparter Raum, Raumsaugekraft. Dieser ausgesparte Raum ist da. Überall ist Raum, Raum und so weiter. Da aber ist negativer Raum, weniger als Raum. Man muß sich nur etwas vorstellen können unter dem «weniger als Raum». – Vorläufig können sich doch die Menschen vorstellen, daß weniger als kein Geld Schulden sind.

Aber das Räumliche hat eine Grenze und das Negativ-Räumliche fängt das Licht auf, da kann es nicht durch, durch die negative Leerheit; es wird zurückgestrahlt, und erst dadurch wird die Sonne sichtbar. Überall ist da das Licht. Dasjenige, was die Sonne ist, ist eben nur eine Rückstrahlungswesenheit, ein Rückstrahlungsapparat für das überall verbreitete Licht. Und dieses Licht hat seinen Ursprung nach griechischer Anschauung eben noch weiter, als sie den Tierkreis sich dachten; das kommt aus den Weiten des Weltalls herein, nicht aus dem Raum hier. Aber da wird es aufgefangen und durch die Sonne sichtbar, und dadurch hängt mit dem, was höher ist als die Planetenwirkung, die Ich-Wirkung zusammen. Dadurch hat die Sonne etwas mit dem Ich zu tun, daß sie weniger ist als ein Raum, daß sie leerer ist als ein leerer Raum, daß da draußen, wo die Sonne eben ist, gewissermaßen aufhört alle Materialität und die Geistigkeit sich dort bricht. Deshalb fühlte sich der Grieche so sonnenverwandt, weil er das Ganze geistig verstand.

Bis in das 6. Jahrhundert, namentlich bis in die Mitte des 4. nachchristlichen Jahrhunderts reichte noch herein in das Bewußtsein des Abendlandes etwas von einer lebendigen Empfindung dieses Ins-Geistige-Hineinkommens, wenn man in den Kosmos hinaufblickte. Und deshalb wird dasjenige, was hier geschildert wird, nicht geschildert in den äußeren Planeten, sondern in den Hierarchien, die als Wesen da oben dasjenige bewegen, was äußerlich sich als Planetenwelt ankündigt. Man muß schon diese lebendige Vorstellung haben, dann wird man dazu kommen, überhaupt sich ganz anders in der Welt drinnen als Mensch zu fühlen.

Wenn man nun die Tierwelt von diesem Gesichtspunkte aus

überschaut, sagt man sich: Das ist da in einem drinnen. Das macht ja in einem die Organe. Aber wenn ich da draußen die Tiere sehe: die sind abgeschlossen in ihren Formen. Ich bin keine solche Form geworden. Ich schaue nicht aus wie ein Löwe, schaue nicht aus wie ein Stier, wie der Ochse oder wie das Schwein, sondern das alles ist in einer Synthese in mir enthalten. Ich trage die Anlage von alledem in mir. Wäre ich nicht durch die Sonnenwirkung zum Ausgleich von alledem gekommen, so würde ich eigentlich ein Kerl sein, in dem die ganze Tierwelt durcheinanderwirbelt, durcheinanderwühlt. Es ist nur ausgeglichen, ins leibliche Gleichgewicht gebracht durch die Sonnenwirkung. Und was ist dadurch bewirkt, daß ich eigentlich die Anlage zu allen Tieren in mir trage, zu der ganzen Tierwelt, aber unterdrückt? Dadurch kann ich Formen denken. Dadurch kann ich Imaginationen denken. Die Tiere sind äußerlich gebildet nach ihren Imaginationen; sie sind die lebendigen Imaginationen, sie wandeln herum als Imaginationen. Die imaginative Welt ist mir ja überhaupt äußerlich ganz sichtbar, indem ich die Tierwelt überblicke. Aber dieselben Formen sind in mir. Die sind in mir dadurch als Gedankenbilder, daß ich es nicht äußerlich geworden bin, daß ich es nicht räumlich geworden bin.

Wenn man noch weiter zurückgeht, sagen wir in der Zeit vor Thales, würde man noch in den Mysterienschulen und bei denen, die drinnen gelehrt haben, ein deutliches Wissen finden, wie es bei Plato noch durchdringt in seinen esoterischen Schriften, ein deutliches Wissen, das sich so ausspricht: Logik, was ist denn das? Zoologie, das ist die lebendige Logik; denn wenn das eine in eine geistig abstrakte Form kommt, wozu wir veranlagt sind – was in der Tierwelt zum Ausdruck kommt und was sich in uns gegenseitig harmonisiert –, dann entsteht in uns das lebendige Gedankenspiel; das ist das Treiben der Tierwelt in unserem Gedankenspiel, und Logik ist Zoologie. – Dann allerdings kam der

Sokratismus des Aristoteles, wo kein Bewußtsein vorhanden war von diesen Dingen. Und da machte man die abstrakte Logik, da machte man aus einem lebendigen Wahlverwandtschaftsverhältnis das Verhältnis des Urteils, die abstrakten Beziehungen von Begriff zu Begriff, wie sie in der Logik des Aristoteles zum Ausdruck kommen, die den Menschen, der damit etwas zu tun hat, zur Verzweiflung treiben kann, weil sie nirgends anzufassen ist.

So fühlt man, denkt man, bildet man Begriffsbilder, weil man eigentlich dasjenige, was draußen ausgebreitet ist in der Tierwelt, in sich trägt. Ja, da verwächst man ganz anders mit der Welt, wenn man das entwickelt. Da wird das Wollen und das Fühlen in einer ganz anderen Weise belebt. Da fühlt man seine Verwandtschaft mit den Reichen der Natur. Und da bekommt man allmählich eine Empfindung dafür, was es denn eigentlich heißt, daß in uns etwas Astralisches wirkt, nicht bloß etwas Ätherisches. Wenn man nicht die abstrakten Begriffe bekommt, die heute verbreitet werden, sondern das lebendige, innere Angeregtsein durch positive Formen, und dann den vierzehn- bis fünfzehnjährigen Menschen vor sich hat, dann lernt man diesen vierzehn- bis fünfzehnjährigen Menschen beobachten. Dann wird durch das, was man innerlich empfängt, das Auge und das Ohr geleitet zu dem, wie man sich in der nächsten Stunde verhält. Das Auge wird geführt und geleitet, und das Ohr wird geführt und geleitet, und wir werden erst dadurch zur Beobachtung angeregt, was in den vierzehn- bis fünfzehnjährigen Menschen vor uns hintritt. Wenn wir das nicht haben, wenn wir uns nicht durchdringen mit einer solchen Geisteswissenschaft, die in die Empfindung hineingeht, so stehen wir ja vor dem vierzehn- bis fünfzehnjährigen Menschen da, etwa – in meiner Jugend haben die Leute gesagt – wie der Ochs vor dem Sonntag, wenn er die ganze Woche Gras gefressen hat.

Das ist es, was wir in unsere Bildung, in unsere Zivilisation, in unsere Wissenschaft hineinbringen müssen, daß sie überhaupt etwas ist, daß sie eine Realität ist, daß sie nicht bloß eine Summe von bloßen Namen, nicht bloß ein Nominalismus ist, daß sie etwas Reales in uns entzündet und befeuert. Dadurch werden wir dann den Menschen beobachten. Aber das ist nicht gemeint, daß wir so verschmitzt an den Menschen herantreten und uns notieren, wie er ist. Das ergibt sich durchaus wie etwas, was von selbst an uns herankommt. Wir kommen zu einem Urteil über jedes einzelne Kind, wir brauchen es nicht auszusprechen, weil wir es beweglich in unserem Inneren haben. Dann können wir es herausheben ins Bewußtsein, und wir handeln in der Klasse nach diesen zahlreichen Urteilen, die da in uns so leben und wogen, wie in den wahren Gedankenformen die ganze Tierwelt lebt. Denken Sie, wenn wir das alles wissen müßten, wenn wir uns klar sein müßten, wie der Löwe das Lamm frißt, wenn wir das alles zum Bewußtsein bringen müßten, wie das wäre. – So können wir auch nicht alles dasjenige, was in unserer Umgebung lebt, in uns zu Urteilen anregen. Das können wir nicht zum explizierten Bewußtsein bringen. Aber es kann da sein. Wir können darnach handeln. Wir stehen drinnen unter den Schülern und handeln darnach, wenn wir nicht von einem solchen Wissen, einer solchen Wissenschaft ausgegangen sind, die nur mit abstrakten Begriffen und abstrakten Naturgesetzen rechnet und zu solchen Dingen überhaupt nicht in die Lage kommt, aufzublicken. Das ist ja ganz selbstverständlich, wenn sich die Menschen vorstellen, daß draußen im Weltenraum der große Gasofen ohne Wände kocht, dann werden sie auch nicht zu einer besseren Menschenerkenntnis kommen.

So muß die große Gewissenserforschung eintreten, die darin besteht, daß wir uns sagen: Wenn wir nicht mit allen Kräften hinarbeiten auf eine geisteswissenschaftliche Durchdringung unseres instinktiven und unseres Gefühls- und Empfindungslebens, so verstehen wir das Kind im 14., 15. Lebensjahr nicht mehr. Wir lernen es erst verstehen, wenn wir zu einer solchen Bildung vordringen. Das ist gemeint, wenn immer gesagt wird: Anthroposophie ist selbst eine Pädagogik; nämlich sie wird Pädagogik, wenn man in die Lage kommt, erziehen zu können. Und es braucht nur das aus den Tiefen der menschlichen Seele hervorgeholt werden, was durch Anthroposophie in die Menschenseele gelegt wird, wenn es zur Pädagogik kommen soll. Ich möchte sagen, dem, was in jedem Menschen ist, braucht nur eine pädagogische Richtung gegeben zu werden, so wird anthroposophische Menschenerkenntnis eben durchaus auch Pädagogik.

Ich habe gestern zu denjenigen gesagt, die die 10. Klasse haben, man solle anfangen mit einer gewissen Menschenerkenntnis. Ja, das ist dasjenige, was eine solche Menschenerkenntnis darstellen will, daß wir den Menschen wiederum hinstellen in das ganze Weltall nach Leib, Seele und Geist. Wir sollten eigentlich, wenn wir richtige Pädagogen auf diesem Gebiet der Menschenerkenntnis sind, jede Anatomie, jede Physiologie so in die Hand nehmen, daß wir uns informieren über dasjenige, was da durch eine geistlose, jahrhundertlange Arbeit zustande gekommen ist. Aber es sollen bloß Informationsbücher sein, und wir sollten niemals versäumen, dasjenige hineinzugießen in diese Informationsbücher, was wir der Anthroposophie entnehmen können. Dadurch wird erst dasjenige beleuchtet, was aus diesen Informationen, eben aus den gebräuchlichen Dingen, herauskommt. Sie müssen sich ganz anders zur Literatur stellen, als sich die anderen dazu stellen. Gewiß werden Ihnen dann die Urteile entgegenklingen, Sie seien hochnäsig und so weiter. Aber das muß heute schon ertragen werden. Es muß ertragen werden, daß Sie in dem, was heute unsere Wissenschaft, was heute unsere Bildung bietet, nur eine Grundlage sehen zur Information, so wie der Grieche, wenn er auferstehen würde, vielleicht zur Chemie greifen würde und sagen würde: Das, was ich einerseits von der Erde weiß, daß sie trocken und kalt ist, daß sie auf Pflanzen wirkt, das spezialisierst du mir. Es ist interessant, daß man es in Einzelheiten kennenlernt, aber du weißt nichts von der Gesamtwirkung, du weißt nur von einem Viertel. – Wir müssen wiederum zurückkommen zu einem solchen Wissen, das in Empfindung, Gefühl und Willen hineingeht, das unseren ganzen Menschen durchdringt, das auf seelischem und geistigem Gebiet etwas Ähnliches ist wie das Blut auf leiblichem Gebiet; dann werden wir dadurch, daß wir andere Menschen werden, eben richtige Lehrer werden. Es verträgt das Lehrertum nicht jenes Automatentum der Menschheit, das dadurch zustande gekommen ist, daß man allerlei Treibhauspflanzen von Kunstpädagogiken erfunden hat. Jetzt experimentiert man sogar, weil man zu eigenen Begriffen kommen will; man experimentiert, wie die Erinnerung verläuft, man experimentiert, wie der Wille verläuft, sogar wie die Gedanken verlaufen. Das sind ja sehr nette Spielereien, bei denen gewiß etwas herauskommt. Man braucht nicht gegen das Spielen gerade zu sein, nicht bei Kindern und nicht im Laboratorium, aber es handelt sich darum, daß man die Einengung des Gesichtsfeldes, die dadurch hervorgerufen wird, bekämpft.

Die Lebensalter als Auffassungsorgane

Torquay, 16. August 1924

astralisches   Ich-

Leib

Physischer   ätherischer

Machen wir uns wieder klar, wie der Mensch ist im traumlosen Schlaf. Im Bette liegt der physische Leib und der ätherische Leib. Außerhalb des physischen Leibes und ätherischen Leibes ist der astralische Leib und die Ich-Organisation, das Ich. Das Nachzittern, die Reminiszenzen aus dem physischen und ätherischen Leibe haben aufgehört. Der Mensch ist bloß in seinem Ich und in seinem astralischen Leibe in der geistigen Welt. Aber er hat kein Organ. Er kann nichts wahrnehmen. Alles ist ringsherum Finsternis. Er schläft. Das ist das Schlafdasein: leben im Ich und im astralischen Leibe, ohne daß man die reiche, die mächtige Welt, die ringsherum ist, wahrnehmen kann. Man stelle sich einen Blinden vor. Alle die Farben, alle die Formen, die Sie ringsherum durch Ihre Augen wahrnehmen, sind für ihn nicht da. Er schläft für Farben und Formen. Man kann nicht überhaupt schlafen, man kann nur für etwas schlafen.

Und jetzt stellen Sie sich einen Menschen vor, der in seinem astralischen Leibe und in seinem Ich da ist, aber in dem gar keine Organe sind. Er ist für alles Geistige schlafend. So ist der Mensch im traumlosen Schlafbewußtsein. Meditationen, Konzentrationen haben den Sinn, geistige Augen, Ohren in diesen astralischen Leib und in diese Ich-Organisation hineinzusetzen, und der Mensch beginnt, dasjenige, was in reichem Maße da ist, zu schauen, wahrzunehmen. Er nimmt geistig wahr. Gerade mit dem nimmt man geistig wahr, was im gewöhnlichen Bewußtsein die Welt verschläft. Das muß man innerlich aufrütteln durch Meditation und Konzentration. Das Unorganisierte, das man sonst in sich trägt, das muß man organisiert machen. Dann schaut man hinein in die geistige Welt. Und dann ist es so, daß man in dieser geistigen Welt so darinnen ist, wie man sonst durch Augen und Ohren in der physischen Welt darinnen ist. Und das ist eben die wirkliche, die reale Initiations-Erkenntnis. Man kann nicht durch äußere Maßnahmen den Menschen geeignet machen, das Geistige zu schauen. Man kann ihn nur dadurch geeignet machen, daß er sein Inneres wirklich organisiert, das sonst unorganisiert ist.

Nun aber war zu allen Zeiten in der Menschheitsentwickelung das Bestreben da, gewisse Menschen zur Initiation hinzubringen. Dieses Bestreben hat nur eine gewisse Unterbrechung erlitten in der ganz grob materialistischen Zeit vom 15. Jahrhundert bis zu unserer Gegenwart. Da haben die Menschen sozusagen vergessen, was die eigentliche Initiation ist, und haben alles dasjenige, was sie wissen wollten, ohne die Initiation erreichen wollen und dadurch allmählich den Glauben bekommen, daß eigentlich nur die physische Welt sie angeht.

Aber was ist diese physische Welt in Wirklichkeit? Man lernt sie ja nicht kennen, wenn man sie nur als physische Welt kennt. Man lernt sie ja nur kennen, wenn man auch ihren Geist, den sie immer in sich trägt, wirklich erkennend auffassen kann. Dazu muß die Menschheit wieder gelangen. Das ist der Sinn des großen Wendepunktes in unserer Zeit, daß uns die Welt das Bild der Zerstörung, des Chaotischwerdens zeigt, daß aber für denjenigen, der einsichtig ist, in diesem Chaotischwerden, in diesem furchtbaren Wüten menschlicher Leidenschaften, die alles verdunkeln und die alles schließlich in die Dekadenz hineinbringen wollen, daß sich in alledem offenbart der Drang von geistigen Mächten, die dahinter stehen, um den Menschen in eine neue Geistigkeit hineinzuführen. Und in dem Hinhorchen auf diese Geistesstimme, die in unser materialistisches Dasein hineintönt, besteht eigentlich die Veranlagung für anthroposophische Geisteswissenschaft.

Ich sagte, zu allen Zeiten war das Bestreben vorhanden, die menschliche Organisation so zu entwickeln, daß sie in die geistige Welt hineinschauen kann. Aber verschiedene Bedingungen waren da. Wenn wir in sehr alte Zeiten der Menschheitsentwickelung zurückgehen, zurückgehen in solche Zeiten, wie ich sie Ihnen in diesen Tagen als die chaldäischen Zeiten geschildert habe, ja, bis zu einem gewissen Grade sogar nur in solche Zeiten, denen Brunetto Latini angehört hat, so finden wir, daß die Menschen nicht so verwachsen waren mit ihrem physischen und Ätherleib wie heute. Heute stecken ja die Menschen ganz gründlich in ihrem physischen und Ätherleib drinnen. Sie müssen drinnen stecken, weil sie ja danach erzogen werden. Wie sollen denn schließlich die Menschen mit Geistern verkehren, wenn sie schon oftmals vor dem Zahnwechsel lesen und schreiben lernen müssen! Lesen und Schreiben, das erst im Laufe der Menschheitsentwickelung aus physischen Bedingungen heraus erfunden worden ist, das können nämlich die Engel nicht, das können die Geister nicht. Und wenn man sein ganzes Menschenwesen einrichtet auf dasjenige, was nur in der physischen Welt erfunden ist, dann hat man es natürlich schwer, herauszukommen aus dem, was physischer und Ätherleib ist.

Unsere Zeit ist in gewissem Sinne stolz darauf, alle Kultur so einzurichten, daß der Mensch nur ja nicht irgendwie etwas erleben kann, wenn er sich trennt von seinem physischen und Ätherleib. Ich will nicht schimpfen über diese Kultur. Ich will sie nicht kritisieren. Sie muß so sein, wie sie ist. Sie mußte heraufkommen. Ich werde auch darüber noch sprechen, was sie bedeutet, aber es ist eben so.

Es waren in alten Zeiten der astralische Leib und das Ich auch beim Tagwachen viel, viel selbständiger gegenüber dem physischen Leib und Ätherleib, als sie heute sind. Dafür waren aber auch die Initiierten davon abhängig, daß sie von der Natur aus eine solche Selbständigkeit hatten. Allerdings in sehr alten Zeiten der Menschheitsentwickelung konnte in den Mysterien fast jeder initiiert werden. Man konnte jeden herausgreifen aus der Menschheit. Das war aber nur in sehr alten Zeiten, in den allerältesten Zeiten, etwa der urindischen Kultur und der urpersischen Kultur.

Dann kamen die Zeiten, wo man schon darauf angewiesen war, diejenigen Menschen zur Initiation auszuwählen, welche leicht aus ihrem physischen und Ätherleib herauskamen, die eine relativ große Selbständigkeit hatten für das Ich und für den astralischen Leib. Man war also von gewissen Bedingungen abhängig.

Das hinderte nicht, daß man bei jedem sich bemühen konnte, ihn in der Initiation so weit zu bringen, wie er nur irgend gebracht werden konnte. Man tat das auch. Aber der Erfolg, der über ein gewisses Maß hinausging, hing vielfach davon ab, ob der Betreffende leichter oder schwerer in der Selbständigkeit seines Ich und seines astralischen Leibes war. Man war von Naturhaftem im Menschen, von Anlageartigem dennoch abhängig.

Das ist deshalb so: Weil der Mensch nun einmal in die Welt hereingestellt ist, so muß er auch in einer gewissen Weise von der Welt abhängig sein, solange er zwischen Geburt und Tod lebt.

Nun können Sie die Frage aufwerfen, ob denn der Mensch auch heute für die Initiation solchen Abhängigkeiten unterworfen ist. In gewissem Sinne ist er es. Und weil ich in diesen Vorträgen ganz klar, ganz erschöpfend sprechen möchte über die Wege, die richtig sind und die falsch sind, in die geistige Welt hinein, möchte ich auch die Abhängigkeiten, die heute bestehen für die Initiation, vor Sie hinstellen. Wollen wir uns alles klar vor die Seele stellen.

Sehen Sie, der alte Mensch war mehr von seinen naturhaften Anlagen abhängig, wenn er Initiat wurde. Der neuere Mensch kann eigentlich auch immer an die Initiation herangebracht werden, und es ist schon richtig, daß man immer durch entsprechende Seelen-Trainierung den astralischen Leib und die Ich-Organisation so gestalten kann, daß sie in die geistige Welt hineinschauen können, geistige Wahrnehmungen machen können. Aber mit Bezug auf die Vollständigkeit, die Vollkommenheit dieser Wahrnehmungen ist man auch heute von etwas abhängig. Da kommt etwas sehr Feines und Intimes in Betracht, und ich bitte Sie, sich nicht gleich ein abschließendes Urteil zu bilden über dasjenige, was ich heute sagen werde, bevor der Inhalt der nächsten Vorträge an Sie herangekommen sein wird. Ich kann das, was ich zu sagen habe, nur nach und nach charakterisieren.

Man ist heute nämlich in der Initiation in einem gewissen Sinne von seinem Lebensalter abhängig. Nehmen Sie einmal an, konkret gesprochen, man sei meinetwillen 37 Jahre alt geworden, wenn die Initiation an einen herantritt. Man hat also das Leben von der Geburt gelebt bis zum 37. Jahre und hat vor, dann weiter zu leben. Jetzt wendet man, in der Regel unter einer Führung oder unter freiem Lernen nach literarischer Anleitung die Regeln der Meditation, Konzentration oder anderer Seelen-Trainierung auf sich an. Und man bekommt zunächst dadurch, daß man immer wieder und wieder sich meditativ in einen Gedankengehalt vertieft, die Fähigkeit, zurückzuschauen zunächst in sein Erdenleben. Man bekommt sein Erdenleben wie in einem einheitlichen Tableau vor die Seele hingestellt.

Also man ist 37 Jahre alt geworden. So wie man sonst im Raume hinschaut und sieht da die Menschen der ersten, der zweiten Reihe, dort den Tisch, hinten die Wand, so wie, in die Perspektive hineinschauend, das Ganze gleichzeitig da ist, so sieht man auf einer gewissen Stufe der Initiation in die Zeit hinein. Es ist, wie wenn der Zeitverlauf räumlich wäre. Man sieht so hinein. Man sieht da: Jetzt bist du 37 Jahre alt geworden; das hast du erlebt mit 36 Jahren, mit 35 Jahren; da geht es weiter bis zur Geburt hin. Jetzt schaut man hinein und hat das in einem einheitlichen Tableau vor sich.

Aber nehmen Sie einmal an, man mache in Wirklichkeit auf einer gewissen Stufe der Initiation diese Rückschau. Da wird man, wenn man 37 Jahre alt geworden ist, zurückschauen können in die Zeit, die man verlebt hat von seiner Geburt bis ungefähr zum 7. Jahre, bis zum Zahnwechsel. Es ist fern. Man schaut dahin.

Man wird dann hinschauen können auf die Zeit, die man verlebt hat vom 7. bis 14. Jahre, bis zur Geschlechtsreife. Man kann dann hinschauen auf die Strecke, die man durchlebt hat vom 14. bis 21. Jahre, und schaut da die Dinge. Dann kann man zurückschauen auf das übrige Leben, das man bis zu seinem 37. Lebensjahre durchlebt.

Man kann nun in – ich möchte sagen – zeitlich-räumlicher Perspektive das durchschauen. Fügt man nun hinzu zu diesem Hineinschauen in diese Zeit-Raumes-Perspektive das Bewußtsein, das vom leeren Bewußtsein, vom wachenden leeren Bewußtseinszustand ausgeht, so durchzuckt einen eine gewisse Kraft des Schauens. Man wird inspiriert. Aber sehen Sie, man wird jetzt in der verschiedensten Weise inspiriert. Man merkt: Dasjenige, was man als Leben durchlebt hat zwischen der Geburt und dem 7. Jahre, das inspiriert einen anders, das zaubert einem etwas anderes vor die Seele als dasjenige, was man erlebt hat vom 14. bis zum 21. Jahre, und wiederum das Spätere. Jedes solches Lebensalter gibt eine andere Kraft. Man kann in anderes hineinschauen.

Aber man kann ja auch älter werden als 37 Jahre. Man kann – sagen wir – 63, 64 Jahre alt werden. Dann überschaut man auch die späteren Lebensepochen. Da erscheint einem ziemlich einheitlich die Lebensepoche zwischen dem 21. und 42. Lebensjahre. Dann aber gliedert sich die Sache wiederum. Man bekommt deutliche Unterschiede in dem, was man schaut vom 42. bis zum 49. Jahr; in dem, was man schaut vom 49. bis 56. Jahr; und wiederum in dem, was man schaut vom 56. bis zum 63. Jahr. Da schaut man zurück auf deutliche Differenzierungen. Aber das ist man ja selbst; man ist das geistig in seinem Erdenleben. Und wird man für alles das inspiriert, so gibt einem all das, was man da in sich trägt, verschiedenartige Inspirationen: Man trägt seine Kindheit bis zum 7. Jahre in sich, das gibt einem eine andere Inspiration als die Kindheit, die man vom 7. bis zum 14. Jahre in sich trägt, und als die Kindheit vom 14. bis zum 21. Jahre. Aber das darf man nicht sagen; was man also als junge Damen- und junge Männerzeit hat, die man vom 14. bis 21. Jahre in sich trägt, das gibt eine andere Inspiration. Dann kommt eine ziemlich andere Inspiration heraus für das, was man zwischen dem 21. und 42. Lebensjahre in sich trägt, und dann wiederum kommen die ziemlich differenzierten Kräfte, die von höheren Lebensaltern herrühren.

Also nehmen Sie an, man habe sich die Fähigkeit errungen, bildhaft in die eigenen Erlebnisse hineinzuschauen, und dazu sich errungen die Inspiration des leeren Bewußtseins, so daß man wieder ausgelöscht hat das bildhafte Bewußtsein und die Kräfte, so daß man auf die Augen nicht mehr hinschaut, aber *durch* die Augen schaut. Nehmen Sie an, man ist so weit gekommen, das heißt durch die Inspiration so weit gekommen, daß man nicht mehr seine Lebensepochen mit ihren Tatsachen sieht, sondern durch diese Lebensepochen sieht und hört; einmal durch die Lebensepoche zwischen dem 7. und 14. Jahr, einmal durch die Lebensepoche zwischen dem 49. und 56. Jahr, wie man einmal durch die Welt hört und einmal sieht. Da bedient man sich der Augen, da bedient man sich der Ohren. In der inspirierten Welt bedient man sich desjenigen, was einem Kraft gibt aus dem 7. bis 14. Lebensjahre, oder desjenigen, was einem Kraft gibt aus dem 42. bis 49. Lebensjahre. Da sind die Lebensalter differenzierte Auffassungsorgane geworden. – Also man ist ja in einem gewissen Sinne von seinem Alter heute abhängig. Man kann ganz gut mit 37 Jahren aus der Initiation heraus sprechen; aber man kann anders mit 63 Jahren aus der Initiation heraus sprechen, weil man da andere Organe ausgebildet hat. Die Lebensalter sind Organe. – Und nehmen Sie an, man will schildern nicht aus den Büchern, sondern aus der inspirierten Erkenntnis heraus, Persönlichkeiten wie Brunetto Latini, wie Alanus ab Insulis – ich will naheliegende Beispiele wählen, weil diese Aufgaben uns in den letzten Tagen beschäftigt haben –, nehmen Sie an, ich will diese schildern: Versucht man sie zu schildern, wenn man 37 Jahre alt geworden ist, dann hat man von ihnen folgendes erfahren: Sie stehen da in der Geisteswelt. In dem belebten Schlafbewußtsein stehen sie da. Man kann mit ihnen reden – nun, natürlich etwas cum grano salis gesprochen –, wie man mit physischen Menschen redet. Das ist gewiß richtig, aber das Eigentümliche ist, sie können einem nur klarmachen, wenn sie mit einem in der Sprache des geistigen Lebens verkehren, was sie jetzt gerade in diesem Augenblicke an Weisheit, an innerer Geistigkeit erlangt haben. Und dann kommt man wohl darauf, daß man von ihnen viel, viel erfahren kann. Aber man muß es dann von diesen Geistern auf Treu und Glauben hinnehmen. Man muß es von ihnen hören.

Nun, meine sehr verehrten Anwesenden, man glaubt schon daran, denn es ist ja schließlich keine Kleinigkeit, sagen wir einem Brunetto Latini in der geistigen Welt gegenüberzustehen. Man hat dann schon die Möglichkeit, zu unterscheiden, ob man ein wahnsinniges Traumgebilde oder ob man eine geistige Wirklichkeit vor sich hat, wenn die nötigen Vorbereitungen dazu gemacht worden sind. Es ist also schon möglich, sozusagen etwas zu geben auf das, was einem durch Mitteilungen zukommt.

Aber nehmen Sie an, man würde mit Brunetto Latini in der geistigen Welt sprechen – wenn ich mich wieder cum grano salis ausdrücke. Sie müssen sich das ja nicht so vorstellen, wie wenn wir da im Saale reden würden, aber man kann es schon so nennen. Nehmen Sie also an, man würde so mit 37 Jahren mit dem Brunetto Latini sprechen. Er würde einem allerlei sagen. Aber dann bekommt man den Drang: man möchte manches genauer wissen, richtiger wissen. Und siehe da, da sagt er einem: Ja, da müßte ich mit dir zurückgehen – wir stehen jetzt im 20. Jahrhundert –, ich müßte mit dir zurückgehen durch das 19., 18. Jahrhundert, bis in mein Jahrhundert. Wir müßten den Weg zurückmachen. Wir müßten uns da hinstellen, wo ich gestanden habe, als ich der Lehrer Dantes war. – Ja, dann sagt er einem: Da mußt du noch ein wenig älter werden, wenn du mit mir diesen Weg machen willst, da mußt du noch etwas über das jetzige Lebensalter hinauskommen. Ich kann dir alles sagen. Du kannst alles wissen. Du kannst ein tief Initiierter werden, aber mitkommen kannst du nicht mit mir. Du kannst nicht in Realität durch deinen geistigen Willen den Weg wirklich zurückmachen. –

Sehen Sie, da muß man älter geworden sein. Da muß man über das 42. Jahr vor allen Dingen herausgekommen sein, eigentlich in das 60. Jahr hineingekommen sein, wenn man ganz ungehindert nun in der geistigen Welt mit dem Betreffenden zurückgehen will.

Das sind die Dinge, die Ihnen zeigen, wie es mit dem Menschenwesen eigentlich im tieferen Sinne liegt und wie es seine Bedeutung hat, wenn er alt wird, wenn er noch jung ist. Erst wenn man auf solche Dinge schließlich das Augenmerk hin richtet, kann man auch begreifen – und ich werde darüber auch noch zu sprechen haben –, warum manche Menschen jung sterben, manche älter werden in diesem oder jenem Erdenleben und so weiter und so weiter.

Der Lebenslauf des Menschen als Bewußtseinsentwicklung

Nachwort des Herausgebers

Der menschliche Geist – ein Wesen, dem die Dauer eigen ist

Nach den Forschungen Rudolf Steiners urständet der menschliche Geist in der Dauer. Er tritt in rhythmischer Wiederkehr in Zeit und Raum ein. Wenn er auf der Erde geboren wird, umkleidet er sich mit verschiedenen «Hüllen», die während der Erden-Evolution gebildet worden sind. Der menschliche Geist geht mit diesen Hüllen eine Verbindung ein und prägt sie in gewissen Grenzen nach seiner Eigenart um. In jedem einzelnen Lebenslauf können wir diese Auseinandersetzung zwischen Geist und Hüllennatur, d. h. der Organisation des Menschen, studieren.

Die geistige Forschung, die Rudolf Steiner praktiziert und deren Bedingungen er darstellt, beruht darauf, daß der Forschende diese Auseinandersetzung willentlich und bewußt beeinflußt. Er lockert den Zusammenhang von Geist und Hüllen durch gezielte Übung. Das Ich befreit sich dadurch aus der Bindung an seine Organisation, ohne diese, wie im Tode, völlig aufzugeben. Soweit ihm das gelingt, eröffnen sich ihm neue Erfahrungsräume, die auch den Bereich der Dauer bewußt umgreifen. Er kann deshalb das geistige Wesen eines Menschen auch dann bewußt verfolgen, wenn es im Tode aus Zeit und Raum heraustritt. Der im Erdenleben für jeden anschaubare Lebenslauf wird so ergänzt durch die Erfahrung einer Daseinsform, die sich im rein Geistigen abspielt, d. h. eines «geistigen» Lebenslaufs. Dessen Darstellung ist für den irdischen Lebenslauf eine notwendige Ergänzung. Erst mit dieser Bewußtseinserweiterung durch übersinnliche Erkenntnis kann jene Tatsache voll erforscht werden, die wir an den Anfang gestellt haben, nämlich, daß der Geist des Menschen in rhythmischer Wiederkehr in einen irdischen Lebenslauf eintritt. Der Lebenslauf erscheint dabei der geistigen Forschung als eine Bedingung für die Entwicklung des menschlichen Geistes. Die Geisteswissenschaft spricht deshalb vom *Gesetz der wiederholten Erdenleben*.

Rudolf Steiner entdeckte mit seiner Forschungsmethode auch das *Karma-Gesetz* neu. Es besagt, daß motivierte wie unmotivierte Taten des Menschen gleichermaßen Früchte tragen. Die Wirkungen des menschlichen Verhaltens reifen nicht unbedingt in einem Erdenleben zur Frucht, sondern meist erst in einem nächsten. Der menschliche Geist, der in einer ersten Form im Ich des Menschen erfahren werden kann, findet die Folgen seiner Handlungen in einer nächsten Inkarnation in zweifacher Weise objektiviert vor: Im Seelenraum prägen sie jene Gestalt seines Charakters, die er als gegeben vorfindet und die er neu bearbeiten kann. Aber auch im Schicksal, das ihm widerfährt, findet er Tatsachen vor, die er selbst in einer vorigen Inkarnation veranlaßt hat. In Charakter und Schicksal wirkt also in der Gegenwart das geistige Wesen der vorigen Inkarnation. Der Mensch begegnet sich selbst, d. h. den Folgen seiner Taten, wenn er in sich eine bestimmte Fähigkeitsgestalt wahrnimmt und wenn er durch das Schicksal Förderung oder Widerstand für seine gegenwärtigen Absichten erfährt. Beide sind das «Material», mit dem er seine Arbeit neu beginnt; er kann vorgefundene Gestaltungen weiter steigern oder diese verändern. Unter diesem Gesichtspunkt erscheint der menschliche Geist für die Arbeit prädisponiert. Tätigkeit urständet in seinem geistigen Wesen und bewirkt allein Entwicklung.

Vererbung und Umwelt, die beiden üblichen Erklärungsversuche für die besondere Gestalt menschlichen Verhaltens, werden durch diese Forschungsergebnisse nicht vollständig negiert; ihre Bedeutung erscheint aber relativiert. Die übersinnliche Erfahrung findet, daß sowohl die speziellen Vererbungs- als auch die Umwelteinflüsse vom Geist des Menschen für eine neue Inkarnation ausgewählt werden; er sucht diejenigen Menschen als Eltern auf, welche die besten Vorbedingungen für die Ausgestaltung jener seelischen Reifegestalt bieten, die das Ergebnis der vorigen Inkarnation ist. Da aber die Übereinstimmung mit diesen beiden Faktoren immer nur annähernd ist, wirken auch Umwelt- und Vererbungsverhältnisse mit, die vom Geiste gleichsam nicht «gewollt» sind.

Notwendige Fragen

Diese erste Skizze des Gesetzes der wiederholten Erdenleben und des Karma-Gesetzes zeigt bereits, wie viele Fragen zu klären sind, will man die Phänomene, die der menschliche Lebenslauf bietet, sachgemäß beurteilen. Einige seien kurz formuliert:

- Wie ist die Entstehungsgeschichte des menschlichen Geistes und dessen heutige, aber auch zukünftig mögliche Gestalt?
- Welche Tatsachen beschreibt das übersinnliche Bewußtsein für die Evolution der «Hüllen», mit denen das geistige Wesen des Menschen sich im Erdenleben verbindet?
- Welche Tatsachen findet es für die Existenz des Geistes in der Zeit zwischen Tod und neuer Geburt?
- Wie ist die Technik und Gesetzlichkeit der wiederholten Erdenleben und des Karma?

Mit diesen vier Hauptfragen sind die Probleme, die sich aus der Skizze ergeben, keineswegs erschöpft. Das Werk Rudolf Steiners stellt sich diesen Fragen. Es deckt die Erfahrungen und allgemeinen Gesetze zu ihrer Beantwortung auf. Es variiert diese aber auch unter dem Gesichtspunkt, daß der menschliche Geist ein einmaliger, d. h. von allen anderen Menschen unterschiedener ist. Das hat zur Folge, daß die allgemeinen Gesetze durch ihn individualisiert werden und dadurch besondere, nur für den einzelnen Menschen charakteristische Gestaltungen auftreten. Diese Tatsache spiegelt sich auch im irdischen Lebenslauf. Auch er ist ein einmaliger, der bei allen Ähnlichkeiten mit anderen Lebensläufen sich doch nie mit diesen vollständig deckt. Jeder Lebenslauf kann deshalb in seinen Phänomenen nur vollständig interpretiert werden, wenn man die «Geschichte» des einzelnen Menschen mit Hilfe der übersinnlichen Erkenntnis konkret durch die Inkarnationen verfolgt. Daraus ergibt sich der Reichtum der geisteswissenschaftlichen Forschungsergebnisse; aber auch die immense Schwierigkeit für den Studierenden, diese in den Gesamtzusammenhang des Werkes von Rudolf Steiner einzuordnen.

Rudolf Steiner gibt Darstellungen von Einzelpersönlichkeiten, die deren Wirken im einzelnen Lebenslauf erhellen.[1] 1909 beginnt er, in künstlerischer Form die Ergebnisse seiner Forschung zu gestalten. Es entstehen die «Mysteriendramen».[2] Der Leser bemerkt darin, wie vielfältig und zugleich überraschend die konkreten Beziehungen sind, die Menschen in wiederholten Erdenleben miteinander knüpfen, und wie diese Beziehungen die Gestalt ihrer Lebensläufe mitbestimmen. An und mit diesen karmisch verbundenen Menschen hat sich der Charakter der Einzelmenschen geformt. Dieser geistig-seelische Werdeprozeß des Einzelmenschen spiegelt sich aber auch in anderen Seelen, verursacht dort Freude und Begeisterung, aber auch Schmerz oder Antipathie, und beeinflußt damit auch die Entwicklung anderer.

Am Ende seines Wirkens stellte Rudolf Steiner auch das Einzelschicksal vieler Menschen mit geisteswissenschaftlichen Begriffen dar. Mehrere Lebensläufe eines Menschen werden dabei zusammengeschaut, die nachtodlichen Ereignisse werden berücksichtigt, die schicksalsmäßige Verbindung mit anderen Menschen wird interpretiert.

Zwei Formen, in denen der menschliche Geist sich realisiert

Indem das Ich die «Hüllen» umwandelt, führt es die fortschreitende Individualisierung des Menschen durch. Es bewirkt realiter, daß jeder Mensch nicht nur der Potenz, sondern auch der Erscheinung nach eine Gattung für sich wird. In der vollzogenen Umwandlung der Hüllen tritt seine geistige Wesenheit in die äußere Offenbarung. Menschen mit ganz speziellen, einmaligen Fähigkeiten, individuellen Verhaltensweisen, unterschiedlicher Schöpferkraft treten auf. Sie sind gerade dann für den Beobachter interessant, wenn dieser Individualisierungsprozeß fortgeschritten ist und zu besonderen originellen Ergebnissen geführt hat. Der menschliche Geist hat die Möglichkeit und die Aufgabe, durch diese Individualisierung die Evolution zu bereichern. Die Technik, deren er sich dabei bedient, ist die bewußte Emanzipation von in ihm unbewußt wirkenden Gestaltungskräften, die das menschliche Leben mitbestimmen, etwa jenen der Familie, des Volkes, der Rasse usw.

Das Wesen des Menschen ist aber nicht nur auf Individuation angelegt. Es vollzieht diesen Prozeß in der Gemeinschaft aller anderen Iche. Diese Gemeinschaft bezeichnen wir als Menschheit. Daß alle ihre Glieder ein Ich besitzen, bildet das verbindungschaffende Element. Diese Tatsache äußert sich darin, daß der geistigen Wesenheit des Menschen das Bedürfnis nach Sozietät genauso eigen ist wie jenes nach Individualisierung. Der heute allgemein konstatierte Gegensatz von Individualität und Gesellschaft ist insofern nicht absolut relevant, als mit ihm nur ein augenblicklicher Entwicklungsmoment festgeschrieben wird und dabei langfristig wirkende Entwicklungstendenzen außer Acht gelassen werden. Die Gesellschaft und deren Lebensverhältnisse werden auch durch menschliche Taten gestaltet. Der menschliche Geist findet in der Arbeit an der Gesellschaft ein selbstgewähltes Tätigkeitsfeld. Wie seine persönlichen Hüllen kann er auch die «Hülle» der historisch vorgegebenen Sozialgestalt tätig verändern. Der Gegensatz zwischen Ich und Gesellschaft ist nur so lange existent, als in den gesellschaftlichen Prozessen auch vorindividuelle Kräfte am Werke sind. Insofern das heute tatsächlich der Fall ist, weist der Gegensatz von Gesellschaft und Individualität allerdings auf eine momentane soziale Wirklichkeit hin.

Das Karma-Gesetz aber zeigt, daß die Arbeit des menschlichen Geistes eine andere Zielrichtung hat. Denn durch dieses Gesetz wird die individuelle menschliche Arbeit in zweifacher Weise objektiviert. Der Mensch findet einerseits die Früchte seiner Arbeit in einer speziellen Fähigkeitsgestalt einer nächsten Inkarnation vor. Hier wirkt seine Arbeit persönlich individualisierend und bewirkt ein spezielles Verhältnis seiner Wesensglieder. Das Karma-Gesetz objektiviert aber in gleicher Weise die sozialen Wirkungen menschlicher Handlungen. Besondere Arbeitsleistungen, aber auch Fehlleistungen der Individualität werden nicht nur in der Konstitution der Hüllen manifest. Die Taten wirken auch im sozialen Umkreis. Sie fördern Menschen oder behindern diese, sie heilen oder kränken, kurz, sie schaffen spezielle Verhältnisse zwischen Menschen. Auch diese drängen nach Objektivierung, indem sie in einer geistigen Welt – nach den Evolutionsgesetzen der irdischen Gesamtentwicklung durch geistige Wesen «beurteilt» und «beantwortet» werden.

Was das heißt, haben die Initiationswege fast aller Kulturen übereinstimmend beschrieben. Die geistige Forschung aller Zeiten artikuliert jene Gesetze, nach denen der Schüler dann leben soll, wenn er den Weg zu eigener geistiger Forschung sucht. Sie geben Hilfe, die vorindividuellen Bindungen der Individualität durch gezielte eigene Tätigkeit abzubauen. Das gilt gleichermaßen für die Bindungen an die eigene Hüllennatur als auch für die historischen Lebensbedingungen. In diesen Initiationswegen werden gleichzeitig jene Gesetzlichkeiten offengelegt, nach denen die obengenannten «Beurteilungen» erfolgen. Sie sind nicht nur Urteile im menschlichen Sinne, die einen Tatsachenkomplex spiegeln, sondern geistige Kräfte, die – je nach Übereinstimmung oder Disharmonie zu Evolutionsgesetzen – Folgen bewirken. In diesen Beurteilungen wird die «karmische Antwort» konstituiert, die das reale Schicksalsgewebe zwischen Menschen in einer nächsten Inkarnation bestimmt. Das Geistwesen Mensch wird mit den Folgen seiner eigenen Taten konfrontiert, indem es deren Wirkung im Weltganzen verobjektiert erlebt.

Eines dieser Evolutionsgesetze ist z. B. die Erhaltung und Förderung des Lebens. Dieses kann der Mensch vielseitig mißachten. Er kann so leben, daß er in der unterschiedlichsten Weise Leben hemmt oder zerstört. Für das heutige Urteil ist diese Tatsache z. B. in der sogenannten Umweltfrage ins Bewußtsein gerückt worden. Der Mensch kann aber auch seine eigenen Lebenskräfte z. B. im Sinne einer «Lustvermehrung» untergraben. In beiden Fällen verstößt er gegen ein Weltgesetz, auf dessen Grundlage er andererseits existiert. Er beeinflußt aber auch insofern den sozialen Zusammenhang, als alle anderen Menschen an dem Lebenskräftepotential der Evolution partizipieren. Zerstörung von Lebenskraft betrifft nicht nur ihn selbst, sondern alle Menschen. Er schafft mit seiner Tat – ob er es will oder nicht – ein soziales

Phänomen, das den Ausgleich in den zwischenmenschlichen Beziehungen herbeiführt.

Das Karma-Gesetz realisiert also die Bindung des Einzelmenschen an die Menschheit, d. h. an jeden, der Menschenantlitz trägt. Diese Bindung ist ein integrierter Bestandteil der geistigen Wesenheit des Menschen. Wird sie mißachtet, so drängen die karmischen Bildekräfte auf Korrektur. Die Behinderungen, die die Individualität innerhalb der sozialen Strukturen erlebt, sind gleichzeitig Aufruf, zu einer Sozialgestalt fortzuschreiten, die jeden Menschen in seiner spezifischen Eigenart respektiert und doch auch die Gemeinsamkeiten unterschiedener Individualitäten erlebbar macht. Das Karma-Gesetz ist demnach die allgemein objektivierte Gestalt jener Bedürfnisse, die in der geistigen Wesenheit des Menschen wurzeln. Diese Wesenheit findet in der Anthroposophie vielfältige Darstellung; sie ist ihr Mittelpunkt. Demnach steht auch das Karma-Gesetz im Zentrum dieser Darstellung. Hier liegt auch einer der Gründe für die Vielfalt der Bezüge, die das Thema Lebenslauf zum Gesamtwerk Rudolf Steiners besitzt.

Der Mensch als Bürger einer geistigen Welt –
Schwierigkeiten bei der Methode der Darstellung

Der Mensch ist aber nicht nur Akteur im Weltgeschehen. Er erleidet gleichermaßen die Wirkungen von Tatsachen, an deren Zustandekommen er nicht beteiligt ist.

Durch die Forschungsmethode Rudolf Steiners können alle Welterscheinungen auf eine geistige Wirklichkeit zurückgeführt werden, die sie hervorgerufen hat und die noch in ihrer Erhaltung tätig ist. Für die Anthroposophie gliedert sich unter Umständen der Ursprung der Welt in eine Vielzahl tätiger Wesen mit sehr unterschiedlichen Fähigkeiten, unterschiedlichen Arten des Zusammenwirkens, der Behinderung und der gegenseitigen Abhängigkeit. In diese Welt geistiger Wesen ist das geistige Wesen des Menschen eingegliedert; es ist Mitbürger dieser Welt. Damit steht es aber in vielfältigen Beziehungen zu dem übrigen Wesenhaften dieser Welt. Das geistige Wesen des Menschen konkret zu erfassen, heißt u. a., diese Beziehungen sukzessive zu erhellen. Damit ist ein Thema angesprochen, das Rudolf Steiner während eines ganzen Lebens intensiv beschäftigte.

Die Darstellung dieses Zusammenhangs enthält eine methodische Schwierigkeit. Die Vielfalt der Erscheinungen und deren Beziehungen, will man sie bewußtseinsmäßig erhellen, verlangt nach Überschau und Systematik. Rudolf Steiner bekennt selbst, wie er zu einem bestimmten Zeitpunkt auf seinem Erkenntniswege bestimmte geistige Tatsachen erfaßte, ihm aber die Überschau über deren Zusammenhänge noch fehlte. Die Überschau muß, selbst wenn sie später gewonnen und dargestellt wird, den Charakter einer Skizze haben, bei der die Aufgabe offenbleibt, sie später in Einzelheiten zu vervollkommnen und zu ergänzen. Deshalb trägt auch Rudolf Steiners revolutionierendstes Werk den bezeichnenden Titel: *Geheimwissenschaft im Umriß*.[3] In dem letzten Vorwort zu diesem Werk, kurz vor seinem Tode geschrieben,[4] bekennt er, daß seine gesamte Lebensarbeit darin bestanden habe, diese Skizze inhaltlich weiter auszufüllen. Befriedigt stellt er gleichzeitig fest, daß alle späteren Ausführungen in diese Skizze widerspruchslos eingefügt werden konnten.

Was Rudolf Steiner für die *Geheimwissenschaft im Umriß* sagt, gilt gleichermaßen für viele andere seiner Darstellungen. Will er eine Übersicht vom notwendigen Umfang der Betrachtung geben, muß er vorerst verallgemeinernd skizzieren. Über die Schwierigkeiten, die sich dabei einstellen, hat er sich selbst geäußert. Sie betreffen die Spannung zwischen allgemeinen

Darstellungen und deren spezieller Ausgestaltung beim einzelnen Menschen, der als Gattung für sich nach konkreter Einzelbetrachtung verlangt. Jede Systematik generalisiert und muß damit das einzelne Phänomen in seinem Reichtum und seiner spezifischen Eigenart auf allgemeine, die einzelnen Phänomene übergreifende Faktoren reduzieren, d. h. abstrahieren. Rudolf Steiner hat diesen Vorgang immer schmerzlich erlebt, weil die Gefahr besteht, daß Hörer oder Leser den Unterschied von Phänomen und Abstraktion nicht bemerken und deshalb die genaue Vorstellung der dargestellten Wirklichkeit verfehlen. Eine seiner Äußerungen ist diese: «In der Schrift *Wie erlangt man Erkenntnisse der höheren Welten*, was da enthalten ist als eine Beschreibung des Weges hinauf in die höheren Welten, das alles, verbunden mit dem, was in der *Geheimwissenschaft im Umriß* in einer anderen Form gesagt werden durfte, ist im Grunde genommen intensiver, lebensnäher und wirklicher, weil individueller, in dem Rosenkreuzermysterium (I. Mysteriendrama *Die Pforte der Einweihung*; E. F.) zu finden. In einer solchen Schrift wie z. B. *Wie erlangt man Erkenntnisse der höheren Welten?* kann man das, was über die menschliche Entwicklung gesagt werden soll, doch nur so bringen, daß es gewissermaßen anwendbar ist auf jede menschliche Individualität, die darangeht, in gewisser Weise die Schritte hinaufzulenken in die höheren Welten. Dadurch gewinnt eine derartige Schrift bei aller Konkretheit dennoch einen abstrakten Charakter, man möge sagen, einen halb theoretischen Charakter. Denn das eine müssen wir festhalten: Entwicklung ist nicht Entwicklung überhaupt! – Es gibt keine Entwicklung an sich, keine Entwicklung im allgemeinen; es gibt nur eine Entwicklung des einen oder des anderen oder des dritten, des vierten oder des tausendsten Menschen. Und so viele Menschen in der Welt sind, so viele Entwicklungsprozesse muß es geben. Daher muß die wahrste Schilderung des okkulten

Erkenntnisweges im allgemeinen einen Charakter haben, der in einer gewissen Weise sich nicht deckt mit einer individuellen Entwicklung. Will man Entwicklung, so wie sie sich erschaut in der geistigen Welt, wirklich hinstellen, so kann das nur geschehen, wenn man die Entwicklung eines einzelnen Menschen gestaltet, wenn man in die Individualität umsetzt, was für alle Menschen wahr ist.»[5]

Der einzelne, besondere Lebenslauf ist in ein Gefüge von Gesetzlichkeiten eingeordnet, das sehr komplex ist. Dieses komplexe Geschehen müßte im konkreten Falle überschaut werden, um zu einer realistischen Beurteilung dieses Lebenslaufes zu kommen. Das gelingt erst auf jener übersinnlichen Erkenntnisstufe zureichend, die Steiner als Intuition dargestellt hat. Deshalb wurden die hier wiedergegebenen Vorträge Steiners mit einer sehr komprimierten Darstellung des Erkenntnisweges begonnen. Mit ihm sollte sofort die Dimension klargelegt werden, in der die Erkenntnisarbeit geleistet wird, deren Ergebnisse sich in den Vorträgen niederschlagen. Diese Dimension illustriert gleichzeitig die Schwierigkeiten, denen der Leser der Vorträge begegnet. Der Leser muß sich u. a. immer darüber im klaren sein, daß er in den Vorträgen Einzeltatsachen vor sich hat, also Bruchstücke, die ihre angemessene Bedeutung erst in der Zusammenschau vieler anderer Einzeltatsachen erhalten – ein Verfahren, das erst in der Folge des geschilderten Erkenntnisweges auf der imaginativen Erkenntnisstufe voll beherrscht wird. Trotzdem ist es notwendig, ja der einzig mögliche Studienweg, sich mit den Fragmenten der Lebenslauf-Forschung vorerst einzeln vertraut zu machen.

Wie ein Zeitorganismus wirkt, kann man sich an der Pflanze, deren Erscheinung auch ein Zeitorganismus zugrunde liegt, klarmachen. Keim, Wurzel und Blatt, Kelch, Blüte und Frucht erscheinen bei den Blütenpflanzen in einer bestimmten Reihenfolge, deren Stationen in der Regel nicht austauschbar sind. Die Erscheinung im Raum wird durch eine übersinnlich erfahrbare Zeitgestalt organisiert. Die höhere Pflanze kann nur fruchten, wenn sie geblüht hat. Aber schon ihre Laubblätter werden in ihren Metamorphosen auf Kelch, Blüte und Frucht hin organisiert. Spätere Gestaltbildungen werfen gleichsam ihre Schatten voraus. Sie sind als Glieder in einem übersinnlichen Zeitorganismus integriert und schon vor ihrem eigenen materiellen Erscheinen gestaltend wirksam. Sie tun dies in einer von der materiellen Erscheinung unabhängigen Kraftgestalt, die für die imaginative Erkenntnis zur übersinnlichen Erfahrung werden kann. Diese Kraftgestalt lebt ihre Bildekräfte in Metamorphosen aus, die in einem überwältigenden Formenreichtum ihre Schöpferkraft verdeutlichen. Doch im Typus sind sie auf eine proteusartig einfache, übersinnliche Gestalt zurückzuführen. Zum Typus wird nur derjenige geführt, der die einzelnen Pflanzen in ihrer gesamten Gestaltproduktion aufmerksam verfolgt, die einzelnen Stationen zusammenschaut und die gleiche Betrachtungsweise auch auf die vielfältigen Erscheinungen einer Pflanzenfamilie anwendet. Nur die Betrachtung des Ganzen klärt über die Funktion des Teiles auf; der Teil wiederum spricht die Möglichkeit des Ganzen in einer speziellen Form aus.

Wird diese Betrachtungsart auf den Lebenslauf angewendet, müssen die zeitliche Spanne von Geburt und Tod und deren Phänomene zusammengesehen werden. Diese Phänomene leben sich auf verschiedenen Ebenen dar. Es sind dies das leibliche Geschehen, das sich der Formbetrachtung erschließt, das seelische Leben, das durch die Grundkräfte der Sympathie und Antipathie bestimmt wird, und das geistige Leben, das sich in Bewußtseinsphänomenen äußert.

Der Leib steht zuerst unter dem Signum des Wachstums und der Formbildung aller Organe. Das Wachstum hört dann auf, die Organe verfestigen sich, mineralisieren teilweise, ja «Entstaltung» tritt ein. Evolution und Devolution des Leibes können an den Phänomenen abgelesen werden. Sie bilden den Kontrapunkt der Zeitfolge, wenn der Leib betrachtet wird.

Die Bewußtseinsphänomene zeigen dagegen grundlegende Metamorphosen. Zum großen Teil schlafend lebt sich der Säugling in die Welt ein. Über träumende Erlebnisstufen wird ein gesteigertes Wachen erreicht. Zuletzt tritt denkendes Selbstbewußtsein auf, das sich der vorgegebenen Welt gegenüberstellt; in dessen Bewußtseinshorizont kann durch Übung die reale Erfahrung der tätigen Individualität selbst treten. Damit erlebt der Mensch die Gewißheit, daß diese proteushaft gestaltend und umgestaltend wirkt. Dieser «Wesenskern» kann in der Folge neue Bewußtseinszustände aktivieren. Sie treten nicht naturgegeben auf, sondern werden nur durch die Arbeit des Geistwesens selbst hergestellt. Sie ordnen sich in eine Stufenfolge übersinnlicher Erfahrung ein, die bis zur Intuition immer tiefere Weltverbindungen herstellt und bewußt das Wesenhafte der Welt erschließt. Die Bewußtseinssteigerung ist eine potentielle Möglichkeit der Individualität.

Das Seelenleben des kleinen Kindes wird weitgehend von den Zuständen des Leibes bestimmt. Was ihm frommt, behagt gleichzeitig. Behagen oder Mißfallen konfigurieren das Seelenleben. Dieses entfaltet sich mit und am Leibe, indem es dessen Befinden nachempfindet. Der heranwachsende Mensch kann sich durch innere Aktivität zunehmend von der nur leiblichen Abhängigkeit seines Seelenwesens lösen, indem er seine Empfindungen auch an erworbenen Ideen bildet. Die bewußte Erfahrung einer menschlichen Güte z. B. kann von ganz neuen Empfindungen und Gefühlen begleitet werden, als jene sind, die leiblich vorgegeben worden sind. Wird dies geübt, so orientiert sich das Seelenleben in seinen Bildungen zunehmend am Erkenntnisleben des Menschen und gestaltet sich dabei um. Diese Umgestaltung bedeutet gleichzeitig eine fortschreitende Emanzipation des Seelenlebens vom Leibe, bzw. dessen Neuorientierung an der menschlichen geistigen Tätigkeit. Diese Emanzipation – das lehrt die Beobachtung – gelingt unterschiedlich, doch ist es dem einzelnen prinzipiell möglich, die Identifikation seines Seelenlebens zu steuern.

So gibt es Menschen, die bis in ihr höchstes Alter eine nie versiegende Produktivität an den Tag legen, aber auch solche, deren originale Schaffenskraft schon früh versiegt. Die ersten überwinden durch Arbeit sogar die Devolutionsphase der Leiblichkeit; sie haben sich von der leiblichen Entwicklung relativ unabhängig gemacht. Sie bedienen sich dabei jener Kräfte, die eine in Devolution begriffene Leiblichkeit entläßt. Davon wird später genauer zu sprechen sein. Die andere Menschengruppe erringt sich diese Autonomie gegenüber dem Leibe nicht. Im Gegenteil, die in ihm waltenden Gesetzlichkeiten der Erstarrung werden für das Seelenleben und alle menschlichen Äußerungen bestimmend. Der Leib dominiert und läßt die potentielle Schaffenskraft der Individualität nicht zur Entfaltung kommen; er lähmt sie.

Durch eine solche Betrachtung wird das Hüllenwesen der menschlichen Organisation differenzierter beobachtbar. Es gliedert sich in physischen Leib und den ihn organisierenden Lebensbildekräfteleib, der die Lebensprozesse des physischen Leibes organisiert. Die dritte Hülle ist die Konfiguration an seelischen Bildungen, die Rudolf Steiner als Astralleib bezeichnet. In diesen Hüllen aber wird jener Tätigkeitsquell erfahrbar, der auf die geistige Wesenheit des Menschen hinweist. Dieser kann – am leichtesten im Bereich des Astralleibes – Veränderung bewirken, die aber auch auf die anderen Hüllen (Wesensglieder) übergreifen kann. Unter der Organisation des Menschen kann dieses dreifache Hüllenwesen verstanden werden.

Lebensbildekräfte und Bewußtsein

Eines der grundlegendsten Forschungsergebnisse Rudolf Steiners ist, daß Bewußtsein sich nur auf der Grundlage von Todesprozessen im Leibesgeschehen bildet. Der Mensch denkt mit denselben Kräften, die seinen Leib aufbauen. Solange dieser ihrer zu seiner Ausgestaltung bedarf, stehen sie für die Person als bewußtseinsbildende Kräfte nicht zur Verfügung. Die Vorstellung als ein im Binnenraum seelischer Aktivität aufzubauendes Abbild der Welt wird erst möglich, wenn der Leib eine erste Ausreifung erreicht hat. Die dafür typischen leiblichen Prozesse, die die Gliedmaßen in eine neue Perspektive zu Kopf und Brust bringen, das Milchgebiß durch das Dauergebiß ersetzen, fassen wir unter dem Begriff der Schulreife. Eine ungewöhnliche, aber treffende Bezeichnung für dasselbe Erreichnis wäre, von Vorstellungsreife zu sprechen. Dieser Begriff faßte den Vorgang von der Seite des sich metamorphosierenden Bewußtseins. Das Kind ist nicht mehr allein wahrnehmungsbestimmt und die Umwelt nachahmend, sondern es emanzipiert sich von dieser Bewußtseinsstufe, indem es durch seine innere Aktivität die Vorstellungen den Wahrnehmungen entgegenbildet.

Es dauert wieder geraume Zeit, ehe das Kind den Vorstellungsbildern die Erfahrung des Begriffes entgegensetzen kann. Man spricht zu Recht davon, daß damit die Fähigkeit der Abstraktion erobert wird. Dem Vorstellungsbild tritt der es beurteilende Begriff gegenüber. Zu seiner Bildung braucht es erhöhte Aktivität der Person. Sie benutzt dafür jene Kräfte, die vorher noch für das Wachstum und die Strukturierung des Gehirnes verwendet wurden. Dieses erreicht mit der Pubertät im Wesentlichen seine organische Reifegestalt und entläßt damit jene Bildekräfte, die das Wachstum hat. Deren Metamorphose in den Raum menschlichen Bewußtseins wird als Abstraktions- und Urteilsfähigkeit erlebt. Dem leiblichen Endprozeß der Organbildung steht der Beginn einer neuen «seelisch geistigen Organbildung» gegenüber. Diese vollzieht sich umso umfangreicher und vollkommener, als sie durch die Aktivität der Person geübt wird. Noch vollzieht sich diese Organbildung an der Vorlage der schon im Laufe der Gedankengeschichte ausgebildeten Gedanken. Es ist eine subjektive Renaissance bereits geschöpfter Ideenbildungen, die aber originär im Bewußtseinshorizont erarbeitet, erfahren und ausgestaltet wurden.

Die originäre Schöpfung wirklich neuer Ideen ist erst in jenem Augenblick des Lebenslaufes zu beobachten, wo nicht nur das Gehirn, sondern die gesamte menschliche Gestalt ihre Reifeform erreicht hat. Dies geschieht, nach Geschlechtern verschieden, zwischen dem 18. und 22. Lebensjahr. Auch hier tritt die Gedanken-Schöpferkraft nicht naturgegeben und zwangsläufig ein, sondern sie ist nur potentiell vorhanden. Soll sie aufblitzen, muß die Person das freiwerdende Bildekräftepotential einer nicht mehr des Wachstums bedürftigen Reifegestalt ergreifen. Viele Erfindungen werden von ganz jungen Leuten gemacht – freilich ohne ein Bewußtsein davon, welche Folgen diese Erfindungen im sozialen Leben zeitigen. Denn die gleichen Bildekräfte originärer Schöpfungen schaffen erst die Bewußtseinsvoraussetzungen, sich mit dem sozialen Leben individuell auseinanderzusetzen, also auch die Folgen solcher Erfindungstaten empfindend zu erkennen und in ihrem Beziehungsgewebe sinnend zu verfolgen. Sie reifen erst sukzessive zu einem jetzt seelischen Auffassungsorgan, das Lebenserfahrungen sachgemäß verarbeiten kann. Rudolf Steiner hat dieses «Organ» die *Empfindungsseele* genannt. Sie schafft u. a. jene individuell existentielle Erfahrung, daß der Mensch dem Weltgetriebe mehr oder weniger ausgeliefert ist. Diese Erfahrung wird nicht wie vorher als «Ahnung» erlebt, sondern kann jetzt bewußtseinsmäßig, d. h. begrifflich gefaßt werden. Aus ihr entsteht das Bedürfnis, einen festen Orientierungspunkt gegenüber der Fluktuation des Weltgetriebes zu erhalten. Descartes meinte ihn im «Ich denke, also bin ich» gefunden zu haben. Bei näherer Betrachtung ist der Descartessche Festpunkt nicht haltbar, aber er charakterisiert vorzüglich den existentiellen Hunger nach einem solchen Orientierungspunkt. Die Verständigung des menschlichen Bewußtseins mit sich selbst wird zu einer vordringlichen Lebensaufgabe, will man nicht in den Fluten der Lebenserscheinungen ertrinken. Diese verlangt eine erhöhte, also gesteigerte seelische Aktivität. Im Lebenswerk Rudolf Steiners wird dieser Prozeß in dem grundlegenden Werk *Die Philosophie der Freiheit*[6] detailliert dargelegt. Es kulminiert in der Forderung, den Schöpfungsakt des Denkens selbst zu beobachten. Es ist deshalb im strengen Sinne kein Buch, das ein Gedankengebäude vermitteln will, sondern eine gezielte Anleitung zu Bewußtseinserfahrungen, die der Mensch, sollen sie beobachtbar werden, erst selbst hervorbringen muß. Diese Philosophie ist ein Weg zur Bewußtseinsschulung. Zwei Ergebnisse können – müssen aber nicht – durch diese Anleitung erfahren werden: dass das Denken in und mit denselben Lebens-Bildekräften lebt, die auch der Leibgestaltung zugrunde liegen; und daß im Hervorbringen der Gedanken die menschliche Persönlichkeit bzw. das Ich tätig ist.

Die zweite Erfahrung führt zu einer Selbst-Erfassung des menschlichen Geistes. Diese Erfahrung ist, obwohl noch im individuellen Denkraum getätigt, rein übersinnlicher Natur. Rudolf Steiner bezeichnet sie als die wichtigste, die der Mensch zunächst überhaupt machen kann. Sie ist zum einen der wirkliche Festpunkt, nach dem Descartes suchte und der die Eigenständigkeit der Person gegenüber der Welt auf dem Boden der Erfahrung sichert. Von diesem Punkt aus wird der individuell bestimmte Eingriff in die Welt überhaupt erst möglich. Er ist die Voraussetzung für den heute oft leichtfertig gebrauchten Begriff der Selbstverwirklichung. Die erste übersinnliche Wesenserfahrung sichert die Gewißheit, daß andere übersinnliche Erfahrungen prinzipiell möglich sind. Dieser Bewußtseinsprozeß ist das mögliche und wünschenswerte Ereignis in jener Lebensepoche, in der das seelische Organ, das Steiner als *Verstandesseele* bezeichnet, ausgebildet und strukturiert wird. Gelingt in ihm die Verständigung des menschlichen Bewußtseins mit sich selbst nicht, so erschöpfen sich die Bildekräfte des menschlichen Denkens in einer Umwandlung der äußeren Welt nach Begriffen, ohne daß die Intentionen der Person bewußt in deren Gestaltung mit einfließen können. Dadurch wird das Altern der Physis, das nach der Lebensmitte einsetzt, zu einem kaum produktiv zu lösenden Problem.

Mit diesen wenigen Hinweisen zu den ersten fünf Lebenslaufepochen wird für folgende Überlegungen ein erstes Verständnis aufkeimen:

Der Reifungsprozeß des physischen Leibes korreliert mit der geistigen Entwicklung des Menschen, die in Bewußtseinsmetamorphosen anschaubar wird.

Auch die Devolutionsphase des physischen Leibes nach der Lebensmitte bietet die Möglichkeit zu weiterer Bewußtseinssteigerung.

Alle Bewußtseinsmetamorphosen sind potentiell angelegt, aber sie laufen nicht naturhaft ab. Ihre Realisation gelingt nur durch eine erst von außen durch Erziehung, später durch Selbsterziehung angeregte Aktivierung des menschlichen Geistes. Von hier wird verständlich, daß die Auswahl der Vorträge zum Thema Lebenslauf mit einem Vortrag zum Thema Schulung beginnt.

Was hier skizziert wurde, zeigt unterschiedliche Wirkungsmöglichkeiten des Ich nach Maßgabe zeitlich geordneter Perioden. Diese erhalten ihre Konfiguration durch eine Metamorphose der Lebensprozesse. «Zeit» ist eine in ihnen immanent wirkende Kraft. Sie trägt einmal alle Verursachungen, die das Bewußtsein strukturiert haben, in die Zukunft. Die Altersprozesse, die nach der Lebensmitte als leise vorweggenommene Todesprozesse Entstaltung bewirken, sind aber bereits am Lebensanfang wirksam. Sie sind hier die Voraussetzung für jede Form, d. h. die Reifung des Organismus. Dieser Zeitstrom bereitet zukünftige Gestaltungen in früheren Bildephasen vor. Er fließt als Schattenwurf der Zukunft dem bewahrenden Zeitstrom entgegen. In dem Zusammenwirken beider Strömungen entsteht erst jene gegliederte Zeitgestalt, von der wir eingangs gesprochen haben. Das Ich bedient sich ihrer, beeinflußt aber auch wesentlich deren Konfiguration.

Die Urpolarität Geist – Leib. Der Lebenslauf als Teil eines Atmungsvorgangs zwischen diesen Polaritäten

Das geistige Wesen des Menschen und die leibliche Organisation, deren es sich bedient, bilden eine Urpolarität. Dieses dreifache Hüllenwesen des Leibes ist nach Darstellungen Rudolf Steiners das Ergebnis uralter Evolutionen, deren Bewirker jene Wesenheiten der geistigen Welt sind, die ihren ausgebildeten Fähigkeiten nach über dem Menschen stehen. Erst zu einem relativ späten Zeitpunkt dieser Evolution gliedert sich der geistige Wesenskern des Menschen diesem Hüllenwesen ein, das aus physischem

Leib, Ätherleib und Astralleib besteht. Von diesem Zeitpunkt ab beginnt eine Art Atmungsprozeß. Das geistige Wesen des Menschen entwickelt Begehren nach einer Leiblichkeit und stößt sie wieder ab, nachdem es dieses Begehren in einer Verbindung mit der Organisation befriedigt hat. Dieser rhythmisch sich wiederholende Vorgang bewirkt Inkarnation und Exkarnation des geistigen Wesens. Ein Leben im Leibe und eines in der geistigen Welt wechseln sich ab.

Wie es beim Pendel Wendepunkte gibt, so gibt es diese im Rhythmus von Inkarnation und Exkarnation. Der eine dieser Wendepunkte liegt in der Lebensmitte. Hier schlägt die Tendenz der Inkarnation in die gegenlaufende der Exkarnation um. Ist die erste Lebenshälfte also durch ein immer stärkeres Verbinden der geistigen Wesenheit mit der Organisation bestimmt, so steht die zweite Lebenshälfte unter dem Zeichen fortschreitender Exkarnation. Das nachtodliche Leben in einer geistigen Welt weist eine Entsprechung auf. Rudolf Steiner hat jenen Zeitpunkt, an dem das Begehren nach neuer Inkarnation entsteht, die «Weltenmitternacht» genannt.

Die in diesem Vorgang sich äußernde Selbständigkeit des geistigen Wesens gegenüber der Leiblichkeit ist für die übersinnliche Erfahrung eine beobachtbare Tatsache, keine philosophische Spekulation. Ebenso sind es die unterschiedlichen Inkarnationsverhältnisse während des irdischen Lebens. Die Lebensmitte ist also jener Zeitpunkt, wo der Mensch einerseits den Leib, andererseits die physische Umwelt am stärksten durch die Individualität ergreift. Er ist – approximativ – ein Fixpunkt des Lebenslaufes. In der Zeit, die ihm vorausgeht, lebt die Individualität in verschiedenen, aber weniger intensiven Verbindungen mit der ebenfalls in Evolution begriffenen Leiblichkeit.

Das Jüngern des Ätherleibes – der Beginn einer umfassenderen Metamorphose

Rudolf Steiner spricht in einigen der Vorträge von einem «Jüngern des Ätherleibes». Was ist damit gemeint?

Ein Keim wird als «junge» Bildung bezeichnet, weil sich die Gestaltungsmöglichkeiten, die ihm zugrundeliegen, erst in der ausgereiften Gestalt vollständig offenbaren werden. Die letztere ist gegenüber dem Keime «alt», weil sich in ihr diese Gestaltungsmöglichkeiten geformt und damit auch erschöpft haben. Der Keim «altert» also in die reife Gestalt hinüber. Jung wird diese Reifegestalt wiederum nur dadurch, daß sie befruchtet wird. Dabei nimmt sie Kräfte auf, die nicht in ihr selbst liegen. Dadurch ist eine Metamorphose der früheren Gestalt möglich. Die Aufnahme neuer Kräfte bewirkt ein «Jüngern», gibt also den Gestaltungskräften ihre Wandlungsmöglichkeit zurück.

Der Ätherleib ist der Architekt des physischen Leibes. Er ist schon beim kleinen Kind für die Begriffsbildung der Geisteswissenschaft «alt». Er ist es nicht deshalb, weil er sich bereits in der physischen Gestalt des Kindes «geäußert» hat, sondern weil seine eigene übersinnliche Bildung abgeschlossen ist. Die Leibgestaltung des Kindes ist nur Äußerung, gleichsam Spiegelung dieser abgeschlossenen und damit alten ätherischen Gestalt im Raum. Sie macht den Sinnen zugänglich, was in übersinnlicher Gestaltung bereits feststeht.

Aber auch die gereifte übersinnliche Gestalt des kindlichen Ätherleibes wurde befruchtet. Für den «alten» Ätherleib des Kindes lag diese Befruchtung in den menschlichen Erfahrungen und der menschlichen Arbeit in der vorhergehenden Inkarnation. Diese Erfahrungen bildeten sich nach der Art, wie der Mensch als Ich sich handelnd mit Charakter und Umwelt auseinandersetzte. Sie wurden dabei dem Ätherleib neu «eingeschrieben», ohne daß sie in ihrer Gesamtheit schon in diesem Leben eine Reorganisation des Ätherleibes so bewirken könnten, daß diese sich auch im physischen Leibe äußerte. Ihr Extrakt der Neugestaltung wurde aber über die Auflösung des Ätherleibes in den Weltenäther nach dem Tode hinaus bewahrt und bildet eine der Grundlagen nachtodlicber Arbeit des Menschen mit den geistigen Wesen. Der Ätherleib einer neuen Inkarnation wird nach den Darstellungen Steiners relativ spät vor der Verbindung der Individualität mit dem Erbstrom der Eltern gebildet. Seine Differenzierung und Emanzipation gegenüber den gesamten Ätherkräften der Welt geschieht nach Maßgabe jenes Ergebnisses, das der Mensch im nachtodlichen Leben ausgearbeitet hat, dessen Fundament aber die Erfahrungen und die Arbeit der letzten Inkarnation sind. Dieses Ergebnis bestimmt die Differenzierungen in der Gestalt des neuen Ätherleibes. Dieser gibt sie, indem er der Architekt des physischen Leibes wird, an diesen weiter. Seine letzte Architekturleistung am physischen Leibe vollzieht der Ätherleib aber noch um das 28. Lebensjahr, wo eine abschließende Strukturierung des physischen Leibes erfolgt. Spätestens zu diesem Zeitpunkt ist der Bauplan des Ätherleibes an den physischen Leib weitergegeben. Seine weitere «Aufgabe» ist fortan die Erhaltung des Bestehenden, des jetzt auch im Physischen festgelegten Alten. Indem der Ätherleib sich aber, beginnend mit dem 7. Lebensjahr, aus dieser Leibgestaltung langsam, aber kontinuierlich zurückzieht, beginnt erneut seine Chance des Jüngerns, d. h. seine Befruchtung zu einem neuen Keim. Sie besteht u. a. darin, daß der Ätherleib zum Träger der Erinnerung und der Gewohnheiten wird. Alle im Leben gewonnene Erfahrung wird durch das Ich in ihn eingebildet. Damit wird eine neue individualisierte ätherische Gestalt aufgebaut. Diese erfährt ihre Prägung je nachdem, ob der Mensch aktiv oder lasch, gelangweilt oder interessiert sein Gedächtnis bereichert oder seine Gewohnheiten umbildet. Immer aber setzen sich diese Bilder und Verhaltensweisen an die Stelle jener alten Imaginationen und Dispositionen, die die übersinnliche Gestalt des leibschaffenden Ätherleibes bildeten und deren Struktur aus dem Vorgeburtlichen bzw. aus der vorigen Inkarnation stammt. Damit aber wird ein partieller Strukturwandel des Ätherleibes vollzogen. Er ist auch in dem Sinne «keimhaft», als seine architektonische Kraft in bezug auf den physischen Leib noch «ungeboren» ist. Um ihm zu architektonischer Wirksamkeit zu verhelfen, bedarf es der umfassenden Metamorphose in einem rein geistigen Dasein des Menschen nach dem Tode und der Mitwirkung geistiger Wesen, die der neuen Äthergestalt Schöpferkraft verleihen. Seine neuen «Baugedanken» werden aber durch die individuelle Auseinandersetzung mit Charakter und Umwelt, also mit dem «alten Karma» vorgebildet. Die Art, wie diese Auseinandersetzung, dieser individuelle, schöpferische Eingriff erfolgen, bestimmt die Umrisse für die zukünftige ätherische Gestalt.

Der Mensch trägt also im Schoße der alten ätherischen Reifegestalt einen neuen Keim, wie die befruchtete Pflanze den Samen. Die Chance, ihn neu zu befruchten, steigt in dem Maße, in dem der Ätherleib sich von seinem Gestaltungsergebnis, dem physischen Leibe, löst. Diese Lösung verstärkt sich mit zunehmendem Alter. Je älter der Mensch wird, umso offener ist der Ätherleib für seine Neugestaltung, d. h. die Bildung eines neuen Keims. Die Fülle der Erfahrung, die ein fast abgeschlossenes Leben bietet, läßt den Keim – im Kontrast zum verfallenden physischen Leibe – bildlich gesprochen «prall» und «jung», d. h. voll Zukunft erscheinen. Freilich gilt auch hier, daß eine Möglichkeit besteht, die genützt oder vertan werden kann. Die Devolution des physischen Leibes ist ein Lebensgesetz. Sie wird dadurch hervorgerufen, daß der Ätherleib sich zunehmend vom physischen Leibe löst und diesen seinen ihm eigenen Kräften überläßt. Diese wirken sich in zunehmender Sklerotisierung aus.

Der Leib offenbart seine eigenen Gestaltungsprozesse der Mineralisierung und Entformung, die im Tode ihren Höhepunkt erreichen. Ob der freiwerdende Ätherleib dabei vom Geistwesen des Menschen neue Impulse erfährt, ist wieder eine Frage menschlicher Aktivität. Altersweisheit ist heute kein Naturereignis. Daß sich diese in alten Kulturen «naturhaft» einstellte, begründen die weiteren Vorträge (29. 5. und 5. 6. 1917). Sie zeigen aber auch, daß diese Art der Altersweisheit früherer Kulturen damit erkauft wurde, daß das geistige Wesen des Menschen sich noch in einer relativ großen Abhängigkeit von Prozessen befand, die es selbst nicht steuern konnte. Sie wurden durch jene Wesenheiten gesteuert, die an der Entwicklung der Hüllen arbeiten. Mit der zunehmenden Emanzipation von ihnen wächst das Freiheitsmoment des Menschen, freilich auch die Gefahr, daß sie ungenutzt brachliegen. Die Darstellungen des Schulungsweges werden damit zu einer Anleitung, dieser Gefahr zu begegnen und Kultur neu zu begründen.

Lebensepochen und Planetenwirksamkeit

Sehr spät, nämlich erst 1924, zeigte Rudolf Steiner den Zusammenhang auf, welchen die Metamorphosen der Lebensepochen bzw. der Wesensgliederstrukturen mit den Planetenwirksamkeiten haben. Der Planet ist nach den Forschungsergebnissen der Geisteswissenschaft nur Merkzeichen für die Tätigkeit geistiger Wesen. Wie diese zu den Tatsachen seiner physischen Existenz, seiner Bewegung, seiner Ordnung in den Umlaufverhältnissen des Sonnensystems stehen, behandelt Rudolf Steiner an verschiedenen Stellen.[7] Hier mag der Hinweis genügen, daß unter dieser Wirksamkeit der besondere Einfluß unterschiedlicher Wesen vorzustellen ist. Der Mensch ist für sie zu bestimmten Zeiten seines Lebenslaufes gleichsam verschieden «offen». Der Einfluß für die Konfiguration der Wesensglieder durch den speziellen Einfluß unterschiedlicher geistiger Wesen ist zu diesen Zeitpunkten am intensivsten. Man kann aus den Darstellungen auch die Vorstellung gewinnen, daß sie es sind, die den Zeitorganismus des Lebenslaufes rhythmisch gliedern. Die Doppelfunktion des Karma, die sich in Charakter und Schicksal formt und das Streben nach Inkarnation und Exkarnation hervorruft, fügt sich also in eine rhythmisch gegliederte Zeitfolge ein. Der Rhythmus entsteht dadurch, daß verschiedene Planeten-Wesen sich in der Einwirkung auf den Menschen ablösen. Jede dieser Gruppen befördert zusätzlich ein unterschiedliches Verhältnis im Gefüge der menschlichen Wesensglieder. Dabei ist eine zeitweilige Prädominanz eines einzelnen Wesensgliedes beobachtbar: Im ersten Jahrsiebt z. B. dominiert der physische Leib, der in dieser Zeit seine wesentlichste Ausgestaltung erfährt; eine ähnliche Prädominanz des ätherischen Leibes findet erst im zweiten Jahrsiebt statt.

Im Ätherischen dominiert die Ausbildung bestimmter Gewohnheiten, des Gedächtnisses usw. Sie werden die Grundlage für das später freiwerdende Seelenleben. Sie sind, wie wir gesehen haben, durch individuelle Arbeit neugeschaffene «Organbildungen» im Ätherleib. Zur menschlichen Arbeit tritt zusätzlich eine Einflußnahme, die der Mensch aus dem Umkreis geistiger Wesenheiten erfährt. In dieser Zeit wird also der ätherische Leib nicht nur für die Einwirkung individueller Arbeit offen, sondern auch für die dem Menschen unbewußte Arbeit der Wesen eines Planetenbereiches. Daraus ergibt sich eine Zuordnung der Wesensglieder zu den Planetenwirksamkeiten; die letzteren arbeiten mit an der Gliederung des physischen, ätherischen, astralen Leibes, aber auch an Empfindungsseele, Verstandesseele usw.

Diese Zuordnung, die die Geisteswissenschaft aufdeckt, kann zu einem abstrakten Wesensglieder-Schema erstarren; dann ist sie sicherlich wenig wert. Sie kann andererseits eine Anregung sein, Wesensglieder und Planetenwirksamkeiten experimentell miteinander zu studieren. Dieses Studium liefert dann unter anderem auch ein zusätzliches Verständnis für die Bedingungen hellseherischer Forschung. Der Forscher der Geisteswissenschaft ist nämlich genötigt, sich der Beziehungen, die sich in der zeitlichen Gliederung des Lebenslaufes zu der zeitweiligen Prädominanz eines Wesensgliedes ausdrücken, als eines Instrumentes zu bedienen. Seine Forschungen können z. B. nicht unabhängig vom eigenen Lebensalter durchgeführt werden. So wie die individuelle Strukturierung des Ätherleibes oder des Astralleibes erst dann möglich wird, wenn ein bestimmtes Alter erreicht ist, so öffnen sich bestimmte Weltgebiete für übersinnliche Forschung erst, wenn die Wesensgliederstruktur durch das Alter eine bestimmte Konfiguration angenommen hat. Erst dann kann diese als ein Hilfsmittel geistiger Forschung instrumental benutzt werden. Das schildert detailliert der hier aufgenommene Beitrag aus dem Vortragszyklus *Das Initiatenbewußtsein*.[8]

Durch den Strukturwandel der Wesensglieder entstehen also jeweils neue und umfassende Aktionsmöglichkeiten für die Individualität. Sie können ergriffen, aber auch versäumt werden, das Gefüge kann einseitig ausgebildet, die Zeitfolge des Ablaufes verfrüht oder verspätet genutzt werden usw. Die Vorträge über das Wesen der Temperamente[9] zeigen exemplarisch, wie unterschiedlich sich ein Mensch darlebt, wenn das Gefüge der Wesensglieder vor allem von einem Glied prädominant bestimmt wird. Darin drücken sich die Planeten-Wesen aus, die im Zeitenlaufe eines Lebens die Voraussetzungen dafür schaffen, daß die Metamorphosen des Seelenlebens potentiell möglich werden. Sie sind mit für die unterschiedlichen Tendenzen der einzelnen Lebensabschnitte «verantwortlich».

Der einzelne Mensch wiederholt damit unter irdischen Verhältnissen, was er im Nachtodlichen unter geistigen Verhältnissen durchgemacht hat, nämlich seine Arbeit im Zusammenhang mit den Planeten-Wesen. Auch da bewegte er sich, die Folgen seiner Erdentaten umwandelnd, durch den Reigen der Planeten. Es ist denkbar, daß sich, je nach den Intentionen des Menschen, besondere Affinitäten mit einzelnen Planetenstufen dabei herausgebildet haben, die dem künftigen Menschenleben eine besondere Färbung geben. In den späten Vorträgen über die wiederholten Erdenleben bestimmter Persönlichkeiten gibt Rudolf Steiner dafür konkrete Beispiele. Was zunächst als abstrakte Denkmöglichkeit erscheint, gewinnt hier die Fülle des konkreten alltäglichen Lebens. Tatsachen des Lebenslaufes werden aus der Affinität der Individualität zu nachtodlichen Wegstationen erhellt.[10]

Freilich spielt sich im gewöhnlichen irdischen Leben diese Einflußnahme im Unterbewußtsein ab. Nur der Geistesforscher hat sich so weit von ihr emanzipiert, daß er sie einerseits instrumental handhaben, andererseits in ihren Wirkungen darstellen kann.

Diese «Spiegelung» im irdischen Leben ist aber notwendig. Nur im irdischen Leben besteht für den Menschen die Möglichkeit, sich von solchen unbewußt verlaufenden Beeinflussungen bewußt zu emanzipieren und aus eigener freiwilliger Entscheidung wieder zu identifizieren. Erst wenn ihm dies im Verlauf eines Erdenlebens gelingt, erwirbt er sich jene Freiheit, die es ihm auch im geistigen Leben nach dem Tode ermöglicht, die gewonnene Selbständigkeit zu bewahren. Er wird aus eigener Tätigkeit und eigenem Entschluß ein bewußter Mitarbeiter am Evolutionsgeschehen. Es scheint an der Zeit, die Darstellung eines solchen Lebenslaufaspektes zu wagen.

Rudolf Steiner veröffentlichte 1914 ein Forschungsergebnis, das ihn, seinen eigenen Aussagen nach, selbst «überraschte». Es besagt, daß die seelisch-geistige Entwicklung, die durch die Reifung des Organismus ermöglicht wird, im Laufe der historischen Entwicklung unterschiedlich lang bei den Menschen *instinktiv* wirksam war. In frühen Zeiten hielt diese Parallelität zwischen Veränderung der Wesensgliederstruktur und menschlich-geistiger Entwicklung sehr lang an. Der Mensch blieb dadurch bis in sein hohes Alter seelisch-geistig entwicklungsfähig. Die im Alter freiwerdenden astralen Bildekräfte bewirkten gleichzeitig naturgegeben seine geistig-seelische Entwicklung. Die geistig-seelische Reife war demnach im Patriarchenalter am höchsten. Diese Tatsache verlieh dem alten Menschen wie selbstverständlich auch sein gesellschaftliches Ansehen. Je mehr sich die Geschichte unserer Zeit nähert, desto früher erlischt diese gleichsam naturhaft vorgegebene Korrespondenz von «Verwesen» und gleichzeitiger seelisch-geistiger Entwicklung. Sie ist heute gegen das 27. Lebensjahr beendet. Die Reifung der Organisation bzw. die sich altersmäßig verändernde Relation der Wesensglieder, setzt zwar auch heute noch Kräfte frei, die potentiell in der Lage sind, die menschliche geistig-seelische Entwicklung zu entfalten. Nur müssen sie jetzt stärker als früher durch die bewußte Aktivität des Ich ergriffen werden, wenn sie zur geistigen Reifung kommen sollen.

Was also im augenblicklichen Zeitpunkt der Entwicklung der geistigen Wesenheit des Menschen als Arbeit aufgetragen ist, vollzogen für den Menschen früher die Hierarchien. Eine naturgegebene Genialität und ein ebenso naturhaft verursachtes Hellsehen waren die Folge. Der Mensch wuchs instinktiv in eine Erkenntnis der geistigen Welt hinein. Mit deren Ergebnissen war er in alten Kulturen sozial ordnend wirksam. Eine zweite Folge dieser Tatsache aber war, daß er sein eigenes geistiges Wesen, das gleichsam durch die geschilderte außermenschliche Wirksamkeit überfremdet und überwältigt war, nicht erkennen konnte. Damit aber konnte dieses nicht selbständig und aus Selbsterkenntnis tätig werden. Seine potentielle Freiheit konnte er erst in dem Augenblick ergreifen, zu dem sich die geistigen Wesen aus dieser spendenden Tätigkeit teilweise zurückzogen. Das «Jüngern der Menschheit» beschreibt einerseits diesen Rückzug und den mit ihr für den Menschen verbundenen Verlust an Genialität und Hellseherkraft. Andererseits schildert es das Erwachen der Menschheit zu anfänglicher Autonomie und Eigenverantwortlichkeit. Erst damit beginnt der originäre Beitrag des Menschen für den Fortgang der Evolution. Ein neues, nämlich ein menschliches Schöpferprinzip ist zur Mitgestaltung aufgerufen. Eine Krisis besteht deshalb, weil es nicht von vorneherein ausgemacht ist, ob die Menschheit wenigstens in einigen ihrer Individualitäten in der Lage ist, die potentielle Schöpferkraft des geistigen Wesens Mensch zu aktivieren – oder ob der Verlust naturgegebener Schöpferkräfte nur zu Verzweiflung und Resignation führt. Der Begriff der «jüngernden Menschheit» hat mit dem anderen, dem des «Jüngern des Ätherleibes» gemeinsam, daß in beiden Entwicklungszuständen eine vom Menschen allgemein geleistete «junge» Neugestaltung möglich wird. Deren Realisierung aber liegt von nun ab in der Freiheit des einzelnen Menschen.

Das richtige Altern ist ein Akt menschlicher Arbeit

Damit heute ein richtiges Altern «menschlich» geschehen kann, ist bewußte und gezielte menschliche Arbeit notwendig; Arbeit etwa, wie sie der Schulungsweg der Anthroposophie detailliert beschreibt. Die Darstellung des Schulungsweges ist ein Kapitel

Kulturgeschichte, das in seinen gesellschaftsbildenden Konsequenzen kaum überschätzt werden kann. Lapidar könnte man sagen: Das richtige Altern ist heute ein Akt menschlicher Leistung. «Richtig» bedeutet hier, daß die Individualität die Möglichkeiten, die die Entstaltung des Leibes vor allem in der zweiten Lebenshälfte bietet, bewußt und aktiv nutzt.

Damit wird aber schon der Übergang zum 28. Lebensjahr eine kritische Lebensphase. Mit dem Lebensalter der Verstandesseele, die nach dem Zeitorganismus des Lebenslaufes jetzt «fällig» ist, reift erst dem Menschen die Entdeckung des eigenen Selbstes im Seelenwesen. Selbsterkenntnis ist bereits kein Resultat bloß naturhafter Entwicklung mehr, sondern das Ergebnis menschlicher Anstrengung. Nur indem der Mensch denkerisch diszipliniert arbeitet und diesen Arbeitsprozeß genau reflektiert, kann die Erfahrung vom selbständigen geistigen Wesenskern durch ihn selbst erzeugt und erfahren werden. Das Selbstverständnis des Menschen, seine konkrete Bestimmung, die Veranstaltungen zu deren Förderung, sie alle sind, werden sie nicht traditionsgemäß, d. h. vorindividuell, übernommen, nur durch individuelle Erkenntnisarbeit zu gewinnen. Der Ausgangspunkt aller Selbstverwirklichung, die Erfahrung des von der Organisation unabhängigen geistigen Menschen, muß erst aktiv hervorgerufen werden, damit sie eine Tatsache des Selbstbewußtseins werden kann. Unterbleibt diese Arbeit, so empfindet der Mensch mit zunehmendem Alter nur das Schwinden der schöpferischen Seelenkräfte und seine subjektive Abhängigkeit von der alternden Organisation. Reflektiert ergibt dieser Tatbestand diejenigen Weltanschauungen, die die potentielle Unabhängigkeit der menschlichen Individualität von der Organisation und den Beeinflussungen der Umwelt konsequenterweise leugnen müssen. Sie tun dies in der Regel nicht aus einem in die Irre gegangenen Denken, sondern aus einem Mangel an neuen möglichen Erfahrungen. Die ihnen zugängliche Selbsterfahrung bestätigt die Schlüssigkeit ihrer Überlegungen. Die mögliche Erweiterung des Erfahrungsfeldes fehlt ihnen. Diese Menschen bleiben bei jenem leiblich-seelisch-geistigen Entwicklungszustand, der am 27-jährigen Menschen beobachtet werden kann, stehen. Ihre spätere Erkenntnis ist die Fortschreibung dieses Zustandes. Sie bleibt auch für den 60-Jährigen ebenso gültig, weil keine Entwicklung stattgefunden hat, die diese Anschauung revidieren könnte. Im Gegenteil! Tritt die notwendige Selbstfindung des Ich im Lebensalter der Verstandesseele und deren aktive Öffnung gegenüber der Umwelt im Lebensalter der Bewußtseinsseele nicht ein, erfolgt eine zunehmende Kettung der Individualität an den in der Devolution begriffenen Leib. Die dabei auftretenden Erfahrungen bestätigen laufend und gesteigert diese Abhängigkeit der Individualität vom Leibe und damit die «Wirklichkeit» des auf ihr basierenden Menschenbildes.

Einige Konsequenzen für die Organisation der Gesellschaft –
Vom erwartungsvollen Leben

Die Spanne um das 28. Lebensjahr offenbart demnach eine bedeutsame Krise. In ihr entscheidet sich, wie sich die Erfahrungen, die nicht nur die Grundlagen für das Weltbild, sondern – was viel wichtiger ist – für die Lebenspraxis sind, ausgestalten. Im Gegensatz zu vielen Zeitströmungen, die das Altern «übersehen» wollen, spricht Rudolf Steiner von der zweiten Lebenshälfte als einer Zeit des «erwartungsvollen Lebens». Er faßt damit die ungeborenen Möglichkeiten dieses Lebenslaufabschnittes ins Auge, er vertraut der Aktivität des Ich; ja, er möchte sie mit seiner Darstellung möglicher Zukunftsperspektiven anregen! Andererseits spricht er in den Vorträgen, die dieses Thema behandeln, auch sehr deutlich von den Bedingungen, die erfüllt werden müssen, will man den Menschen sachgemäß auf die aktive Überwindung dieser Lebenskrise vorbereiten. Leitlinien einer Pädagogik werden aufgezeigt, die selbst in der Pädagogik der Waldorfschulen bisher nur ansatzweise praktiziert werden. Die Art aber, wie diese fünfte Lebenslauf-Epoche nach dem 28. Lebensjahr bewältigt wird, entscheidet wesentlich mit über die gesamte gesellschaftliche Struktur und deren Ordnung.

Die Individualität ist die Quelle der Kreativität, die auch die Gesellschaft befruchtet. Wenn die Möglichkeit der autonomen Selbstgestaltung nach dem 28. Jahr nicht ergriffen wird, kommt es zu konkreten «Fehlleistungen», die sich ebenfalls gesellschaftsbildend auswirken. Ergreift dagegen der Mensch bewußt sein Selbst, kann er die Möglichkeiten, die im differenziert organisierten Lebenslauf liegen, ausschöpfen. Er gewinnt dann z. B. im Lebensabschnitt nach dem 49. Jahre andere Fähigkeiten, als er sie vorher besaß. Will der soziale Organismus dieses schöpferische Potential nutzen, so muß er diesen älteren Menschen Aufgaben zuweisen, die von jüngeren Menschen nicht erfüllt werden können, weil diese den notwendigen Erfahrungs- und Erkenntnisschatz noch nicht besitzen. Die Organisation der Gesellschaft wäre dann am sachgerechtesten, wenn sie sich die menschlichen Produktivkräfte differenziert zunutze machen würde, d. h. eine Entsprechung von Lebensalter und Lebensaufgabe fände.

Die heutige soziale Wirklichkeit wird von ganz anderen Leitlinien bestimmt. Die physische Belastbarkeit, die Fähigkeit, Streßsituationen zu ertragen, nimmt mit zunehmendem Alter ab. Die Konsequenz ist, daß man vielerorts Persönlichkeiten aus dem leitenden Management bereits mit 40 Jahren pensioniert. Dem sozialen Organismus werden durch solche Entscheidungen nur bestimmte Fähigkeiten zugeführt, andere werden ihm vorenthalten; er wird dadurch einseitig gestaltet. Andererseits ist diese Art, die sozialen Verhältnisse zu strukturieren, verständlich. Tritt die mögliche Selbstgestaltung um das 30. Lebensjahr nicht ein, so sind alle erwachsenen Menschen nur insofern verschieden, als sie verschiedene Begabungen ins Leben mitgebracht und ausgebildet haben und durch ihr unterschiedliches Alter verschieden belastbar sind. So konsequent diese Anschauung ist, so unmenschlich ist sie für den einzelnen Betroffenen. Genauso unmenschlich ist sie aber auch für die gesamte Gesellschaft, weil sie den Alterungsprozeß nur von seiner leiblichen Seite her betrachten kann und ihn damit notwendig als Übel ansehen muß. Sie ist auch deshalb unmenschlich, weil sie das geistige Wesen des Menschen praktisch negiert.

Die Gesichtspunkte, die in den hier ausgewählten Vorträgen Rudolf Steiners zum Lebenslauf gegeben werden, sind vielfältiger, als die hier skizzierten, die auf sie hinleiten sollen. Der Sinn eines Nachworts kann es jedoch nur sein, die wesentlichsten herauszuheben. Der Leser findet weitere Vorträge zum gleichen Thema im Literaturverzeichnis.

Erhard Fucke

Anmerkungen zum Nachwort

1 *Esoterische Betrachtungen karmischer Zusammenhänge* (1924), GA 235 – 240.

2 *Vier Mysteriendramen* (1909), GA 14.

3 *Die Geheimwissenschaft im Umriß* (1910), GA 13.

4 Am Anfang der Vorrede zur 20. Auflage der *Geheimwissenschaft im Umriß* (1925), GA 13.

5 Vortrag vom 31. 10. 1910; in: *Wege und Ziele des geistigen Menschen*, GA 125.

6 *Die Philosophie der Freiheit. Grundzüge einer modernen Weltanschauung* (1894), GA 4.

7 Z. B.: *Geistige Hierarchien und ihre Widerspiegelung in der physischen Welt* (1909), GA 110; *Die geistigen Wesenheiten in den Himmelskörpern und Naturreichen* (1912), GA 134.

8 *Das Initiaten-Bewußtsein. Die wahren und die falschen Wege der geistigen Forschung* (1924), GA 243.

9 *Das Geheimnis der Temperamente*, durch C. Englert-Fay aus mehreren Vorträgen im Wortlaut zusammengearbeiteter Text, Basel 1975.

10 siehe Anm. 1

Bibliographie

Weitere Hinweise Rudolf Steiners zum Thema Lebenslauf

30. 10. 1905 Über die drei Logoi oder Form, Leben und Bewußtsein als drei Stufen der Entwicklung, in GA 93 a.

22. 12. 1909 Das Karma-Gesetz in bezug auf Einzelheiten des Lebens, in GA 116.

30. 1. 1910 Innere Evolution und äußere Entwicklungsmöglichkeiten, in GA 118.

6. 2. 1910 Äußere und innere Entwicklungsströmung im Lebenslauf des Einzelnen und in der Menschheit, in GA 118.

12. 4. 1910 Höhere Welten und ihr Zusammenhang mit der unsrigen, in GA 118.

16. 10. 1916 Das menschliche Leben vorn Gesichtspunkte der Geisteswissenschaft (Anthroposophie), in GA 35.

13. 5. 1917 Jüngerwerden der Menschheit, in GA 174b.

17. 7. 1917 Die aufeinanderfolgenden Erdenleben, in GA 176.

29. 1. 1918 Die äußere menschliche Gestalt und das innere Wesen des Menschen, in GA 181.

26. 4. 1918 Jüngerwerden der Menschheit, in GA 174b.

21. 5. 1918 Entwicklungsstufen des Menschen, in GA 181.

30. 6. 1918 Beziehungen zwischen Lebenden und Toten, in GA 182.

25. 12. 1918 Innere Wesensimpulse des Menschen in seinem Lebenslauf, in GA 187.

23. 4. 1919 Der dreigliedrige Mensch im Verhältnis zum sozialen Organismus, in GA 192.

15. 6. 1919 Die ersten drei Lebens-Jahrsiebente, in GA 192.

18. 6. 1919 Freiheit, Gleichheit, Brüderlichkeit, in GA 330.

29. 6. 1919 Kindheitskräfte, Kräfte des mittleren Lebens und Alterskräfte, in GA 192.

28. 8. 1919 Zusammenhang der Seelenkräfte im Kindes- und Greisenalter, in GA 293.

14. 9. 1919 Das völlige Untertauchen des Menschen in den Leib, in GA 193.

4 . 9. 1920 Zusammenhang der menschlichen Wesensglieder mit den Naturreichen und dem sozialen Organismus, in GA 199.

20. 10. 1922 Geistige Zusammenhänge in der Gestaltung des menschlichen Organismus, in GA 218.

12. 8. 1924 Die drei Welten und ihre Spiegelbilder, in GA 243.

22. 8. 1924 Geburt und Tod und das Böse, in GA 243.

Ergänzende Literaturhinweise

Rudolf Steiner: *Wie erlangt man Erkenntnisse der höheren Welten?* (1904/05),
GA 10 (zum 1. Vortrag, 11. 11. 1909).

Rudolf Steiner: Das Wesen des Egoismus (Berlin, 25. 11. 1909); in: *Metamorphosen
des Seelenlebens – Pfade der Seelenerlebnisse*, I. Teil, GA 58 (zum 1. Vortrag,
11. 11. 1909).

Rudolf Steiner: *Theosophie. Einführung in übersinnliche Welterkenntnis und Menschenbestimmung* (1904), GA 9 (zum 2. Vortrag, 14. 3.1910).

Rudolf Steiner: Die Mission der Andacht (Berlin, 28. 10. 1909); in: GA 58 (zum
2. Vortrag, 14. 3. 1910).

Rudolf Steiner: Reinkarnation und Karma (1903); in: *Luzifer-Gnosis*. Grundlegende Aufsätze zur Anthroposophie, GA 34 (zum 2. Vortrag, 14.3. 1910).

Rudolf Steiner: Die Erziehung des Kindes vom Gesichtspunkte der Geisteswissenschaft (Köln, 1. 12. 1906); in: *Die Erkenntnis des Übersinnlichen in
unserer Zeit und deren Bedeutung für das heutige Leben*, GA 55 (zum 3. Vortrag, 28. 2. 1907).

Herbert Hahn: *Der Lebenslauf als Kunstwerk*. Stuttgart 1966.

Friedrich Hiebel: *Biographik und Essayistik*. Bern 1970.

Hans Müller-Wiedemann: *Mitte der Kindheit. Das neunte bis zwölfte Lebensjahr*.
6. Aufl., Stuttgart 2003.

Günter Clauser: *Lehrbuch der biographischen Analyse*. Stuttgart 1963.

Georg Misch: *Geschichte der Autobiographie*, 4 Bde. 2. Aufl. Frankfurt 1969.

Quellennachweis

Die Askese und die Krankheit, Berlin, 11. November 1909; in: *Metamorphosen des Seelenlebens – Pfade der Seelenerlebnisse*, I. Teil, GA Bibl.-Nr. 58, Dornach 1984.

Der menschliche Charakter, München, 14. März 1910; in: *Metamorphosen des Seelenlebens – Pfade der Seelenerlebnisse*, I. Teil, GA Bibl.-Nr. 58, Dornach 1984.

Der Lebenslauf des Menschen vom geisteswissenschaftlichen Standpunkt, Berlin, 28. Februar 1907; in: *Die Erkenntnis des Übersinnlichen in unserer Zeit und deren Bedeutung für das heutige Leben*, GA Bibl.-Nr. 55, Dornach ²1983.

Das individuelle und das allgemeine Lebensalter der Menschheit, Berlin, 29. Mai 1917; in: *Menschliche und menschheitliche Entwicklungswahrheiten*, GA Bibl.-Nr. 176, Dornach ²1982.

Die Notwendigkeit neuer und beweglicher Begriffe. Kosmischer und natürlicher Geist, Berlin, 5. Juni 1917; in *Menschliche und menschheitliche Entwicklungswahrheiten*, GA Bibl.-Nr. 176, Dornach ²1982.

Welche Impulse schaffen ein Gegengewicht gegen das die Wissenschaft und das Leben beherrschende Vererbungsprinzip? Dornach, 8. Januar 1918; in: *Mysterienwahrheiten und Weihnachtsimpulse. Alte Mythen und ihre Bedeutung*, GA Bibl.-Nr. 180, Dornach ²1980.

Jüngerwerden – Älterwerden der Menschheit, Dornach, 11. Januar 1918; in: *Mysterienwahrheiten und Weihnachtsimpulse. Alte Mythen und ihre Bedeutung*, GA Bibl.-Nr. 180, Dornach ²1980. Der letzte Absatz des Vortrags ist hier weggelassen.

Zweiheit der menschlichen Gestalt: der Mensch als Kopfmensch und als Rumpfmensch, Dornach, 12. Januar 1918; in *Mysterienwahrheiten und Weihnachtsimpulse. Alte Mythen und ihre Bedeutung*, GA Bibl.-Nr. 180, Dornach ²1980. Der letzte Abschnitt des Vortrags (S. 249 – 252) ist hier weggelassen.

Erziehungskunst auf Grundlage wirklicher Erkenntnis des Menschenwesens, Stuttgart, 8. April 1924; in: *Die Methodik des Lehrens und die Lebensbedingungen des Erziehens*, GA Bibl.-Nr. 308, Dornach ⁵1986.

Die Erziehung des Kindes im Reifealter, Stuttgart, 17. Juni 1921; in: *Menschenerkenntnis und Unterrichtsgestaltung*, GA Bibl.-Nr. 302, Dornach ⁴1978.

Das Verhältnis der Menschen verschiedener Lebensalter, Stuttgart, 18. Juni 1921; in: *Menschenerkenntnis und Unterrichtsgestaltung*, GA Bibl.-Nr. 302, Dornach ⁴1978.

Die Lebensalter als Auffassungsorgane, mittlerer Vortragsteil, Torquay, 16. August 1924; in: *Das Initiaten-Bewußtsein. Die wahren und die falschen Wege der geistigen Forschung*, GA Bibl.-Nr. 243, Dornach ⁵1993.

Rudolf Steiner
Wege der Übung
Themen aus dem Gesamtwerk 1
Zwölf Vorträge, ausgewählt und
herausgegeben von Stefan Leber
319 Seiten, kartoniert

«Der Keim zu übersinnlicher Schauung
ist heute eigentlich viel verbreiteter, als
man denkt – aber er muß entwickelt
werden. Daß er entwickelt werden muß,
das lehrt uns wahrhaftig auch der Ernst
der Zeit in bezug auf die äußeren
Erlebnisse.»
Rudolf Steiner

Die in diesem Band zusammengefaßten
Vorträge Rudolf Steiners handeln von den
Methoden der Bewußtseinserweiterung
durch seelische Schulung beziehungsweise Übung. Dabei wird auch sichtbar, daß
sich das geisteswissenschaftlich-anthro-
posophische Verständnis des Übungs-
weges tiefgreifend von anderen, in langen
Traditionen gründenden Weisheitslehren
unterscheidet.

Verlag Freies Geistesleben
Wissenschaft und Lebenskunst

Rudolf Steiner
Zur Sinneslehre
Themen aus dem Gesamtwerk 3
Acht Vorträge, ausgewählt und heraus-
gegeben von Christoph Lindenberg
192 Seiten, kartoniert

«Das ist das erste Kapitel der Anthroposophie: die wirkliche Natur und Wesenheit unserer Sinne.»
Rudolf Steiner

Zwölf Sinne hat der Mensch, die ihm die
Vielfalt der Welt erschließen. Christoph
Lindenberg hat charakteristische Vorträge Rudolf Steiners zusammengestellt und
kommentiert, in denen die Gesamtheit
der menschlichen Sinne und ihre Bedeutung beschrieben werden.

Verlag Freies Geistesleben
Wissenschaft und Lebenskunst

themen aus dem gesamtwerk 4

rudolf steiner

vom lebenslauf
des menschen

verlag freies geistesleben

Rudolf Steiner
Vom Lebenslauf des Menschen
Themen aus dem Gesamtwerk 4
Zwölf Vorträge, ausgewählt und
herausgegeben von Erhard Fucke
312 Seiten, kartoniert

«Die günstigste Zeit für die Entfaltung
spiritueller Anlagen ist die Zeit, wenn das
fünfunddreißigste Jahr gekommen ist. Da
werden die Kräfte, die sonst in den Körper
hineingehen, frei, man hat sie zur Verfügung und kann mit ihnen arbeiten. Es ist
daher ein besonders günstiges karmisches
Geschick, wenn der Mensch nicht zu spät
zur okkulten Entwickelung kommt.»
Rudolf Steiner

Rudolf Steiner schildert, wie der Lebenslauf rhythmisch gegliedert ist und welche
Möglichkeiten sich dem Menschen zur
bewußten Steigerung seiner Fähigkeiten
durch eine vertiefte Erkenntnis des Lebens
ergeben.

Verlag Freies Geistesleben
Wissenschaft und Lebenskunst

Rudolf Steiner
Spirituelle Psychologie
Grundbegriffe einer anthroposophischen
Seelenkunde
Themen aus dem Gesamtwerk 11
Elf Vorträge, ausgewählt und heraus-
gegeben von Markus Treichler
368 Seiten, kartoniert

«Sie werden einen ungeheuren Lichtblitz
auf Ihr ganzes Seelenleben werfen können, wenn Sie das eine Einzige nur voraus-
setzen: daß alles, was Begehrungen, Wün-
sche, Interessiertsein, was die Phänomene
von Liebe und Haß sind, einen Strom
darstellt im Seelenleben, der gar nicht
fließt von der Vergangenheit in die Zukunft, sondern der uns entgegenkommt
von der Zukunft, der von der Zukunft in
die Vergangenheit fließt.»
Rudolf Steiner

Aufgabe einer spirituellen Psychologie ist
es, die Wege aufzuzeigen, wodurch der
Mensch sich selbst als Seele und Geist erleben und erkennen kann. Die in diesem
Band zusammengestellten Texte bieten
hierfür eine wesentliche Grundlage.

Verlag Freies Geistesleben
Wissenschaft und Lebenskunst

Rudolf Steiner
Elemente der Erziehungskunst
Menschenkundliche Grundlagen
der Waldorfpädagogik
Themen aus dem Gesamtwerk 12
Neun Vorträge, ausgewählt und heraus-
gegeben von Karl Rittersbacher
224 Seiten, kartoniert

«Für die äußere materielle Welt wirkst du
durch das, was du tust; als Erzieher wirkst
du durch das, was du bist.»
Rudolf Steiner

Bereits vor der Gründung der ersten Waldorfschule für die Kinder der Arbeiter
der Waldorf-Astoria-Zigarettenfabrik in
Stuttgart 1919 entwickelte Rudolf Steiner
grundlegende Einsichten in die Entwicklung des Menschen. Seine für diesen Band
ausgewählten Vorträge enthalten Anregungen und Richtlinien für die neue Pädagogik, die später bei der Gründung der
Waldorfschule aufgegriffen wurden.

Verlag Freies Geistesleben
Wissenschaft und Lebenskunst

Rudolf Steiner
Das Leben nach dem Tod
und sein Zusammenhang mit der Welt
der Lebenden
Themen aus dem Gesamtwerk 15
Dreizehn Vorträge, ausgewählt und
herausgegeben von Frank Teichmann
310 Seiten, kartoniert

«Die Geisteswissenschaft weiß, daß die
Seele schon im Leibe sich für das Leben
zwischen Tod und Wiedergeburt vorbereitet; und Sinn und Bedeutung bekommt
das Leben zwischen Geburt und Tod,
indem wir hinschauen auf das Dasein
zwischen Tod und nächster Geburt.»
Rudolf Steiner

Dieser Band gibt einen ersten Überblick
über das Ereignis des Todes, den nachtodlichen Weg des Menschenwesens und
dessen Verbindung mit den Angehörigen.
Wie man mit einem Toten «sprechen»
kann, auf welch feine «Antworten» man
hinhören muß, das legt Rudolf Steiner in
seinen Vorträgen immer erneut dar.

Verlag Freies Geistesleben
Wissenschaft und Lebenskunst

themes aus dem gesamtwerk 16

rudolf steiner
mensch und sterne

verlag freies geistesleben

Rudolf Steiner
Mensch und Sterne
Planeten- und Tierkreisentsprechungen
in Mensch und Erde
Themen aus dem Gesamtwerk 16
Sieben Vorträge, ausgewählt und heraus-
gegeben von Heinz Herbert Schöffler
200 Seiten, kartoniert

«Die wirkliche Astrologie ist eine ganz
intuitive Wissenschaft und erfordert bei
dem, der sie ausüben will, die Entwicklung höherer übersinnlicher Erkenntniskräfte, welche heute bei den allerwenigsten Menschen vorhanden sein können.»
Rudolf Steiner

Ob in der medizinischen oder pädago-
gischen Menschenkunde, ob in Philosophie oder Religion oder gar in Landwirtschaft oder Naturwissenschaft – überall
erweist sich der Rückbezug auf die kosmischen Gegebenheiten von Planeten
und Tierkreis als allseitig anregend und
belebend. In diesem Band sind zentrale
Darstellungen Rudolf Steiners zu einer
erneuerten Sternenweisheit zusammengestellt worden.

Verlag Freies Geistesleben
Wissenschaft und Lebenskunst

Rudolf Steiner
Praxis der Waldorfpädagogik
Themen aus dem Gesamtwerk 21
Neun Vorträge, zwei Aufsätze
und zwei Ansprachen,
ausgewählt und herausgegeben von
Wenzel Michael Götte
301 Seiten, kartoniert

«Der künstlerische Sinn ist zu gleicher
Zeit der Sinn, der uns den Menschen unmittelbar in der Gegenwart erkennend
ergreifen läßt, so daß diese Erkenntnis
auch unmittelbare Lebenspraxis werden
kann.»

Rudolf Steiner

Grundlegende Vorträge Rudolf Steiners
aus der Anfangszeit der Waldorfschule
finden sich in diesem Band zusammengestellt. Sie vermitteln einen hervorra-
genden Einblick in die Ziele und Lebens-
formen der neuen Pädagogik.

Verlag Freies Geistesleben
Wissenschaft und Lebenskunst